中国传媒大学人文社会科学科研培育项目之青年学者出版资助项目（批准号：CUC14CB07）结项成果

新中国播音创作简史

喻梅 著

中国传媒大学出版社
·北京·

总　序

时值中国传媒大学成立60周年之际,中国传媒大学人文社会科学青年学者资助项目正式选定了十部支持专著,这是我校在人文社科研究方面所取得的又一成绩。

这套丛书的出版不仅是为了落实学校科研支持政策,更是为了响应国家的号召。2014年,李克强总理与历年国家杰出青年科研基金获得者代表座谈交流时曾提到,人才特别是优秀青年人才是国家科技实力、创新能力和竞争力的重要体现,代表着国家创新的未来。做好这方面的工作,对加快转变发展方式、实施创新驱动战略具有重大意义。作为教育部直属的国家"211工程"重点建设大学和国家985"优势学科创新平台"项目重点建设高校,中国传媒大学在信息传播领域的学术发展也是我国高校人文社科研究发展的一个重要组成部分。

建校60年来,我校在科学研究方面产出了大量的优秀成果。特别是在信息传播领域,我校广大教师正确面对我国信息传播事业飞速发展过程中机遇和挑战并存的复杂形势,迎难而上、克难攻坚,始终保持着饱满的科研热情,坚守着学校的殷切期望,及时、准确地把握国家提供的战略契机,以充分的准备和足够的信心面对挑战、迎接挑战,积极开展多领域、内容丰富的科研工作,收获了累累硕果。在2012年教育部组织的全国学科评估中,我校新闻传播学、戏剧影视学两个学科均排名第一。

目前我校的3个学部(新闻传播学部、艺术学部、文法学部)、1个中心(协同创新中心)和5个直属学院(播音主持艺术学院、广告学院、经济与管理学院、外国语学院、MBA学院)是文科科研和艺术创作的主要力量源泉。同时,学校文科方面还拥有新闻学、广播电视艺术学2个国家重点学科,传播学1个国家重点培育学科,新闻传播学、艺术学理论、戏剧与影视学3个一级学科北京市重点学科,语言学及应用语言学、动画学2个二级学科北京市重点学科;拥有教育部人文社会科学重点研究基地广播电视研究中心等部级研究机构13个和校级科研机构40个,在我国人文社科领域具有相当重要的地位和影响力。

近年来,我校在人文社科领域先后有2人入选"长江学者"特聘教授、2人入选"长江学者"讲座教授、3人入选"新世纪百千万人才工程"国家级人选、25人入选教育部"新(跨)世纪优秀人才支持计划"、2人次荣获国家级教学名师奖、2人次荣获全国优秀教师荣誉称号。更有越来越多的青年教师荣获教育部科学研究优秀成果奖、北京市哲学社会科学优秀成果奖等含金量较高的奖项。众多奖项和数字的背后,凝聚的正是全校思想活跃、朝气十足的广大青年教师夜以继日、笔耕不辍的成果,他们是真正帮助我校文科科研日益发展壮大的薪火相传的主力军。这支主力军的成长得益于两个方面:

一方面,我校立足长远,着力于对广大青年教师进行有计划、有目标的专业培训,加大对青年教师科研项目的经费投入,鼓励青年教师进行交叉学科项目的科学研究。中国传媒大学科研培育项目的设立,有效调动了青年教师的科研积极性,整体提升了我校人文社科的科研氛围与科研能力;邀请国内外专家学者来校开展社会科学研究系列讲座,积极拓展广大师生的学术视野;研究《艺术创作与获奖评价体系》,将科研与艺术创作有效结合,激发广大教师艺术创作的热情;研究《重点学科指标评测体系》,将我校的优质学科与国内外顶尖高校的相应学科进行深层对比,巩固我校两个优势学科在全国的领先地位;打造《中国传媒大学文科科研手册》,方便教师全面了解科研工作情况;建设完成文科科研成果库(一期工程),共收集信息传播领域论文15500余篇、著作3258册、研究报告730余篇,形成了我校自建校以来最为完整的科研成果文献体系;本着"高标准、精投入"的原则,集中一批优秀科研人才,引导广大教师特别是青年教师围绕全媒体、大数据等热点领域积极开展科研工作,营造了一个砥砺切磋的良好学术环境,促成了更多高水平科研成果的产生。

另一方面,我校广大青年教师努力开拓创新,将现代理论有机融合于具体实践之中,在变化中求发展,在发展中谋变化,不断寻找立意新颖的科研课题,以蓬勃向上和不断进取的青春锐气、以孜孜不倦和奋力前行的勇气,扎根于文科科研工作,并不断茁壮成长。青年教师在学校"钻研、精研、深研"的方针指导下,凭借着旺盛的科研热情,在一系列科研、教学比赛和国际学术拓展中取得了令人瞩目的成绩。

此次青年学者出版资助项目就是这些科研成果中的一部分。也正是在优渥的科研鼓励政策的鼎力支撑下，才有了一批30～45岁的优秀青年学者倾心无忧，精心钻研，用心谋划，专心致学，大胆施展才华，安心科研工作，最终促成了"中国传媒大学青年学者文丛"的顺利面世。

学校文科科研的发展离不开青年教师的成长，学校管理机制的完善助力于青年教师的进步。希望我校广大青年教师在科学研究的道路上不畏艰险、勇于创新，不断探索前行！

是为序。

中国传媒大学副校长、教授
廖祥忠
2015年12月8日

序

姚喜双

喻梅同志所著《新中国播音创作简史》,从"创作"和"历史"上,分析了广播电视不同历史时期的播音主持典范作品,既有横向的比较,又有纵向的归纳,是对播音主持创作史比较综合系统的研究,在历史的系统梳理和个案的典型研究方面都有一定创新,填补了这方面的研究空白,具有开拓意义。

论著对播音主持创作发展进行了历史分期,划分为萌芽(1940年～1949年)、奠基(1949年～1966年)、曲折(1966年～1976年)、恢复(1976年～1989年)、发展(1990年～1999年)、成型(2000年～2015年)六个时期,在对社会环境、行业背景进行梳理的基础之上,着重对播音主持创作的发展概况、创作典范、风格特征、人才培养进行了分析总结,对于我们了解播音主持创作的发展及其影响因素有很大帮助。从萌芽起步到日益成熟,从经历挫折到焕发生机,从摸索前进到百花齐放,论著给我们勾勒出了播音主持创作发展历史。

论著对播音主持创作活动研究系统深入。播音主持创作要求播音员主持人发挥主观能动性,实现感受与表达的有机统一,成功的播音主持创作不仅能体现出共性的创作规律,而且能呈现出个人的创作风格。论著以播音主持创作为主要研究对象,点面结合,围绕典范作品、代表人物、风格流变、理论演进等展开研究,总结历史经验、揭示创作规律,这对于我们今天播音主持理论研究和创作实践的继承与创新都具有重要借鉴意义。

喻梅同志是中国传媒大学播音主持艺术学院副教授,中国播音学方向的博士,从事播音主持的学习研究、教学实践已二十余年,积累了较为丰富的理论研究和创作实践经验。她事业心强,对所从事的播音主持研究倾注了大量心血。从研究生学习开始,她就注意收集整理相关史料,着手播音史学研究,为今天的研究打下基础,取得了成绩。

进入21世纪,播音主持事业迎来了新的发展机遇,经济的发展、科技的进步、文化的繁荣、艺术的创新、观念的变革……新的历史时期为播音主持创作提供了更为丰富广阔的空间,许多新的节目形态、表现手法、创作理念、实践经验、创作规律等待我们去观察、分析、总结。这一切都需要我们尊重历史、了解历史、研究历史,在继承中创新,在创新中发展。

相信喻梅同志会更加努力,以此为起点,在播音主持发展研究方面不断取得新的进步。

CONTENTS 目录

绪　论 …………………………………………………………… 1

第一章　萌芽(1940年～1949年) …………………………… 14
　第一节　人民广播事业的诞生　/ 14
　第二节　播音事业的萌芽与初创　/ 19
　第三节　播音创作分析　/ 28
　第四节　播音创作特征　/ 39

第二章　奠基(1949年～1966年) …………………………… 48
　第一节　播音创作发展概况　/ 48
　第二节　播音创作分析　/ 61
　第三节　播音创作特征　/ 84
　第四节　电视播音创作的起步　/ 87

第三章　曲折(1966年～1976年) …………………………… 95
　第一节　播音创作发展概况　/ 95
　第二节　逆境中的收获　/ 101
　第三节　对"文革"播音创作的认知　/ 112

第四章　恢复(1976年～1989年) …………………………… 114
　第一节　播音主持创作发展概况　/ 115

第二节　播音主持创作分析　/ 128
　　第三节　播音主持创作特征　/ 146

第五章　发展(1990年～1999年) ……………………………… 150
　　第一节　播音主持创作发展概况　/ 151
　　第二节　播音主持创作分析　/ 169
　　第三节　播音主持创作特征　/ 190

第六章　成型(2000年～2015年) ……………………………… 195
　　第一节　播音主持创作发展概况　/ 196
　　第二节　播音主持创作分析　/ 217
　　第三节　播音主持创作特征　/ 232

第七章　规律 …………………………………………………… 237
　　第一节　继承与创新　/ 237
　　第二节　内容与形式　/ 247
　　第三节　风格与素养　/ 254

结　语 …………………………………………………………… 259

参考文献 ………………………………………………………… 261

附录一　主要人物简介 ………………………………………… 266

附录二　相关法规文件 ………………………………………… 279

后　记 …………………………………………………………… 298

编者的话 ………………………………………………………… 300

绪 论

历史,有广义和狭义之分。"广义的历史是指自然界和人类社会一切事物已往的运动发展过程,包括自然发展史和人类发展史两部分;狭义的历史是指某一事物自身发展中所显示出来的历史过程。"[①]1940 年 12 月 30 日,中国共产党领导的第一座广播电台——延安新华广播电台开始播音,75 年来,人民广播电视播音主持事业蓬勃发展,逐渐形成自身发生、发展的历史。播音创作的历史表现出与其他事物不同的规律和特点,作为一门专业史,播音创作史不同于人物史、事业史、理论史、管理史、教育史、技术发展史等,它是话筒前、镜头前有声语言创作的发展史,与历史发展脉络、意识形态变迁、语言创作实践紧密相连。《新中国播音创作简史》从广播电视有声语言创作入手,系统、深入、具体地研究整个播音创作产生和发展的历史过程,以及广播电视有声语言创作主体使用有声语言和副语言进行语言传播活动的进程,展示创作态度和创作观念的演变,揭示历史现象的内在发展规律。

一、研究缘起和意义

(一)实践发展的需要

《新中国播音创作简史》的研究是以广播电视事业以及播音创作实践活动的高速发展为现实前提的。1940 年 12 月 30 日,延安新华广播电台开始播音,标志着中国广播事业的发展进入了新的阶段。75 年时间,人民广播电视事业从萌芽初创逐渐发展成熟,播音主持事业也在广播电视事业整体高

[①] 哈艳秋:《中国新闻传播史研究》,中国广播电视出版社 2005 年版,第 3 页。

速的发展中迎来了大好的发展时机。播音是时代的艺术,在大量实践中,播音工作者随时代而变,深入生活、深入群众,不断挖掘创新,创作出了很多经典作品,并逐渐树立起有中国特色的播音创作风格,留下了大量的宝贵经验,这些内容都需要我们研究整理,进而更好地促进播音事业的发展。此外,对播音创作史的梳理可以厘清一些基本观念,引导大家走出对播音事业、播音创作的一些认识误区,这对于树立正确的事业观、创作观有着重要意义。

(二)学科研究的需要

对新中国播音创作史的研究是播音主持实践发展的需要,也是播音主持学科研究的需要。播音创作史是中国播音学的重要组成部分,也是广播电视史以及新闻传播史研究中不可缺少的一部分,播音创作史的研究具有很高的学术价值和社会价值。

1. 学术价值

播音创作史研究的学术价值主要体现在学科建设上,这项研究对于学科的纵深发展、评价体系的建立、人才的培养都有着重要意义。广播电视有声语言传播要始终坚持正确的舆论导向,与时俱进、屡出精品,在强调业务实践的同时,播音创作领域的理论研究、发展、建设也从来没有停止。经过几代人的不懈努力,我们在播音队伍培养、播音业务研究等方面都取得了令人瞩目的成绩。通过多年的学科建设,中国播音学已经逐渐发展成为一门独立的学科。中国播音学在播音主持的性质、地位、作用,广播电视传播规律,播音主持艺术理论,播音主持创作技巧和规律等方面都进行了深入的分析和研究,在大众传播一线实践工作中起到了很好的指导作用。播音学的理论研究,不能脱离对播音历史的探讨,播音创作的历史轨迹以及学科深化的历史脉络,是学科构建和走向成熟的重要内容,因此,梳理播音发展历史、总结前辈优良传统,就成为中国播音学中重要的研究思路。

2. 社会价值

新中国播音创作史研究的社会价值主要体现在实践创作中,这项研究可以帮助播音员主持人提升学科涵养,指导他们的实践创作。不论是哪门专业和学科,其学习和研究都离不开历史,在对历史的梳理过程中,我们会发现很多值得借鉴和传承的内容,这些经验对于我们现实的工作有着重要的指导意义。播音主持事业在75年的历程中取得了令人瞩目的成绩,老一辈播音工作者为我们留下了宝贵的经验。在当时条件十分艰苦的情况下,他们依然出色地完成了各项重要播出任务,为整个播音事业打下了坚实的基础,开创了人民播音事业的一代新风,留下了很多优良传统,这一切都需要新一代广播电视人继承发扬。由于学科发展的曲折性、潜在性,存在一些认知难点和误区,需要从不同视角进行开掘,以更大的力度张扬学科本体之内涵,学习继往开来之典范。当前,一些年轻从业人员只看到当下广播电视的飞速发展,只关注新鲜时尚的东西,忽视对传统的继承和借鉴,出现盲目否定优良传统、跟风冒进的倾向。罗丹曾说过:"生在你们以前的大师,你们要虔诚地爱他们。"作为专业从业人员,如果对播音事业的发展和播音界老前辈们一无所知,很难想象他们如何继承借鉴、开拓创新。因此播音学科知识,尤其史学知识亟须普及。通过对播音创作历史的研究,可以梳理、总结播音事业的发展,使广大广播电视有声语言传播者了解人民播音事业几十年的光辉历史,了解老一辈播音工作者们的工作情况以及他们留给我们的宝贵财富,进而更好地进行创作实践。

二、研究对象和内容

(一)研究对象

从广义上讲,播音是指电台、电视台等电子传媒所进行的一切有声语言和副语言传播信息的活动(包括各种声音、音响、音乐、语言、文字、图像等所进行的传播信息的活动);从狭义上讲,播音是指播音员和节目主持人运用有声语言和副语言,通过广播、电视传媒所进行的传播信息的创造性活动。[①] 20世纪80年代初,主持人节目出现,大家开始越来越关注"主持"和"主持人"。事实上,主持和播音本是同根、一脉相承,两者既有联系也有区别,既有继承也有发展。主持并不是脱离播音工作传统的另一种样式,两者的创作手段、传播方式是一致的,都是通过有声语言和副语言来进行传播,都需

---

① 姚喜双:《播音学概论》,北京广播学院出版社1998年版,第1页。

要语言基本功的锤炼以及对传播内容的深入理解和语言表达技巧的准确运用。主持形态的发展继承了大量播音创作的优良传统,同时又呈现出有声语言传播与时俱进的创新。由于传播内容、节目形态、角色功能的变化,主持和播音在传播身份、业务范畴、话语空间、语言样态等方面有所区别,但播音和主持是不能完全割裂或者对立的,两者没有高下之分。

本书的研究以中国共产党领导下的人民广播电视事业为基础,围绕使用普通话进行的语言传播创作活动展开,选取社会影响力广、受众认知度高、创作示范性强的主流媒体(以国家级媒体为主,涉及部分省市级媒体)播出内容作为主要创作案例进行分析。研究所指的"播音创作"是"大播音"的概念,即各类型的广播电视有声语言传播都属于播音创作的范畴,包括新闻播报、节目主持、现场报道、纪录片解说、体育解说、影视配音与广告配音等。创作主体不论是新闻播报时以播音员身份出现、节目主持时以主持人身份出现、现场报道时以记者身份出现,还是纪录片解说时以解说员身份出现、体育解说时以评论员身份出现、影视配音与广告配音时以配音员身份出现,其创作活动都属于"播音创作"的研究范畴。

(二)研究内容

历史包含着两层不同的含义:一是客观发生的事实,即历史事实;二是人们对这种事实的认知,即历史认识。播音创作史也可以区分出两个层面:一是创作者在播音创作领域的经历和创造;二是人们对这些经历与创造的回忆和思考。就内容而言,播音创作史的研究要坚持客观的求实精神,结合新闻学、传播学、心理学、艺术学、美学等学科,考察播音创作的起源和发展,突显其中的作品与人物,发掘他们的思想源流,揭示其传承关系。同时,我们也要探究社会变迁、科技进步、思潮更替等因素对播音创作发展的深层制约,在对客观史实进行梳理的基础上,进行公正评判和冷静反思,分析其中的种种利弊得失。

《新中国播音创作简史》以新中国成立到2015年的播音创作为主要研究内容,同时涉及新中国成立之前,1940年到1949年人民广播筹备创办这段历史时期,以此为基础,力求系统完整地梳理播音创作史。《新中国播音创作简史》以播音创作为主要研究对象,从播音事业的兴起和发展,影响播音创作的政治、文化、经济背景,播音创作发展史上的重大历史事件、典范作品以及典型代表人物,播音创作道路的形成,播音表达方式的变化,播音创作风格的流变,播音创作理论的演化,播音从业人员职业要求的提升等方面展开研究。任何播音创作都不能超越其社会现实,《新中国播音创作简史》以时间为经,以人物为纬,以作品为点,按年代时间划分历史时期,对各个历史时期播音主持的创作背景、创作概况进行爬梳整理,遵循社会影响力大、业界和学界普遍认可、对实践创作有重要指导意义、对理论研究有跨时代意义的标准,选取具有创新性、典型性、示范性、代表性的经典作品[①]为主要分析对象,对其创作风格、创作规律进行分析把定,研究播音主持创作的历史发展轨迹,总结经验教训,揭示开创和发展播音主持事业历史活动的某些内在联系和特点,力求由表及里、去伪存真,体现出历史发展的高度、内涵和厚度。

三、研究原则和方法

(一)研究原则

1. 客观原则

历史研究要坚持辩证唯物主义和历史唯物主义相结合的历史观,做到实事求是。历史事实的存在不以人的主观意志为转移,因此必须尊重客观事实,遵循客观发展规律,对播音创作实践进行客观描述、分析。虽然主观性和时代局限性不可避免,但研究须力求公正,尽可能不带个人偏见,避免主观臆断。

2. 实证原则

有声语言具有时代性和幽渺性,不可复制,用文字语言对有声语言进行记录和表述本身就存在一定困难,因此播音创作史研究必须以历史史料为基础,坚持实证原则,没有史料实证所有研究都无从谈起。播音创作史的研究以现存的音频、视频资料作为重要分析评价依据,同时参考各个历史时期

---

① 经典作品不仅包括独立播出的经典篇目,也包括由某位或多位播音员主持人共同完成的节目及栏目。

留存的大量文字背景资料,包括回忆录、创作体会、文选等等。但由于各种原因,有些重要史料,特别是一些早期的音视频史料已经散失,无法选取,这些研究只能待今后发现新的相关史料后再逐步展开。

3. 时代原则

播音创作与社会时代背景紧密结合,因此要把作品放到历史与社会背景中去评价分析,考察作品是否具有鲜明的时代感,能否集中反映当时的特定历史现象和时代精神。不能用今天的标准去衡量以往历史时期的作品,也不能以播出者的身份名望为判断标准,因为有些作品只能放在当时的历史时期才能分析其重要意义,因此必须结合时代特征分析播音创作。

4. 整体原则

对于作品的研究,既要把它放到播音主持工作的历史中评价分析,也要把它放到作品创作者的整个事业生活中去评价分析,了解作品在其整个创作生涯和创作系统中所处的地位,更要在把握时代本质的前提下,将作品放到同类创作全局中给予审视,这样才有可能作出准确的历史判断和定位。

(二)研究方法

1. 量化研究

史的研究首先要进行量化研究,即占有大量的史料,在对相关历史资料收集、爬梳、整理的基础之上进行不断分析、归纳、总结、评价。文献研究法是量化研究的重要方法。播音创作有很强的历史继承性,文献研究能够使我们对与播音创作相关的历史问题有一个全面整体的了解,可以帮助我们吸取前人研究的成果,寻找新的起点和突破口,进行创造性研究。关于播音创作史的相关史料主要包括文字、图片和音像三个方面。因为多种原因,80年代之前播音创作的相关历史材料,尤其是音像资料比较少,但关于这一时期播音创作的文字史料比较丰富,可借鉴和参考的内容比较多,这是对音像资料不足的一种补充。改革开放以后,技术进步,音像资料、文字材料保存得比较好,但资料纷繁复杂,相对缺乏归纳和总结,理论分析研究比较少,再加上广播电视更新速度较快,也有很多声音、图像历史资料较难收集。播音创作史的文献研究针对以上内容和特点展开,在研究过程中尽量多地收集了现存的音像资料,反复听看,直观感受有声语言表达的创作特点,同时尽量全面地阅读整理有关专业论著和论文等,总结他人的研究成果,借鉴他人的研究方法。

2. 质化研究

历史研究,资料收集是难点之一,在资料收集整理的基础之上进行归纳和总结则是另一个难点,因此在量化研究的基础之上还要进行质化研究。针对播音创作史研究的特点,本研究主要采用个案分析法、文本分析法、访谈法来进行质化研究。个案分析专门针对代表作品、代表人物展开;文本分析围绕代表作品文本本身进行分析;访谈是对涉及播音创作的相关人物以及播音理论专家进行访问,以获得第一手资料。此研究中笔者访谈了钱家楣、杨沙林、方明、铁城、林如、黎江、马尔芳、李越、于芳、吴郁、陈雅丽、卢静、陈晓鸥等播音前辈和大量一线工作者。

3. 规律性研究

历史研究必然涉及历史规律研究,即在对有关人和事深入、详尽地分析之后,将量化和质化的研究内容进行综合提炼,总结经验并梳理规律。对播音创作史的研究,不能单纯地停留在对历史的梳理上,还必须适时地给予点评,对已有的论述进行分析总结,提出延伸想法和前沿观点,体现研究者的分析、归纳、提炼能力。

在规律性研究上主要采用了比较分析法。比较分析法是语言学研究最基本、最主要的方法,是将不同的语言放在一起进行比较研究的方法,主要包括两种类型:一种是历史比较法,即历时研究;一种是对比分析法,即共时研究。在播音创作史规律性分析研究中,笔者采用了历时共时结合,纵横交错的方式,一方面纵向对各个历史时期的播音创作进行分析,展现其间的传承关系,另一方面横向对播音创作规律进行揭示,总结其间的共性原则。本研究符合创作实践的认识规律,也尽量做到了有点有面,有史有论。

四、研究现状和依据

目前,学界对广播电视发展史的研究比较充分,主要涉及广播电视自身的发展史、事业史等。而通观整个广播电视实践和中国播音学科理论建设,对播音创作史进行独立完整的研究则显得比较薄弱,很多论著及论述大多只是针对某个特定历史时期的研究,或是针对某个具体作品、某位典型人物的分析,相对来说缺乏整体性和系统性。《新中国播音创作简史》是专门研究中国共产党领导下的播音主持创作,从诞生到当下发展进程的历史学术专著,具有填补空白的重要意义。

播音创作史的研究建立在历史理论研究、中国通史研究、广播电视史研究以及中国播音学研究的基础之上,这几部分内容积累的研究成果为播音创作史的研究提供了大量背景依据、历史素材、理论支持和思考角度。

(一)历史理论研究

历史不仅是过去的事实本身,更是人们对过去事实有意识、有选择的记录。我们今天所看到的历史记载,都经过了历代史学家或者历史记载者的选择、加工,都有其主观性,不可避免地受到记载者思想感情、方法手段的影响。历史事实没有改变,但是记录的人变了,记录的观念变了,记录的手段变了,历史重心就会发生转移。从这个角度讲,新中国播音创作史研究因涉及大量史学内容,必须树立正确史观,掌握历史研究法,具备一定的梳理历史的能力,把握历史研究的切入角度。

钱穆先生的《中国历史研究法》是关于研究历史和方法论的重要著作,是对中国史学大纲要义的简要叙述。著作由钱穆先生1961年在香港的8次演讲汇集而成,从通史和文化史的总题及政治史、社会史、经济史、学术史、历史人物、历史地理6个分题言简意赅地论述了中国历史研究的大意与方法。先生认为"意义不同,则所采用之材料与其运用材料之方法,亦将随而不同",由此,先生从研究历史的意义出发阐述研究方法。全书最先讲如何研究通史,最后讲如何研究文化史,钱穆先生认为文化史必然是一部通史,而一部通史则最好应以文化为主要内容,因此每一部分有其自身的主要内容,而又以文化为共通对象与共通主干。钱穆先生的弟子严耕望先生在治史方面也有多部论著,他的治史三书之一《怎样学习历史》是历史研究的指导性书籍,涉及历史研究的基本方法、具体规律、论题选择、论著标准、论文体式、引用材料与注释方式、论文撰写与改订、努力途径与工作要诀、生活修养与治学之关系等内容,切实周到地谈论历史治学经验,有纵有横,既能让我们全面地了解作者的治学历程和治学经验,也披露了现代学术史上的一些重要史料。书中甚少惊人之语,不弄玄虚,所论处处针对学子所需,实在而具体,渗透着朴素的学术观和严谨的治史观,不仅适合初涉史学者学习,对历史学研究专家也颇有益处。此外,葛剑雄、周筱赟的论著"人文社会科学是什么"丛书中的《历史学是什么》从历史的来历、历史的类型、为什么要了解历史、怎样学习和研究历史等方面进行了讲解分析。白寿彝的论著《史学概论》从历史观、历史文献、史书编著、史书体例、历史文学、史学和其他学科的关系、近代史学、马克思主义史学在中国的传播和发展、当代的主要任务等方面对历史学进行了全面的论述,为后来的史学研究提供了理论参考。这些书籍对于我们对历史学的认知、历史研究方法的学习、历史理论知识的积累都有很大益处。

(二)中国历史研究

播音创作与时代紧密结合,是时代的产儿、时代的艺术,因此对播音创作的研究离不开对时代的研究、对不同历史时期的认识和对历史事件的了解。播音创作经历的历史时期主要集中在近代和现代,吕思勉的《中国近代史》从鸦片战争爆发一直写到抗日战争结束,包含了近代史的重大事件、重要人物、社会制度、世态风貌等,将那段血火交融的时代和激情燃烧的岁月描绘得淋漓尽致。陈志平主编的《中国革命史》是一部近现代史,从1840年民族民主革命的兴起开始,对资产阶级领导的辛亥革命、中国共产党的创立和国民革命、土地革命战争和抗日救亡运动、全民族的抗日战争、夺取全国政权的人民解放战争、从新民主主义向社会主义的转变、社会主义建设道路的探索、"文化大革命"的十年内乱、开创建设有中国特色的社会主义道路、构建社会主义市场经济体制、高举"三个代表"重要思想的伟大旗帜、迈进新世纪等各个历史时期的时代背景、社会发展、重要历史事件进行了全面叙述,并对新时期党的方针政策作了分析讲解。学界关于中国近现代发展史、社会史、思想史的论著非常多,这些内容为播音创作时代背景研究提供了宝贵的历史借鉴。

(三)广播电视史研究

播音创作是广播电视事业的一部分,对其创作史的研究要求具备广播电视新闻传播的学科知识,为研究夯实理论基础。其中,广播电视史学研究

对播音创作史研究有直接影响。播音创作史是新闻传播史、广播电视史中重要的一部分,新闻传播史和广播电视史的研究成果对播音创作史的研究具有重要意义,其中所提供的广播电视事业发展中大量宝贵的历史资料和可供参考的素材为播音创作史研究打下了坚实基础。

改革开放以后,新闻事业研究领域不断扩大,除原有的报刊史研究外,还开展了对广播史、电视史、通讯社史的研究。1980年,北京广播学院(中国传媒大学前身)组织了专门的调查组,对延安新华广播电台的历史进行了全面的现场调查,一个月行程三千里,拉开了广播电视史研究的序幕。之后的20余年,广播电视史在解放区广播史、现代广播史、当代广播电视史、广播电视系统专门史和部门史、各台台史以及地方广播电视史志等研究方面,都取得了丰硕成果。全国也相继出版了多种新闻史料刊物,中国社会科学院新闻所,从1979年创刊到1993年编写了《新闻研究资料》,从80年代初期开始,一些大型的新闻工具书也相继出版,其中具有代表性的有自1982年起每年出版的《中国新闻年鉴》,自1986年起每年出版的《中国广播电视年鉴》和1990年出版的《中国大百科全书新闻出版卷》,目前全国已经有了如《现代传播》《电视研究》等专业核心期刊。

赵玉明是广播电视史学研究的代表人物,1987年,赵玉明出版了《中国现代广播简史(1923~1949)》,1992年出版了《中国解放区广播史》,1993年出版了《中国广播电视史文集》,这三本书主要是对新中国成立前的广播事业发展的梳理和研究,其中包括旧中国的广播发展情况、人民广播事业的诞生、抗战时期和解放战争时期广播的发展情况等,史料全面,内容翔实。2004年,赵玉明主编了《中国广播电视通史》,这本书历经十多年的辛勤编写,共计65万字,内容从中国早期的广播事业、抗战前的广播事业,一直写到当代的广播电视事业,涵盖了内地和港澳台的内容,十分详尽,是广播电视史研究中非常重要的一部著作。2007年,赵玉明主编出版了《现代中国广播史料选编》,对很多历史史料又进行了重新整理,2008年,他又主编出版了《中国广播电视图史》,用近600幅珍贵的图片将广播电视发展历史生动直观地呈现出来。此外,1983年,方汉奇、陈业劭、张之华编著了《中国新闻事业简史》,同年,北京广播学院新闻系编选了《中国人民广播回忆录》;1985年,中央人民广播电台资料室及北京广播学院新闻系联合编辑出版了《解放区广播历史资料选编(1940~1949)》,同年,中央人民广播电台台史编写组出版了《中央人民广播电台台史资料汇编》;1987年,中央人民广播电台简史编写组编写了《中央人民广播电台简史》,左漠野主编了《当代中国的广播电视》,同时《当代中国的广播电视》编辑部选编了《中国广播电视大事记》;1991年,郭镇之出版了《中国电视史》;1993年,于广华主编了《中央电视台简史》及《中央电视台大事记》;1994年,钟艺兵主编了《中国电视艺术发展史》;1998年,杨伟光主编了《中央电视台发展史》;2000年,杨波主编了《中央人民广播电台简史》,郭镇之出版了《电视传播史》,中国广播电视学会史学研究会、北京广播学院新闻传播学院新闻系编选了《延安(陕北)新华广播电台回忆录新编》,杨兆麟、赵玉明出版了《人民大众的号角——延安(陕北)广播史话》;2002年,方汉奇、陈昌凤主编了《中国当代新闻事业:正在发生的历史》;2003年,方汉奇主编了《中国新闻传播史》,同年徐光春主编了《中华人民共和国广播电视简史(1949~2000)》;2005年,哈艳秋出版了《中国新闻传播史研究》,郭镇之出版了《中外广播电视史》;2006年,徐培汀出版了《中国新闻传播学说史》;2007年,刘习良主编了《中国电视史》,乔云霞主编了《中国广播电视史》;2008年,陈尔泰出版了《中国广播史考》《中国广播发轫史稿》;2009年,赵玉明、艾红红出版了《中国广播电视史教程》,陈尔泰出版了《中国广播史学批评建构》;2012年,张敬民、罗庆东、康维佳、徐文胜出版了《划破夜空的灯塔——旷世奇绝的广播史话》,袁军、庞亮出版了《中外广播电视史》;2013年,陈尔泰出版了《延安台开端史实》……可以看出几乎每年都有关于广播电视历史研究方面的论著出版,这些论著对新时期的广播电视事业发展特点进行了进一步总结。

(四)中国播音学研究

在广播电视史研究的基础上,播音创作史的研究一直贯穿于中国播音学整个学科发展的过程中,成为广播电视史研究的重要组成部分。广播电视的发展、播音创作的轨迹、典范作品的脉络、风格样式的变迁等等,都为我们的研究提供了深入挖掘规律的基础,很多前辈和学者都发表和出版了评价播音创作的相关论文和著作。

姚喜双是播音史学研究的代表人物,他很早就将研究的目光投向了这一研究领域。其硕士毕业论文《林如播音风格浅探》对播音名家林如的播音风格进行了分析和总结,并于1992年出版了《播音风格探》,他在书中选取典型的播音代表人物对播音风格的概念、特征、形成展开研究。1998年,姚喜双出版《播音学概论》,在书中对播音的本质、创作、风格、发展进行了详细探究,并且分历史时期对播音创作进行了专门的论述,挖掘经验、揭示规律。2000年,姚喜双相继推出《方明谈播音》和《话筒前的人生:著名播音艺术家林如和她的播音生涯》,进一步对播音创作代表人物进行研究,总结他们的创作经验、分析他们的创作风格。2001年,姚喜双出版了《播音导论教程》,对播音学科体系进行了进一步的阐述。2007年,他出版了《中国解放区新闻播音语言规范》,对新闻播音语言规范形成和发展的基础、解放区新闻播音语言规范要素的生成期、解放区新闻播音语言规范系统的雏形期、形成期以及解放区新闻播音语言规范形成的特征和原因作了深入详尽的分析,收集了大量珍贵的史料,揭示了新闻播音语言规范的规律。2012年3月,姚喜双出版了《播音主持概论》,其中对播音主持事业从诞生到新世纪的发展进行了完整的梳理。这些论著为播音创作史的研究提供了坚实的基础,具有高度的学术价值。张颂的论文《中国播音学发展简史》对中国播音学发展历史进行了梳理,论文《回眸播音主持专业30年》更是从"导向意识更加明确""规范意识更加突出""话语样式更加丰富""专业队伍更加壮大""特色意识必须深化"5个方面对新时期的播音创作进行了总结回顾。这两篇论文为播音创作史的研究提供了明晰的理论框架。此外,一些关于播音人物的论著相继出版,包括刘淮的《齐越和他的播音生涯》,杨沙林的《用生命播音的人——忆齐越》,中央电视台研究室、主持人节目研究委员会编辑出版的《中国荧屏第一人——沈力》,中国广播电视协会播音主持委员会编辑出版的《陈醇播音文集》,周迅的《大海的一朵浪花——孟启予的广播电视生涯》和《记者的战斗生涯——杨兆麟的不平凡经历》,翁佳的《对面——著名播音员主持人访谈录》,朱学东与吕岩梅主编的《荧屏靓点——中国百名电视主持人访谈录》,刘卓的《方明的播音创作》等。此外,一些播音员和主持人,如吕大渝、赵忠祥、倪萍、白岩松、崔永元、水均益、敬一丹、郎永淳等都相继出版了自述或著作。这些作品以创作者的经历为线索,论述了他们对于播音创作的体会和认识,为研究播音创作史提供了大量的史料。

除了出版的专著以外,很多学术论文也涉及了播音创作研究。以硕士论文为例,包括郎小平的《〈焦点访谈〉主持语言特点分析》、芦巍的《论虹云播音创作的美学追求》、赵欣的《中央人民广播电台〈新闻和报纸摘要〉节目播音风格探析》、翁佳的《论林田的播音艺术》、廉伟的《由〈为您服务〉看电视生活服务类节目主持人的亲和力》、仲梓源的《听君细陈，如饮甘醇——陈醇播音艺术研究》、刘宇的《费寄平的播音风格及其现实意义》、周涛的《〈春节联欢晚会〉节目主持人的角色定位及传播理念》、高海英的《电视述评主持人的点评艺术》等等，这些论文或从人物入手或从节目入手，对播音创作进行深度分析，也为播音创作史的研究提供了可借鉴的素材和观点。

  另一方面，播音史料的收集、整理和留存也同样是播音史学研究的重要组成部分，对于播音史的研究有着重要的意义。新中国成立以来，尤其是改革开放以后，全国各个电台及电视台都越来越重视对节目资料、播音作品的保存。中国传媒大学播音主持艺术学院的杨涛长期以来做了大量的播音史料收集整理工作，他整理、翻录了很多早期的珍贵录音，为研究播音创作史留下了宝贵的第一手资料。同时，他对播音史做了大量深入的研究，他开设的"播音作品史料分析"课程体现了很高的学术水平，对播音创作历史的研究有着重要的借鉴意义。

第一章 萌芽(1940年～1949年)

人民广播事业诞生于抗日战争时期的艰苦岁月,电台的筹备、建成、开播都凝聚着无数人的心血,它是国家领导、编辑、播音员、技术员、通信员、警卫战士等所有人集体脑力劳动和体力劳动的成果和结晶,是人民广播事业的先驱者们用心血和汗水浇灌培育的绚丽花朵。在战争岁月里,广播工作者们克服了艰苦的工作环境,体现出了坚定的信念与必胜的信心,正是这一份执着与坚韧,拉开了人民广播事业的序幕,播音事业也随之开始萌芽。

第一节 人民广播事业的诞生

一、1940年以前的广播

无线电通讯技术传入我国不久,1923年1月23日,中国境内的第一座广播电台开始播音。这座广播电台是美国人E.G.奥斯邦在上海主持建立的"大陆报——中国无线电公司广播电台"。1月26日,该台播出了孙中山的《和平统一宣言》。但是大约3个月后,电台被认定未经中国有关当局批准,私自运进无线电设备并建台,所以停办。1925年8月9日,日本帝国主义在其占领下的大连设立大连广播电台,并开始播音。伪政权"满洲国"成立以后,1933年4月,日本关东军在长春南广场设立的"新京放送局"正式广播,这是由日本关东军直接控制的殖民地性质的广播电台。1926年10月1日,哈尔滨广播无线电台开始播音,这是中国人自办的第一座广播电台,在奉系军阀的支持下,由无线电专家刘瀚主持建立,该电台于1932年2月5日日军侵占哈尔滨后停播。1927年3月18日,上海新新公司广播电台开始播音,这是中国人创办的第一座民营广播电台。1928年8月1日,国民党中央广播电台在南京开始播音,呼号XKM(500瓦),1932年11月扩大发射功率(75千瓦),更改呼号为XGOA。此外,国民党当局在一些大中城市开始筹建地方广播电台,其中最早的为1928年10月开始播音的浙江省广播电台。1929年12月23日,上海亚美广播电台开始播音,该台由亚美无线电公司苏祖国、苏祖圭创办,初名上海广播电台,是我国历史最长、影响较大的私营广播电台。20年代末期及30年代初期,我国出现了一批民营广播,主要包括教育性广播电台、宗教性广播电台、商业性广播电台。

广播刚刚在我国出现的时候完全是一个新鲜事物,发射技术尚处于引进、探索阶段,收音设备也不是那么普及。当时还没有一个全国性的中央台,电台普遍发射功率小,收听范围也仅限于广播电台所在的城市及周围地区,内容以娱乐、商业居多,也包括有限的一些新闻、教育、宗教等内容。初期,多数受众更多的是把广播当成新兴的文化娱乐的消遣工具或者商业赢利的手段。北洋政府垮台以后到抗战爆发前十年,广播事业比前一个时期有了较大的发展,人们对广播的陌生好奇少了,对广播节目的内容设置等有了更多的希望和要求,除了播出的音乐、物价报告等,新闻及政治家、教育家、学者、艺术家等的演讲也开始吸引着人们的注意力。国民党政府看到了广播在宣传政治观点和维护统治方面的舆论作用,开始投入大量人力、物力、财力在全国设立广播电台,并加强对这项事业的管理和控制。总体来说,在中国广播业的初创阶段,广大受众对于广播的兴趣和关注主要来自于崭新的传播载体和娱乐、商业、宣传等传播内容,对于播音创作的概念还不是很清晰,这方面的关注和研究也比较少。

二、自力更生创办广播

人民广播事业诞生于抗日战争时期,主要为适应政治宣传和军事战争的双重需要。当时,以毛泽东为代表的第一代党的领导核心已经确立,较稳固的陕北革命根据地也已经建立,经历了十年国内革命战争,人民的武装得到了锻炼,中国共产党在全国有了较广泛的社会影响力和号召力。西

新中国播音创作简史

安事变的和平解决,促成了国共第二次合作,全国逐渐形成了全民族抗战的局面。在民族生死存亡的关头,广泛宣传党的"实现国内和平、民主"的方针以及抗日民族统一战线,推动第二次国共合作,促进全民抗战,加强对国民党统治区和沦陷区的群众进行宣传成为工作的重点。中共中央当时在陕甘宁边区的新闻媒介主要有两种:一是报纸,即《新中华报》;二是通讯社,即新华通讯社。由于国民党顽固派和日本帝国主义对根据地的军事进攻和新闻封锁,报纸和电讯的宣传都受到了种种阻碍,无论从根据地还是从国统区来看,中国共产党号召人民进行抗日的宣传手段都有一定的困难和局限性。当时国内形势紧迫,相比之下广播从传播的速度和广度上都有一定的优势,再加上之前广播在国内已经有了十几年的发展,积累了一定的经验,为了配合新华通讯社以及报纸的宣传工作,党中央提出在延安创办人民广播电台。

尽管在抗日战争爆发前后,党中央就几次提出要创办人民广播电台,但是由于当时延安没有现代工业,没有发电设备,也没有适合的技术人才,广播电台一直没有建成。解决设备问题成为广播电台建成的关键。1939年11月,周恩来和任弼时到达莫斯科,同共产国际领导人季米特洛夫会谈,研究在延安建立广播电台的问题,共产国际决定援助一部广播发射机。周恩来在1940年3月回国的时候,将发射机拆卸成散件,先从莫斯科空运到迪化(现乌鲁木齐),然后陆路经过兰州、西安等地带回,沿途屡次遭到国民党当局的无理扣留,经过周恩来的反复交涉、斗争,才得以运到延安。

有了最重要的技术设备,党中央成立了广播委员会,着手筹建广播电台,周恩来任主任,委员会成员还有军委三局局长王诤、新华社社长向仲华等。之后,由于周恩来去重庆工作,便由朱德接替主持筹建工作,王诤负责具体工作。为了完成在年底建成电台的任务,中央军委专门抽调了人员进行选址和土建工作。"朱德同志对王诤等同志说:'电台是我们党的喉舌,通过电台向全国人民宣传我们共产党的方针、政策,这个工作很重要啊。赶快抓紧时间行动吧,时间不等人。'他满怀信心地鼓励大家:'只要肯吃苦,肯钻研,电台是一定能建成的。'"[1]

---

① 杨兆麟、赵玉明:《人民大众的号角——延安(陕北)广播史话》,中国广播电视出版社2000年版,第3页。

第一章 萌芽（1940年～1949年）

人民广播事业从诞生之日开始，就面临着物质匮乏、设备落后等诸多问题。初创时期，在没有专业的技术人员，没有相关无线电广播电台知识和经验的情况下，最初的广播工作者们边摸索边学习边实践，克服了种种技术困难。首先，经过慎重考察，位于延安以西十九公里的王皮湾被确定为建台地址，经过两个多月的艰辛战斗，大家在半山腰的陡峭岩石上，凿出了两孔石窑洞，作为广播电台的机房和动力间，砍了三棵高大、粗直的树，在两面的山坡上竖起了天线杆，把馈线从空中引进窑洞。接着，大家开始对广播发射机进行多次改装和反复调试，并且试验成功用烧木炭产生的煤气来发动汽车引擎，然后用它来带动发电机，终于获得了充足的电力，突破重大技术难题，为正式开播创造了条件。

为了防止敌人破坏，编辑部和播音室分别设在了不同的地方。从编辑部所在的清凉山到王皮湾大约20公里，每天上午都要由通信员传送稿件，无论严寒酷暑，还是风狂雨暴，他们都仆仆风尘、往返奔波。由于清凉山和王皮湾之间隔着延河，遇到大雨天气，河流涨水的时候，通信员就用油布把稿件包好，顶在头上，小心翼翼地涉水或者游泳过河，把稿件安全送到，以保证按时播音。

在刚刚开始播音的那段时间里，延安新华广播电台由于设备简陋、陈旧，机器经常发生故障，能否按时播音往往取决于电压和机器的情况是否正常，因此播音也时断时续。1943年春，由于发射机电子管损坏无法更换、补充，再加上广播的播出效果不稳定、接收设备普及率低，中央决定暂时中断延安新华广播电台的播音。随着抗日战争不断取得胜利，我方接管了大量日伪广播设备，为重建解放区广播事业提供了必要的物质条件。1945年8月[1]，中共中央投入力量维修设备，重建了延安新华广播电台，恢复播音后电台从王皮湾迁到

---

[1] 关于延安台恢复播音的时间有几种说法：一是新华总社语言广播部《XNCR陕北阶段工作的简单总结》(1947年6月10日)中表述的："日寇投降前夕，1945年8月14日起，再试播，到9月5日，开始正式播音"(中央人民广播电台研究室及北京广播学院新闻系编辑：《解放区广播历史资料选编(1940～1949)》，中国广播电视出版社1985年版，第122页)；二是1945年9月11日，延安《解放日报》刊登当天新华社延安电称："延安广播电台，即日起开始中国国语广播"(赵玉明主编：《现代中国广播史料选编》，汕头大学出版社2007年版，第274页)；三是陈尔泰考证："1945年8月29日延安的广播，是清凉山延安新华广播电台编发的正式广播节目，而不是九分队这个新华社广播电台的试音。就客观事实的实际来说，1945年8月29日是1943年停播以来的延安新华广播电台恢复播音的准确日子"(陈尔泰：《中国广播史考》，中国广播电视出版社2008年版，第228页)。

延安西北的盐店子山。

此后,由于战争原因,物质资源匮乏,电台的设备依然是一个很大的问题,因此人民广播也尽可能地利用接管和缴获的广播无线电设备。解放区军民利用接管的日伪广播设备和缴获的国民党无线电设备,先后在哈尔滨、张家口、长春、安东(丹东)、鞍山、吉林、大连、齐齐哈尔、承德和涉县(河北境内)等地,建立起地方人民广播电台。延安是解放区广播的中心,各地方台均转播延安电台的节目。"1945年8月抗日战争胜利之际只有延安台1座,1947年9月已增加到10座,1948年9月时有20多座,至1949年9月新中国成立前夕即已近40座。这其中除少数几个台是自力更生、自行建立和接收日伪广播设备改建的(如张家口台及东北地区的某些台)外,大多数是利用接管的国民党官办广播电台改建而成的。"①这也是开拓者们在艰苦环境中,充分利用有限资源为广播事业做出的成绩。

中共中央对于延安台开始广播一事非常重视,在有关文件中要求各地党组织按时收听延安台的广播。"1941年5月15日,中共中央书记处在关于出版《解放日报》和改进新华社工作的通知中要求'各地应注意接收延安的广播'。5月25日,中共中央在关于统一各根据地内对外宣传的指示中又强调,'各地应经常接收延安新华社的广播,没有收音机的应不惜代价设立之'。6月20日,中央宣传部《关于党的宣传鼓动工作提纲》提出,'必须善于使用一切宣传鼓动工具,熟知他们的一切的性能。'《提纲》特别指出:'在现代无线电业发展的情形下,以及在中国交通工具困难的情形下,发展通讯社事业、无线电广播事业,是非常重要的。应当在党的统一的宣传政策之下,改进现有通讯社及广播事业的工作。'"②1941年夏天,毛泽东听说延安台有唱机但是缺少唱片,就把自己保存的20多张唱片送给延安台使用,并且当面嘱咐延安台的工作人员要认真把广播办好。此外中央领导同志也多次到电台考察、慰问工作人员,为在艰苦环境中工作的同志们加油鼓劲儿。

---

① 赵玉明主编:《中国广播电视通史》,北京广播学院出版社2004年版,第189页。
② 同上,第86页。

第一章　萌芽（1940年～1949年）

第二节　播音事业的萌芽与初创

人民广播从诞生之日开始，就在本质属性和宣传方向上与之前的外办、日伪办、民办、官办广播有着本质的区别。民营广播电台由于其商业性的特点，在抗战不同阶段表现出不同的态度和立场，他们为求生存软弱动摇，具有典型的两面性；日伪广播一方面进行新闻报道，使在东北的日本人获得政治、经济和军事信息，另一方面侧重于政治欺骗和思想诱导，进行文化侵略和精神统治，大肆灌输殖民地思想，带有浓厚的殖民地性质；国民党的广播电台安居大后方，抗战期间尽管也播出了一些进步节目，但其实质上还是在压制和摧残抗日进步舆论，消极抗日，抗战结束后又大肆宣传分裂和内战，国民党广播电台的双重性和反动性非常明显。人民广播电台的根本出发点是宣传民族统一思想、宣传国内和平，是以全中国最广大人民群众的利益为主的，反映着人民当家做主的心态和愿望，是和平之声、正义之声，在艰苦的战争年代，让人充满胜利的信心和希望。

一、挑选播音人才，配合战事宣传

（一）人民广播"第一声"

解决了发射设备、技术运用、稿件传送等难题，就要面临解决"如何播出"这一难题了。播音是将文字语言转化成有声语言的必经之路，是传播潜能变为传播现实的必要环节，没有"播音"，技术再完善、稿件再出色，也无法形成传播。因此，播音工作的开展、播音员的挑选也成了人民广播建立初期的一项重要任务。

人民广播开播的时候延安没有人播过音，大家都在考虑究竟选择什么样的人发出人民广播第一声。受当时技术条件所限，播出声音的清晰度并不是很高，大家考虑到男声低频多，传播距离近，而女声高音多，声音可以传得远，所以决定全部用女声。于是来自中国女子大学的两位苏州女学生徐瑞璋和姚雯成为了人民广播最早的播音员。和许多满怀热情的青年一样，徐瑞璋和姚雯本来希望大学毕业后到前线做宣传员，但由于革命工作的需要，她们选择留在延安做起了播音员，她们相信靠着自己饱满的革命热情和清楚流利的口齿同样能为革命事业作贡献。

"当年的播音室，建在小河对岸的枣树林里，两孔土窑洞，有一条通道相连。外间是预备间，供我们备稿用，有一张木桌、一部电话和一个木板床。里间是播音室，墙上挂着陕北土产的灰色粗毛毡，地上铺着毛毡。室内有一张小木桌、一个条凳和一支麦克风。后来，又添置了一部手摇唱机。"①除了工作条件简陋艰苦以外，徐瑞璋和姚雯以前都没播过音，在没有太多可参考的经验的情况下，她们白手起家，多方借鉴，摸索播音工作的规律。"九分队的'秀才'汤翰璋同志耐心地教我们怎样吐字发音，怎样掌握语速，遇到不认识的字，我们就查字典。我们俩人每天用《新中华报》练习播音，相互切磋，很快就掌握了播音的基本要领。我们广播的稿件，每天由通讯员从设在清凉山的新华社广播科送来。播音效果由报务组向各根据地搜集。"②"她们在试播工作中是那么认真，一篇稿子播送前总要经过反复地揣摩和预播，生怕表达不出原稿的感情。在业余时间，除了参加种地、纺线等劳动以外，一有空就钻研业务；为了矫正某些汉字的发音，电台仅有的那本小字典快要被她们翻烂了。"③就是在这种摸着石头过河的情况下，徐瑞璋和姚雯出色地完成了试播任务，并且迎来了正式开播的时刻。

作为发出人民广播第一声的人，徐瑞璋的名字应该被我们牢记，徐瑞璋来到延安后改名麦风，同志们都开玩笑地把她称为"中国人民的第一个麦克风"。1940年12月30日，从夜色中的陕北高原革命圣地延安，徐瑞璋发出了明朗响亮、振奋人心的声音："延安新华广播电台，XNCR，现在开始播音，……"正是我国人民广播第一位播音员徐瑞璋发出的这第一声呼号，向全中国庄严宣告了中国人民广播的诞生和人民广播播音事业的开始。从此，中国人民广播成为世界反法西斯战场上重要的声音，这也标志着中国广播史进入了一个全新的时期。

---

① 徐瑞璋：《重返延安忆当年》，选自《中国人民广播回忆录（第三集）》，中国广播电视出版社1990年版，第33页。
② 同上。
③ 傅英豪：《第一座红色广播电台》，选自《中国人民广播回忆录（第三集）》，中国广播电视出版社1990年版，第12页。

第一章 萌芽（1940年~1949年）

（二）战争年代"宣传员"

人民广播成立之初正值抗战时期，每天晚间和中午通过短波各播出1小时，主要内容为我党领导人讲话和重要文件。1941年1月下旬，徐瑞璋和姚雯轮流播出了毛泽东亲自撰写的《中国共产党中央革命军事委员会发言人对新华社记者的谈话》。此外，电台还播送八路军、新四军抗战消息以及少量的文艺节目。徐瑞璋、姚雯离开王皮湾后，肖岩、孙茜在延安台接替担任播音员。

1945年8月，延安新华广播电台恢复广播以后，每天广播两次，每次1小时，分别在中午11点半到12点半和下午6点到7点。从这时起，延安台有了开始曲，起初是《渔光曲》，后来改为《兄妹开荒》。广播节目包括时事新闻、解放区消息、解放区介绍、评论、政策讲座、记录新闻、通讯、战斗故事和文艺节目等。后来，广播时间延长到每天3小时。李慕琳、孟启予、王恂①、于一、钱家楣、杨慧琳先后担任播音员。延安电台恢复广播之初，反复播出了由周恩来起草、以朱德总司令名义发布的一系列紧急命令，要求各解放军所有武装部队迅速向沦陷区进军，并向日伪军队发出限期缴械投降的通牒。此后，延安台先后播出了《介绍XNCR》《大家办广播》和《庆贺新年XNCR的自我介绍》等文章，向广大听众说明了延安台办广播的方针。

艰苦卓绝的八年抗战终于迎来了胜利，但国民党又发动了内战。在1946年6月内战全面爆发后的两年中，以延安台为代表的解放区广播，根据解放战争形势的发展以及党的战略方针和军事原则，及时对宣传重点进行了调整，把重心放在军事宣传和政治宣传上，全面配合解放战争需要，大力宣传中国共产党和平、民主、团结的方针，展开了分化瓦解敌军，揭露国民党反动派发动内战和独裁卖国等罪恶活动的"和平攻势"。同时动员和鼓舞解放区军民和国民党统治区的广大人民群众行动起来，粉碎国民党反动派的军事进攻，争取中国人民革命斗争的伟大胜利。广播电台开设了国民党军起义人员广播讲话节目，号召国民党军队退出内战、制止内战；组织科技名人演讲，开办特别节目，声援国民党统治区的爱国民主运动；同时及时传播

---

① 王恂是人民广播第一位男播音员，1946年1月参加延安台的播音工作，但仅播音4个月，即入伍参加攻打张家口的战役。

中共中央重要文件和毛泽东的著作、讲话,指导全国的解放战争;并且根据解放战争形势发展,发表有关战局的评论文章和报道人民解放军战略反攻的胜利,还专门开办了《对国民党军广播》节目,配合军事斗争,从政治上分化瓦解敌军。此外,延安台在中共中央的直接关怀下,和新华总社一起,为迎接全国胜利的新局面,从指导思想、干部培训、加强管理和制定政策等方面做了比较充分的准备工作。

从1948年元旦开始,陕北台①用了6天时间连续反复地播送毛泽东撰写的《目前形势和我们的任务》。1948年3月下旬,随着人民解放战争的进展,人民广播事业也日益发展。5月下旬,邯郸新华广播电台和晋察冀新华广播电台先后并入陕北新华广播电台,编辑、机务和播音员的队伍扩大了,节目增多了,播音时间也增长了。当时播音组由孟启予任组长,丁一岚任副组长,播音员有钱家楣、齐越、李惠一、柏立、杨洁、柏培思、智世民等。播音组的同志除播音外,还担负收听莫斯科广播台和敌台广播的任务,每天的收听记录送中央领导同志参考。

1948年10月,新华总社召开的关内广播电台会议决定,陕北新华广播电台统一负责全国性短波广播,各地短波台建设采取少而精的原则。关内各短波台一律转播陕北电台的广播,以构成单一的全国联播网。全国性中波广播由新华总社广播管理部负责筹建,每天早上、中午、晚上播音3次,晚间播音前半部分对解放城市广播,后半部分对解放区广播。

1949年1月31日,北平和平解放,齐越、刘涵、吴影、姚琪、康普、刘淮、韩浩等播音员由徐迈进带队接管了西长安街的国民党北平广播电台。1949年2月2日上午11时40分,北平新华广播电台②以聂耳作曲的《大路歌》为前奏曲开始播音。播音员齐越等人第一次坐在设备齐全、宽敞明亮的播音室播音,他们克服紧张情绪,控制自己奔涌的感情,反复播送中国人民解放军平津前线司令部的布告《约法八章》,还播送了《以和平方式解决北平战事的经过》等报道和述评。北平新华广播电台暂时决定:每天上午11点40分起,播送北平市新闻。当时,编辑部设在王府井大街的原《华北日报》旧址。

---

① 1947年3月21日,延安新华广播电台改名为陕北新华广播电台。
② 1949年2月2日,陕北新华广播电台使用北平新华广播电台呼号播出,3月25日正式改名为北平新华广播电台。

从此,北平有了人民自己的广播电台。1949年3月25日上午,梅益率领的陕北新华广播电台随中共中央和中国人民解放军总部进入北平,孟启予与丁一岚、钱家楣、齐越等播音员会合。1949年3月进入北平之初,北平新华广播电台每天播音5小时,到9月,全天播音时间增加到13小时。在此期间,北平新华广播电台宣传的内容大多与中国人民政治协商会议的召开和迎接新中国的成立有关。

二、发扬延安精神,发挥广播作用

(一)坚定正确的政治方向

延安陕北时期的播音员都拥有坚定正确的政治方向,他们对祖国和人民充满了深厚感情,对党的事业高度忠诚,把播音工作看作是整个人民解放事业的组成部分。自觉地把自己的工作和革命目标结合起来,将个人的情感全部融入其中,在硝烟弥漫、炮声隆隆的环境中镇定自若,充满必胜的信心,这是他们的播音获得成功的基石。正如齐越所说:"世界上有各种各样的播音员,我是中国人民的播音员、中国共产党的播音员,我以此引为自豪。"[①]"我传的是中国人民战胜艰难险阻、走向胜利的声音;我传的是人民和党政治上和谐一致的声音;我传的是中国共产党堂堂正正的真理之声……我感到无比幸福和自豪!"[②]"我的命运和中国人民、中国共产党、中华人民共和国的命运紧密地联系在一起,这就是我引以自豪的原因。"[③]延安台较早的播音员萧岩是带着"播音工作是最重要的政治工作"的认识走上播音岗位的;孟启予通过原国民党空军上尉刘善本驾机起义一事,更深刻地体会到广播在革命事业中的作用和播音工作的重要性;钱家楣、杨慧琳在敌人进攻延安和陕北时,坚守播音岗位,不顾炮弹在窑洞四周爆炸,一心想的是不能中断党的声音。正是这种强烈的革命事业心和高度的政治责任感使他们把播音工作同伟大的人民革命和解放事业紧密联系在一起,把自己的生命同党的播音事业融为一体。正是这样一个群体,开创了延安陕北人民广播播音

---

① 齐越:《献给祖国的声音》,中国广播电视出版社1991年版,第182页。
② 同上。
③ 同上,第183页。

的一代新风。

战争年代,为了紧跟中央的步伐,陕北台的播音员们十分注重马克思主义理论和党的方针政策的学习,注重政治素质的培养和政策水平的提高。在1948年10月7日制定的《陕北台播音组关于训练和培养播音员的意见》中,把"要有一定的政治水平"放在了播音员应具备条件的第一条,并要求"定期传达宣传方针宣传策略、有关业务的各种报告给播音组"[①]。1949年8月制定的《北平新华广播电台训练播音员的方法》中再次明确了选择播音员要"有一定的政治水平"[②]。延安陕北时期播出的稿件中,许多是中央文件和毛泽东同志亲笔写的文章、讲话、宣言、声明等等,即使是一般的新闻、通讯、评论,也都具有很强的政策性。要播好这些稿件,把党中央的精神准确、透彻地传达给听众,播音员必须首先学好学透,必须不断地提高政治素养,加强马克思主义理论修养,提高政策觉悟。当年,无论工作怎样紧张,条件如何艰苦,播音员们总是自觉地挤出时间进行政治学习,收到稿件以后,他们争分夺秒地认真准备,从中领会政策精神。编辑部也经常向播音组进行时事和政策传达。例如,在全面内战爆发不久,编辑部负责人温济泽同志就给播音员传达了毛泽东同志对战争形势的科学论断。1948年除夕,当时的新华社社长廖承志同志曾亲自带着毛泽东写的《将革命进行到底》的新年献辞来到播音组,给大家讲解这篇文章的重要意义。每当编辑部总结工作时,播音组同志都会参加,工作总结的重点是政策宣传,哪些宣传得好,哪些宣传得不够,都一一指出。这些都帮助播音员更好地理解政策,提高理论水平。

(二)艰苦奋斗的工作作风

战争年代生活困难,播音创作的条件和工作环境也一直非常艰苦。延安新华广播电台最初开始播音的时候,播音室是一间十几平方米的窑洞,设备极其简陋。1945年8月延安台恢复播音,每天报时的声音是由机务员用筷子敲打粗瓷大饭碗发出来的,播出的文艺节目很多都是机务员和播音员吹口琴、拉胡琴、拉二胡等现场表演。由于根本没有录音设备,当时播出的

---

① 中央人民广播电台研究室、北京广播学院新闻系编:《解放区广播历史资料选编(1940~1949)》,中国广播电视出版社1985年版,第186页。
② 同上,第188页。

所有节目都是直播。

1947年3月,国民党军队把全面进攻改为对陕甘宁边区和山东解放区的重点进攻,企图挽回失败的命运。为了粉碎胡宗南军队对陕甘宁边区的军事进犯,党中央和毛泽东决定命人民解放军主动撤出延安。但毛泽东和周恩来明确向当时的新华社社长廖承志提出,延安新华广播电台一停播,晋冀鲁豫的邯郸新华广播电台就要接上,要保证延安新华广播电台的声音不断。1947年3月14日中午,延安新华广播电台在撤离时,进行了最后一次播音。当天晚上,延安东北约90公里的瓦窑堡好坪沟的一间残破的观音庙里发出了坚定的呼号:"延安新华广播电台,XNCR! ……"为了保证"广播一天都不能中断",播音员钱家楣、杨慧琳留下来坚持播音,头上炸弹轰鸣,她们却镇定自若。"这个小庙分上下两层,下层隔成内外两间,里面做了发射间,外面就是机务员同志的宿舍。没有床,同志们都是铺着稻草睡在地上。上层也分做两间,前面一间做了我们的播音室。这是我们广播史上最简陋的播音室,连门也没有,只用一块羊毛毡做门帘。放话筒的桌子只有三条半腿,那条断桌腿由土坯垫着。后面一间是我们播音员的宿舍。"①"那间播音室大概只有4平方米,门上钉着羊毛毡,不大的供桌上,放着我熟悉的话筒。"②1947年3月21日,延安新华广播电台改用"陕北新华广播电台"的呼号,每天坚持播音,破旧的观音庙里临时搭建的播音室发出的无线电波传遍了大江南北。在陕北台转移的过程中,邯郸台的于韵琴、兰林、胡迦陵3人顺利地接替了陕北台的播音,保证党的声音不中断。从1947年3月中旬到1948年5月下旬,陕北新华广播电台经历4次迁址、3次战斗转移,从子长到太行再到平山,行程两千多公里,始终坚持广播,从未中断。

"天是我们的天空,地是我们的地,让他们封锁吧,我们的声音必将划破天空。"③在艰苦的环境中,延安台的技术人员、编辑、播音员们始终坚持,从不放弃,他们发扬艰苦创业的革命精神,将全身心的热情投入到抗日民族解

---

① 钱家楣:《陕北战争期间播音工作的片段回忆》,选自中国广播电视学会史学研究委员会、北京广播学院新闻传播学院新闻系编选:《延安(陕北)新华广播电台回忆录新编》,中国广播电视出版社2000年版,第152页。
② 杨慧琳:《在战斗的岗位上》,选自中国广播电视学会史学研究委员会、北京广播学院新闻传播学院新闻系编选:《延安(陕北)新华广播电台回忆录新编》,中国广播电视出版社2000年版,第160页。
③ 杨兆麟、赵玉明:《人民大众的号角——延安(陕北)广播史话》,中国广播电视出版社2000年版,第9页。

放战争和人民解放战争的广播宣传工作中,在延安窑洞,在瓦窑堡的破庙,在太行山村……无论条件怎样艰苦,工作怎样紧张,全国军民抗战的消息,世界人民反法西斯斗争的形势,以及八路军、新四军和敌后武装英勇杀敌的事迹等,都通过延安台、陕北台的电波传播到大江南北,人民群众从中受到了教育和鼓舞。正是那些不畏艰险的创业者和建设者成就了人民广播事业最初的光荣岁月。

(三)隐蔽的"语言通讯社"

人民广播事业诞生于抗日战争初期,经历了解放战争,在解放全中国的正义战争中发挥了重要的作用。作为报纸之外的又一个重要信息发布平台,以延安新华广播电台为首的人民广播在战争的各个阶段及时播发相关的动态消息,让解放区和国统区的民众及时了解战争近况,了解时局真相,同时播出的党内指示以及一些重要的文告,也让民众通过广播了解中央的政策和方针,理解当前的形势,从而充满信心,积极配合战争的进程。

在解放战争年代,交通不便,通讯技术不发达,收音工具缺少,很多人无法收听到广播。延安新华广播电台采用了播送"记录新闻"①的办法,使很多无法送达其他解放区电台的稿件以最快的速度传递过去,各解放区的新华广播电台每天抄收延安(陕北)新华广播电台的记录新闻予以广播,从而扩大了广播的影响。除此之外,《东北日报》《晋察冀日报》、晋冀鲁豫《人民日报》等报纸也大量刊登了延安(陕北)新华广播电台的记录新闻。解放区前线部队和许多党委机关每天抄收记录新闻,编成油印小报分发给人民群众。抗日战争时期,中共中央南方局在重庆出版的《新华日报》,抄收、刊载了延安电台播送的许多新闻、文告、命令、文章和党中央领导人的讲话;国民党统治区许多地方的地下党组织和进步人士也坚持抄收新华电台的记录新闻。1947年,清华大学教授吴晗每天晚上指定专人抄收解放区电台的记录新闻,并且立即传抄、油印、散发。为了躲避敌人的搜查,他带着收音机多次转移,抄收工作一天也没有间断。人民解放军从战略防御转为全面进攻以后,北

---

① "记录新闻"是用比较慢的速度,播送经过精编的要闻、社论、重要文章和文告,供听众记录的节目。要求大约每分钟25个字,长句子截短,每句话重复两三遍,标点符号也要播出,遇到难字还需要解释如何书写。一条新闻播完以后再用一般速度重播一遍,以供校对。

平的地下党安排了3位同志,每天抄收解放区广播的新闻和评论,编印成《新闻资料》,分送给地下党各支部。从1947年初夏到1948年初秋,一共出版了近60期。国民党统治区的一些进步报纸和新加坡、菲律宾等地的《华侨日报》《怡保日报》也刊登过陕北电台的记录新闻。[①] 在延安台、陕北台的新闻广播中,记录新闻大约占三分之一的时间,在相当长的时间里挑起了"语言通讯社"的重担,发挥了重要的作用。

1948年1月,毛泽东发表了《目前形势和我们的任务》,陕北台的播音员们投入到学习和播出这篇文件的紧张战斗中,编辑部主任温济泽亲自辅导学习,安排播出。为了便于解放区军民和国民党统治区的地下党员、进步群众及时收听或抄录,陕北台首先在1947年12月31日《除夕特别音乐节目》后面接连播出了几遍预告,在播出预告的同时,播音组全体成员连夜学习文件,做好播出准备。报告共有9000多字,分8个部分,为了便于收听,编辑部组织人力编写每个部分的"内容提要"。从元旦这天起,接连3天,每天用普通速度全文播送一遍。由齐越播"内容提要",孟启予播全文。1月6日,钱家楣用较慢速度连标点符号一起把全文播送一遍,供抄收者校对。陕北台关于《目前形势和我们的任务》的宣传,在全国听众中引起了广泛的反响。当时南京、上海、北平、重庆等地的地下党员和进步人士,曾经一字一句地抄录陕北台播出的这篇文件,然后冒着生命危险秘密印发传递,鼓舞更多人民群众投入争取解放的斗争中。

(四)"茫茫黑夜中的灯塔"

新中国成立前,人民广播的宣传对象非常明确,立足解放区,面向全中国,以国民党统治区的听众为主要对象,通过具体、生动的新闻报道和广播讲话,使广大听众了解国际、国内局势的真实动向,并着重介绍中国共产党及其领导下的人民军队和解放区的情况。延安台提出了"大家办广播"的口号,主张"人民大众的号角要人民大众来鼓吹",表示要和广大听众一起努力,把延安台办成"人民的喉舌、民主的呼声"。1948年4月2日,毛泽东从陕北到平山途中,发表了《对晋绥日报编辑人员的谈话》,指出:"党怎样领导人民呢?除了依靠军政机关、群众团体领导人民之外,更多更频繁的是依靠

[①] 左漠野主编:《当代中国的广播电视》(上),中国社会科学出版社1987年版,第111~112页。

报纸和通讯社。现在铁路不大通,邮政也不大通,和广大人民群众通点消息,就靠新华社、广播台了。"①以延安台、陕北台为代表的解放区广播在全国各地,在解放区,特别是在国统区产生了巨大的影响,国统区的进步听众,把延安台的广播看作是"茫茫黑夜中的灯塔"。

内战爆发前夕,延安新华广播电台围绕揭露敌人"假和平、真备战"的阴谋,在提醒人民保持警惕方面展开了一系列报道,在国民党占领区起到了很好的宣传效果。国民党空军驾驶员刘善本上尉就是在这个时期收听了延安广播,看清了蒋介石的真面目。他利用飞行之便,在1946年初夏驾驶B24轰炸机起义,退出内战,飞奔延安。刘善本在回忆录《飞向传播毛泽东思想的地方》中写道:"到了延安之后,我很想到延安新华广播电台,看看这真理的播种机,感谢她们和他们把我们这一叶扁舟推到了人民的岸上——革命圣地延安。不久,我的愿望得到了实现。我看到了声音熟悉,未见其人的广播员同志们,参观了播音室和机房。原来电台的电力就是靠一台旧汽车发动机供给的,使我深为惊讶,极为钦佩他们战胜困难的精神和卓越的才能:就是在这样极端困难的条件下,他们把毛主席的思想传播到了遥远的地方,使茫茫大海中的人们在暗夜中看见了远方的灯塔,产生了希望,认清了方向,增强了奋斗的力量。"②

第三节 播音创作分析

人民广播事业诞生于战争年代,因此这一时期的播音创作内容始终围绕战争形势展开,为战争进程宣传服务,党内指示、战报、对敌讲话、记录新闻成为播音的重点,文艺节目比较少。战争年代的播音创作,不仅圆满完成了党中央提出的要求,还充分体现出了播音创作的自身特点,展现出了播音员在播音创作过程中的不懈追求。其中一些经典作品为人民广播播音风格的形成奠定了基础,产生了深远的影响。

---

① 赵玉明主编:《中国广播电视通史》,北京广播学院出版社2004年版,第170页。
② 中国广播电视学会史学研究委员会、北京广播学院新闻传播学院新闻系编选:《延安(陕北)新华广播电台回忆录新编》,中国广播电视出版社2000年版,第306页。

一、《中共中央关于一九四八年土地改革工作和整党工作的指示》

播出党内指示、国家领导人的重要讲话以及评论、述评一直是人民广播成立以来的重要内容和任务,其对稳定全国局势、明确斗争方向有着重要的作用。延安台、陕北台陆续播出过毛泽东同志为皖南事变发表的谈话、《陕甘宁边区施政纲领》《在毛泽东旗帜下前进》《伟大的国际劳动节》《目前形势和我们的任务》《中共中央关于一九四八年土地改革工作和整党工作的指示》《中国军事形势的重大变化》《将革命进行到底》《评战犯求和》《向全国进军的命令》等重要文件和广播稿。对于一些重要的文稿,广播电台除了给予高度重视以外,还采取了多次播出、连续播出的方法,以达到强有力的宣传效果。战争年代,党内指示和重要文件的播出使全国人民及时了解中央的方针政策,鼓舞着广大军民投入正义的斗争中。

《中共中央关于一九四八年土地改革工作和整党工作的指示》是1948年5月25日毛泽东亲自为中共中央起草的党内指示,文件重点部署了土地改革的具体任务、提出了整党工作的具体要求。这份文件对于明确土地改革和群众运动中的一些具体政策问题,团结乡村和城市中的绝大多数人口,明确今后发展和工作方针政策非常重要。因此中央对此文件的宣传播发给予了高度重视,毛泽东批示:"新华社广播(文字及口头,但不发英文广播),在一切报纸上边发表,注意不要译错及发错。此文件派人送新华社。"①

1948年5月29日,播音组接到了编辑部送来的《中共中央关于一九四八年土地改革工作和整党工作的指示》的播出稿件。编辑部主任温济泽在致五组同志的信上说:"今天播送的中央指示,非常重要。主席亲笔指示,叫不要播错一个字。请你们万分注意。二十点到二十点三十分,由齐越播,播慢些,标点符号不播,长句子要注意语气连贯。"②信中,温济泽还对记录新闻的播法提出了具体要求。

齐越,是当时台里唯一一名男播音员,从事播音工作还不到一年。这份

---

① 中央人民广播电台研究室、北京广播学院新闻系编:《解放区广播历史资料选编(1940~1949)》,中国广播电视出版社1985年版,第147页。
② 同上,第146页。

约3300字的文件送到的时候,离播出不到一小时。当时的老播音员孟启予看到"不要播错一个字"的要求后,马上组织齐越备稿。尽管有平时的刻苦练习,但接到这个任务后,齐越还是很紧张,感觉压力很大,同志们帮助齐越集中精力,全神贯注准备,并就文件精神和具体播法和他商量。在进播音室前5分钟,孟启予还提醒并鼓励齐越:"不要怕,你已经准备好了,你不会播错的!沉住气,不必紧张,把全部力量集中到内容上。要有坚决完成党的任务的信心!"①晚上8点,在同志们的热情鼓励下,齐越用浑厚、庄重的声音,从头到尾一气呵成,做到了一字不错,准确圆满地完成了播出任务。温济泽当晚听了播出情况后,在收听记录中说:"今天齐越播《指示》,声音清楚,没有错一个字,很好!"②

(一)树立播音创作的重要标准

人民广播初创阶段,选拔播音员除了政治上可靠、责任心和事业心强、纪律严明外,在业务素质上有三个要求:第一,要有一定的文化层次,念得出句子;第二,要有一定的识读能力,念得顺句子;第三,口齿要较清楚,念得清句子。由于事业需要,很多播音员都是边工作边学习,因此在播出中会出现读音不准、读错、读不顺的情况。《中共中央关于一九四八年土地改革工作和整党工作的指示》播出时,温济泽在稿件前注明"文件不要播错一个字",明确提出了对播音语言准确性的要求。语言的准确、清晰、流畅是在任何时期的播音创作中都非常重要的基本要求,尤其在人民广播刚刚诞生的那段时期里,由于大量播出战报、时局评论、中央文件、党内指示等内容,更加强调语言的准确清晰和连贯流畅,要求做到字音准确不出错、语言连贯讲意思。

《中共中央关于一九四八年土地改革工作和整党工作的指示》播出后,1948年5月底,播音组总结了这个时期的工作。会上同志们肯定了齐越播出的中央指示没有播错一个字,很好地完成了任务,同时也对片面追求"语气自然"而容易播错的问题进行了分析。当时的播音组组长孟启予指出,

---

① 周迅:《大海的一朵浪花——孟启予的广播电视生涯》,中国广播电视出版社2008年版,第90页。
② 中央人民广播电台研究室、北京广播学院新闻系编:《解放区广播历史资料选编(1940~1949)》,中国广播电视出版社1985年版,第146页。

"播音第一位的是准确,理解要准确,表达要准确。因此就要深刻理解稿件的内容,掌握它的精神和实质。准备得很纯熟,到话筒前思想高度集中于内容,播起来才能自如,语气才能自然。在播的时候,越是专心一意想着稿件内容,播音的感情、语气也会表达得越好。否则,片面注意技巧,只动嘴、不动脑,顺口溜,反而要出毛病。"①经过这次的创作实践,播音员们总结了经验,受益匪浅,也更加明确了对于播音创作的要求:必须加强时事政治的学习,必须锻炼语言基本功,必须从稿件内容出发进行创作,做到内容和形式统一。尽管当时的播音语言学习和训练方法还处在摸索阶段,不够成熟,要保证不播错一个字有一定难度,但是播音员们还是在业务创作上严格要求自己,更加注重内容的准确表达,力争做到精益求精。

《中共中央关于一九四八年土地改革工作和整党工作的指示》的播出,坚决实践和明确树立了播音创作对准确清晰的追求。1948年7月、8月间,陕北台制定了《播音手续》,规定了陕北台播音员每天工作的程序,明确要求播音员"播音时必须严格依照稿件,不得错漏或更改一字","如发现错播,应立即重播,不必说'更正',若是记录新闻,应说'刚才某某某处播错了,应当是某某某,请更正,并请原谅'。若系重大错误,应请示编辑部负责人,正式发表更正"②。从此,"不要播错一个字"成为衡量播音创作质量的重要标准,对今后的播音创作产生了深远的影响。

(二)齐越播音创作进入新阶段

1946年10月,齐越在晋冀鲁豫《人民日报》和新华总分社担任编辑,1947年春参加了接替陕北新华总社对国内外文字和口语广播的工作。由于战事发展和宣传工作的需要,急需男播音员刚劲有力的声音,于是齐越、杨兆麟、鹿野等人被挑选去试音,嗓音宽厚、深沉的齐越被选中。1947年8月,齐越由新华总社语言广播部编辑部调到播音组,从此开始了话筒前的生涯。通过自身不懈努力,齐越成为了我国著名的老一辈播音艺术家、第一位播音学教授,中国播音学学科的主要奠基人。作为我国播音艺术的一代宗师,齐

---

① 姚喜双:《中国解放区新闻播音语言规范》,语文出版社2007年版,第185页。
② 中央人民广播电台研究室、北京广播学院新闻系编:《解放区广播历史资料选编(1940~1949)》,中国广播电视出版社1985年版,第159页。

越的播音开创了人民广播的一代新风,赢得了千百万听众的赞誉和尊敬。他的播音理论与实践,对我国爱憎分明、刚柔相济、严谨生动、亲切朴实的播音风格的形成产生了重要影响。

在播出《中共中央关于一九四八年土地改革工作和整党工作的指示》的时候,齐越不过是一个刚刚开始从事播音工作的新同志。面对"不要播错一个字"的要求和同志们给予的厚望,齐越面临着巨大的挑战。但是,齐越最终顶住了巨大的压力完成了任务,这也是他一直刻苦练习的必然结果。齐越刚开始担任播音员的时候,孟启予、钱家楣等老播音员已经有一定的播音创作经验,齐越就跟着她们练习,学习如何把稿件读清楚,如何读出抑扬顿挫的感觉,揣摩新闻、评论、通讯、中央文件等各种文体的不同表达方式。因为当时战争形势的需要,学几天就要开始正式播出,所以齐越更多的业务学习和练习是在实践中进行的。大量的消息、战报、中央文件以及记录新闻的播音,使齐越得到了很好的语言锻炼,这一时期的不断学习、准备、积累也为他将来的创作打下了坚实的基础。

《中共中央关于一九四八年土地改革工作和整党工作的指示》的播出,是对齐越业务水平和心理素质的一次重要考验,同时也是齐越业务训练阶段水平的重要展示,它使大家看到了齐越所具备的业务能力,对他越来越充满信心,之后很多重要播出任务都开始由齐越承担。更重要的是,通过这次播出,齐越也认识到片面追求播音语言形式的路子走不通,这样既容易播错也把握不好内容,必须自觉地注意从稿件的内容出发进行创作,逐渐树立起正确的播音创作观念。这次播出成为齐越参加播音工作以来的一个转折点,此后他的播音创作开始一步步走向成熟。

二、《人民解放军解放济南》

战报是对战争进程和战斗结果的通报,也是战争年代人民群众最关心的消息。随着军事和政治形势的发展与变化,人民群众了解战争进程的渴望越来越强烈,陕北新华广播电台把握住了广大人民群众的这种渴望,及时地播出了大量的战斗消息,《青化砭大捷》《人民解放军解放济南》《我三十万大军胜利南渡长江》等胜利的消息通过电波传遍了大江南北、长城内外,播音员们充满自豪、义正词严、爱憎分明、慷慨激昂的播音,振奋人心,鼓舞了

第一章 萌芽（1940年~1949年）

全国人民的斗志，取得了良好的播出效果。

此外，毛泽东还亲自为新华社文字广播和陕北新华广播电台口语广播写过不少稿件，包括《我军解放郑州》《东北我军全线进攻，辽西蒋军五个军被我包围击溃》《中原我军占领南阳》等等，周恩来也为新华社和陕北新华广播电台写过《豫东大捷》《致七十二师文告》等稿件。这些稿件经陕北新华广播电台广播后，在瓦解敌军和摧毁蒋家王朝方面起了重大作用。

《人民解放军解放济南》是1948年9月24日，由播音员孟启予、齐越播出的一则消息，这则消息的播出有它的与众不同之处。

(一)"临时插播"准确从容

1948年9月24日，陕北新华广播电台全天的播音将要结束的时候，编辑部从电话中发来捷报，同志们迅速记录下来，最后一个字刚刚落笔，播音员孟启予便抓起稿件奔入直播室，用激动有力的声音说："各位听众！现在播送刚刚收到的济南前线捷报：进攻山东省会济南的人民解放军，已经完全占领商埠和外城全部，现正在内城进行最后阶段的巷战。到23号早晨为止，守敌被歼灭和起义的总共已有六万多人……"

临时插播战报没有备稿时间，需要马上播出，对播音员的快速反应能力和语言基本功提出了考验。孟启予和齐越由于拥有比较扎实的基本功以及大量的实践经验，清楚流畅地播报了信息，从容地应对了临时插播的考验。

孟启予是延安陕北时期一位重要的播音员。1945年10月，孟启予来到延安新华广播电台担任播音员。当时，延安新华广播电台刚刚正式恢复播音，开播之后的一段时间，都是由孟启予反复呼叫台号"延安新华广播电台，XNCR！"持续两三分钟。由于工作出色，1947年6月，孟启予开始担任陕北新华广播电台播音组组长，她不仅严格要求其他同志，并且以身作则严格要求自己，强调业务训练和业务学习。孟启予出生于没落的官僚家庭，从小背叛家庭参加革命工作后，不忘党和人民的教育和培养，把自己心灵深处的感恩之情，默默地注入广播事业之中，她的心中充满着强烈的平民情结。孟启予的播音声音高亢清脆，音调义正词严，态度爱憎分明、分寸恰到好处。她播出过很多重要的消息、中央指示等，尤其擅长播送毛泽东幽默、辛辣的文章和中央文告，中共中央宣传部常常在重要文稿上注明"孟播"。她播的五评白皮书语言犀利，分寸恰当，"有理、有利、有节"地表达出中国共产党人的气魄,同时又保持了女声的特点。孟启予与当时的一批老播音员为播音事业的建设和人民广播播音风格的形成起到了开创和奠基的作用。

(二)"加播号外"开创先例

济南前线的捷报刚刚播完,和播音室相距20公里的编辑部通过电话传来了急切的声音:"不要结束!还要播解放济南的消息!"但是播音员已经道了"晚安"。这时电话里仍在呼喊:"总编辑决定不要关机器,加播号外!快传!男声女声轮流播,多播几遍!"播音员孟启予和齐越拿起从电话中传来的稿子,跑进直播室,在宣布全天节目结束之后重新开始播音,收音机里又传出振奋人心的声音。"陕北新华广播电台,XNCR!各位听众,人民解放军今天下午5点钟全部解放济南,守敌全部歼灭,无一漏网,战果正在清查中!"这个"号外"接连播了七遍,当天的播音才正式结束。

《人民解放军解放济南》的消息是在当天全部节目已经结束后又重新开始播出的,不仅播音员是第一次面对这种情况,整个陕北台也是首次打破惯例,加播号外。不论是临时插播还是加播号外,都体现了广播工作者对信息时效性的追求。从此以后,陕北台加大了对实时战报、即时稿件的播出,在时间紧、要求高的情况下,播音员的语言基本功受到更多的重视。

三、《对国民党军广播》

(一)宣传对象明确

战争年代,广播宣传一方面要争取民心,一方面要瓦解敌人的军心,这是结成广泛统一战线,实现国内解放共同目标的需要,是战争形势发展到一定阶段的需要,也是决定战争胜负的关键。解放区广播除了兼顾解放区军民的需要,报道解放区的政权建设和新的生活、动员解放区军民奋起粉碎国民党的军事进攻外,还把国民党统治区的人民和国民党军队的官兵作为重要的宣传对象。陕北新华广播电台开办的《对国民党军广播》节目,非常明确地以国民党军官兵为主要宣传对象,向他们宣传我党我军对时局的主张和宽待俘虏的政策,报道战局发展的真实情况,揭露国民党反动派的欺骗宣传,帮助国民党军官兵认清形势、调整心态。《对国民党军广播》节目对于配

第一章 萌芽（1940年～1949年）

合我军在战场上的军事斗争，瓦解和分化敌军起了很大的作用。1948年1月15日，毛泽东在西北野战军前委扩大会议上讲话时谈到，国民党军队的官兵很注意听我们的广播，我们的广播威信大得很。

《对国民党军广播》节目主要广播战报、对国民党军讲话，以及播送俘虏名单等。播音员齐越通过刻苦的播音练习，水平提高明显，很快加入到《对国民党军广播》的工作中。对蒋军的播音非常重要，不能有丝毫松懈，齐越播音时全神贯注，格外严肃认真。三个月后，中共中央宣传部部长陆定一打来电话表扬说："这个男声播得好，很有培养前途！"孟启予认为，齐越的声音浓重宽厚，语调刚柔并济，适合播《对国民党军广播》节目，能够瓦解敌军斗志，使敌军弃暗投明。

淮海战役第二阶段，国民党军队黄维兵团被我军包围在宿县西南的狭小地带，为劝其投降，陕北新华广播电台连续播出5篇向该兵团的广播讲话。1948年11月27日，毛泽东以中国人民解放军总部名义专门撰写了《人民解放军总部向黄维兵团的广播讲话》，1948年12月17日，毛泽东以中原、华东两人民解放军司令部的名义撰写了《敦促杜聿明等投降书》。这两篇稿件在陕北新华广播电台由齐越播出后，产生了强大的震慑力，而《敦促杜聿明等投降书》播出以后一个月内，杜聿明所部就有一万四千人投降。"黄维、胡琏、覃道善和我等最头痛共产党无线电台的广播，对邯郸共产党广播台的洪亮声音，存在'想听''怕听'的矛盾心理。凡是蒋介石掩饰惨败、不能听到的重大军事消息，相反可以从共产党邯郸广播电台听到。在双堆集战场，我是当事人，四面楚歌，对共产党广播的声音，我就感到特别尖锐，惊心动魄，听不下去。不仅自己不愿收听，还怕部属收听，动摇军心，所以下命令禁止大家收听。结果相反，越禁止收听，越有人想听，于是偷着听。特别是通信人员，机器在他们手里，禁他不了，许多消息都是从这些人口里传出去的。如黄伯韬被打死，廖运周起义，蒋介石、黄维都不曾通报。各军师初时不知道，但下面窃窃私语，不胫而走。凡是不愿挨饿、白白丢命的官兵径自跑向解放军投降；有的则不愿再打了，深藏在掩蔽部里，等待解放军到来，举手缴枪。"①一个被俘的蒋军高级将领感慨地说:"你们的政治攻势,真比张良的楚歌还厉害,弄得我们内部上下猜疑,惶恐不安,兵无斗志,一击即垮。"②"威加于敌,故其城可拔",以齐越为代表的《对国民党军广播》播音准确到位、风格独特,动摇了敌军军心,取得了良好的战时传播效果,成为战争时期的播音创作经典。

(二)播讲态度鲜明

《对国民党军广播》节目之所以能取得良好的播出效果,与播音员的播音创作密不可分,态度的把握和分寸的拿捏是创作成功的关键。

态度是由创作者体验到的某种感受纵深发展形成的,是创作者对外界刺激的估量、判断和评价。播讲态度是由不同的稿件决定的,稿件内容是创作的依据,是引发情感、确定态度的基础。播讲态度也是由播讲目的决定的,目的是稿件作者意图的升华,创作者必须明确为什么播出稿件,明确稿件播出后所要达到的宣传目标和社会效果。态度鲜明的播音能够使人得到更多的启示,受到更多的感染。齐越等播音员播出的许多规劝国民党军官兵起义投诚的稿件和喊话,准确把握了稿件的实质内容和精神所指,鲜明地体现出了爱憎分明的播讲态度和大气磅礴的宣传力度。

态度鲜明并不是过分地渲染和夸张,而是要拿捏恰当的分寸。对敌人,当然要毫不留情、义正词严,但又不能一味地痛骂,还要让他们看到光明和希望。《对国民党军广播》的播出是为了正确地宣传人民解放军的优俘政策以瓦解敌军,是为了尽快打垮蒋介石反动集团的罪恶统治、解放全中国,是为了争取更多的地区和平解放,避免广大人民群众生命财产的损失。齐越等播音员在创作中,恰如其分地传达出了宣传意图,把自己迫切希望尽快解放全中国、争取和平的感情融汇到播音中,他们准确、鲜明的播讲态度给人留下了深刻的印象。

《对国民党军广播》节目是战争年代特殊的产物,老百姓听了大快人心,敌人听了闻风丧胆,其在当时起到的实际宣传效果,和在播音创作中鲜明而

---

① 杨伯涛:《惊心动魄 四面楚歌》,选自中国广播电视学会史学研究委员会、北京广播学院新闻传播学院新闻系编选:《延安(陕北)新华广播电台回忆录新编》,中国广播电视出版社2000年版,第313页。杨伯涛曾在淮海战役期间担任国民党军第十八军军长。
② 周迅:《大海的一朵浪花——孟启予的广播电视生涯》,中国广播电视出版社2008年版,第82页。

第一章 萌芽（1940年~1949年）

有分寸的态度、高亢而有力度的表达至今仍为人们津津乐道。

四、《开国大典实况广播》

（一）全国重大政治庆典的首次实况广播

《开国大典实况广播》是人民广播首次对全国进行重大政治庆典的实况广播，并且所有地方电台都进行了联播，这在我国广播史上具有开创性意义和重大的政治意义。

实况转播也叫实况广播或现场广播，是在事件发生的同时，把现场的实际情况、声音和记者、播音员的解说同步地广播出去，是时效最快、感受效果最真切的传播形式。1949年2月13日，天津电台实况转播了天津市14万人庆祝天津解放的盛大集会和游行，成为全国第一个进行转播现场实况的电台。1949年6月20日晚，北平新华广播电台播出了毛泽东6月15日在新政治协商会议筹备会上的讲话录音，这是全国人民第一次从广播中听到毛泽东的声音。1949年9月30日，中国人民政治协商会议第一届全体会议的全部议程顺利完成，北京新华广播电台①转播了闭幕式的实况。新政协闭幕的第二天将要举行"开国大典"，这表示世界上人口最多的国家将要成立人民共和国，在如此重大的历史时刻，广播事业管理处大胆决定，由北京新华广播电台对"开国大典"进行现场实况转播。在全体工作人员的共同努力下，《开国大典实况广播》顺利完成，成为广播史上的经典之作。

从1840年鸦片战争爆发以来，在中国的土地上战火一直没有停息。一百多年了，一个民主、独立、和平的共和国终于诞生了！对于全世界来讲，《开国大典实况广播》的播出意义在于它向世人宣布了伟大的中华人民共和国成立的消息，对于广播事业来讲，它是首次对全国重大政治庆典的成功实况广播，在人民广播事业的发展过程中史无前例，有了这一次的成功，中央人民广播电台②在重大政治题材的报道中便始终站在了第一位。从1949年起，每年"五一"劳动节、"十一"国庆节，北京市政府都组织群众在天安门广

---

① 1949年9月27日，北平新华广播电台改名为北京新华广播电台。
② 1949年12月5日，北京新华广播电台第一台改名为中央人民广播电台。

场游行,"十一"还增加了阅兵式,而中央人民广播电台每年都要在天安门城楼上进行"两节"的实况转播。

(二)播音激情澎湃、准确无误

8月份开国大典的报道工作开始启动,这是第一次在天安门城楼和天安门广场上进行实况转播,场地大、观众多,难度非常大,技术人员克服了广场扩音和检阅车驶出广场无音响的技术难题;同时,编辑人员在集体讨论、反复推敲、领导审阅、多次修改之后最终确定了实况广播稿。《开国大典实况广播》的播音员最后确定为丁一岚和齐越。10月1日实况转播当天,由于参加观礼的人太多,为了保证播出质量,原来竖立在城楼走廊最西端的话筒被移到城楼西侧的平台上。下午2点55分,北京台开始播音,3点整,《开国大典实况广播》准时开始。丁一岚和齐越站在话筒前,认真地交替朗读实况广播稿,把眼前的动人情景报告给海内外的亿万听众。胡若木和杨兆麟在事前进行了采访,撰写了广播稿,具体了解庆典的程序,用手指或者点头示意,告诉他们应该播出哪一段,四个人配合默契,播出非常顺利。晚上9点25分,实况广播结束,整个直播持续了六个半小时。参与实况转播的每个人精神都高度紧张,生怕出现丝毫差错。正是有了所有人员的全情投入和艰苦付出,全国各族人民和海内外的听众才从广播中聆听到了毛主席庄严豪迈的声音:"中华人民共和国中央人民政府今天成立了!"才听到了朱德总司令检阅人民解放军陆海空三军部队和盛大热烈的群众游行实况,才身临其境地感受到了开国大典现场激情欢腾的宏伟场面。《开国大典实况广播》把全国亿万人民紧密连接在一起,长城内外群情振奋,大江南北欢声雷动,全国人民决心在中国共产党的领导下,为建设一个独立、民主、和平、统一、富强的新中国而奋斗。

《开国大典实况广播》播出的首要要求是不要出错,安全播出。尽管从开始就位到转播结束,丁一岚和齐越在话筒前足足站了7个小时,不喝、不吃、不上厕所,体力消耗非常大,但是他们顶住了压力,注意力高度集中,精力没有丝毫分散,从头到尾做到了一字不错,圆满完成了播出任务。另一方面,《开国大典实况广播》从内容上相比之前的很多消息、战报、党内指示有了变化,记者在编写实况广播稿的时候,到西郊采访了阅兵式和分列式演习,到参加游行的各机关、团体、学校、工厂、农村去了解了情况,实况广播稿中描述性和记叙性的语言比较多,非常具有纪实性。在30万人的现场,在没有回授、听不见自己的声音的情况下,两位播音员做到了始终庄重、热情,他们精神抖擞、激情澎湃、声情并茂的朗读,不仅把现场的动人情景传达给了现场以及收音机前海内外的亿万听众,更把全国人民心中的喜悦和自豪传递给了全世界,体现出了大国风度和气派。尽管当时丁一岚和齐越并没有意识到,但从播出那一刻开始,除了电台传播的内容之外,播音员的声音已经开始成为国家形象的代表和标志,播音创作的定位从此开始有了质的变化。

第四节　播音创作特征

人民广播事业诞生于抗战时期,其后又经历了解放战争的洗礼,承担着宣传党的路线、方针、政策,揭露敌人的罪恶阴谋,鼓舞广大军民群众的任务,充分体现着探寻真理、匡扶正义、反抗压迫、追求光明的时代精神。播音员作为党的喉舌,和其他同志一样,都是追求光明和正义的党的忠诚战士,他们在中国共产党的领导下,以马克思列宁主义为指导思想,坚持无产阶级新闻学的真实性原则,面向全国人民,包括我军官兵、敌军将士、顽固派和投降派、民族资产阶级等,忠实地为中国人民的根本利益服务,将个人的情感融入抒发革命英雄主义和集体主义之情中,融入抒发中华民族、中国人民求解放之情中。在战火纷飞的年代,播音员们经受住了血雨腥风的考验,体现出了强烈的革命事业心和政治责任感,形成了对待理论和业务学习严谨认真、一丝不苟的学习态度,艰苦奋斗、不怕困难的生活作风,精益求精、团结协作的工作作风,深入生活、深入实践,同人民群众保持密切联系的朴实作风,积累了大量的宝贵经验,成为后来的广播电视工作者学习的典范。

播音创作从萌芽到初创,再到在人民战争宣传工作中发挥越来越重要的作用,其一步步发展壮大的过程中留下了很多老一辈播音员摸索和奋斗的足迹。在当时中国的几十座广播电台当中,在弥漫着反动、虚伪、庸俗、没落的声音当中,唯有人民广播以其革命的内容和民族的风格,向苦难深重的中国人民传播着真理,给他们以信心和希望。以孟启予、钱家楣、齐越为代表的第一代播音员虽然都没经过正规的专业训练,但是他们都充满着高度的政治责任感和饱满的革命热情,白手起家,从无到有,以勇敢的开拓者的姿态,逐渐树立起人民广播播音鲜明的创作风格。

一、爱憎分明

爱憎分明,是指有声语言中要负载着丰富的思想感情,要鲜明地揭示出语言内容的精神实质。"我们向着明朗的天空,我们向着广阔的原野,我们向着祖国的山河,我们向着无边的海天,我们是 XNCR,我们是通讯战士,我们播送党的声音,我们放射党的光芒,让党的声音自由奔放,让党的光芒照射四方。"[1]延安新华广播电台从一开始播音,就以战士的身份、战斗的姿态出现,表现出鲜明的党性,反映着时代的特征。1948年4月2日,毛泽东发表了《对晋绥日报编辑人员的谈话》,指出"要尖锐、鲜明、泼辣……我们必须坚持真理,而真理必须旗帜鲜明。……我们党所进行的一切宣传工作,都应当是生动的,鲜明的,尖锐的,毫不吞吞吐吐。这是我们革命无产阶级应有的战斗风格。"[2]延安陕北时期的播音爱憎分明、生动有力,是党的宣传报道指导思想的充分体现,反映着人民群众的意志和愿望,"包容着时代的风云、人民斗争的烈火、民族解放的巨澜,体现出了磅礴的气势,摧枯拉朽、势不可挡的气概;贯穿着憎爱分明、坚定豪迈的情感;同时又显示出沉着从容、真理在握、稳健大度、朴素平易的气派。"[3]他们的播音态度鲜明、立场坚定、对象明确,痛恨、关爱、批判、鼓励……疾恶如仇、爱憎分明,对先进的、正义的、美好的东西,对全国人民的共同理想,对高尚的道德、情操、纪律,满腔热情地支持、赞扬;对落后的、丑恶的东西,旗帜鲜明地反对批判,是非清楚,褒贬得当。

延安台爱憎分明的播音得到了毛泽东同志的称赞。阎长林同志在他的回忆文章中详细描述了当时的情景:"这天下午,天气灼热。毛主席、周副主席都到小棚子里歇凉,陆定一同志打开了放在瓮上的干电池收音机。里面正好是新华广播电台在广播蟠龙大捷和真武洞祝捷大会的消息和评论。女

---

[1] 延安新华广播电台台歌歌词。
[2] 姚喜双:《播音主持概论》,高等教育出版社2015年版,第249页。
[3] 姚喜双:《播音学概论》,北京广播学院出版社1998年版,第197页。

播音员感情洋溢,讲到蒋介石背信弃义发动内战时,严词痛斥,慷慨激昂;讲到真武洞狂欢祝捷的时候,又是那样热情奔放,令人鼓舞。毛主席站起来走了几步,靠近门口。注意地听着。这时陆定一同志把声音放大了,那激昂的声调,立刻响遍了整个院子。毛主席称赞说:'这个女同志好厉害!骂起敌人来真是义正词严!讲到我们的胜利也很能鼓舞人心,真是憎爱分明。这样的播音员要多培养几个!'"[1]被毛主席热情称赞的就是当时播音的钱家楣,她语音纯正标准,音色悦耳动听,感情充沛饱满,擅长播送通讯和重要文告,是战争年代一名优秀的播音员。

任何节目内容、任何有声语言表达,都存在着感情和态度上的差异,播音员必须立场明确,不能有丝毫的模糊或似是而非。播音创作必须在分析稿件内容、研究稿件形式的基础上,寻找出恰如其分的表达方法,从而准确地传达稿件的思想内容。播音创作要做到既从稿件内容和形式出发,又从当前形势和人民群众的思想实际出发,对稿件进行具体分析,心中有数,有动于衷,有的放矢。延安陕北时期的播音始终充满着爱憎分明的情感,准确流畅、抑扬顿挫、震慑人心,准确地传达了党和国家的方针政策,动摇了敌人的军心,鼓舞了我方军民士气,坚定了必胜的信心,收到了良好的宣传效果。战争年代这种爱憎分明的声音成为了我们对敌战争中的又一件利器,直刺敌人的内心,帮助军队在战场上所向披靡。

二、准确清晰

战争年代,由于发射设备和收听设备的限制,再加上敌人的干扰,广播的质量并不是很好,因此语言清晰准确,让听众听清楚、听明白是传播的首要任务。1946年6月,当时的语言广播部主任温济泽主持制定了《新华总社语言广播部暂行工作细则》,在播音的语言表达方面规定"要用普通话的口语,句子要短,用字用词要力求念起来一听就懂,并要注意音韵优美与响亮","电文中有文言或难懂字句,应加注必要的通俗的口语翻译"。[2] 1947年

---

[1] 阎长林:《胸中自有雄兵百万》(节录),选自北京广播学院新闻系编选:《中国人民广播回忆录(第三集)》,中国广播电视出版社1990年版,第9页。
[2] 中央人民广播电台研究室、北京广播学院新闻系编:《解放区广播历史资料选编(1940~1949)》,中国广播电视出版社出版1985年版,第119页。

4月27日,《邯郸台播音技术的点滴经验》中提出:"播音技术,在总的要求上,最先提出的是:咬字清晰,口齿流利,抑扬顿挫,充满感情,快慢适当。"①这些内容已经涉及语音发声的规范,语言表达的自然等业务要求。延安陕北时期,当时负责新华社语言广播工作的领导经常写信给播音组,提示宣传要点,指出播音时的注意事项,包括语言规范、播读正确、立场鲜明等等,对播音工作进行鼓励或批评,培养播音员对播音工作的正确认识。1948年下半年,陕北新华广播电台相继制定了《播音手续》《编播发稿工作细则》《口播清样送审办法》等规定,对播音工作加以规范。业务的训练和提高、制度的制定和实施,保证了陕北台和其他解放区广播电台的播音精益求精、准确清晰。

  准确清晰的播音与播音员们严肃认真的创作态度、一丝不苟的工作作风和精益求精的钻研精神是分不开的。当时播音组的每一位成员在播音时都牢牢把握住两点:第一,掌握好中央精神,把握好稿件的分寸;第二,不打磕巴,不念错别字,清晰流利。播出对字音要求尤其准确,连声调都不能出问题,对于发音不准的字词,大家互相纠正,平时加强练习。为了力争做到不出错或者尽量少出错,播音组经常组织传达重要文件精神,加强政策和时事政治学习,坚持从如何传达好稿件的思想内容和精神实质出发进行创作,不去想表现技巧、表现个人。大家经常在每天收到稿件后一起备稿,注意力高度集中,一字一句都不放过,遇到疑难词句,坚持查字典,并标注在稿件上,遇到有错漏的文字,如果时间来得及就打电话给编辑部更正,否则就改正播出。大家一起听播读,互相提意见,注意语言的锻炼。播出中,组织监听,如果有错漏或不流畅的地方都要认真记下来。每月把这些情况做出总结汇报给编辑部,成为了播音组的一种工作制度。

  为了保证播音创作准确流畅,播音员们经常进行个人工作总结。在孟启予保存的1948年9月的一份《十天工作总结汇报》中,详细地记录了播错、播漏的每个字,断得不得当的字句,以及播得好的稿件和改进的办法思路等。齐越的《十天播音工作个人总结》更是分析得细致入微。"一般来说,播音已较前有进步,固定的调子基本上已克服……播音的缺点与错误:(一)有个别语句不自然。(二)有一些语句过于分断。(三)有某些字的四声不准

---

① 姚喜双:《播音主持概论》,高等教育出版社2015年版,第247页。

（地方音）。（四）播通讯放不开，呆板、生硬。（五）所播大错误有三：a.中央指示中'农民'播'人民'（这个错误应由我负责，看稿子疏忽——济泽）。b.《人民公敌蒋介石》的预告中'中华民族'播'中国人民'（这还不能算大错误——济泽）。c.呼号'XNCR'播'XNMR'①（这个错得很不好——济泽）。"齐越在总结中更多的是认真寻找自己的不足。他在谈到犯上述错误的原因和今后改正办法时是这样说的："（一）中央指示中'农民'播'人民'是稿子上抄错的，未播前曾想到和记录原稿校对一下，但又想：编辑部都校过了，不会有错。结果就出了错。这说明自己全面认真负责的精神是非常不够的，如果自己这样想：编辑部人少，工作忙，可能出错，出了错就是我党和人民的损失！那么自己就不会不分些时间校对一下了。今后应尽量掌握胡必成同志（周恩来）在报告中所指示的精神：'不但对自己所担任的工作负责，同时对与自己工作有关的其他工作也要负责。'今后准备稿子的时间很充足时，应多加强对稿子的研究与学习，多方面校对（如果条件够的话），有问题立即向编辑部提出解决，以便减少播出的错误。（二）预告中'中华民族'播'中国人民'，呼号'XNCR'报'XNMR'，这两个错误发生在同一天内，那天未播音前，自己就打算要放开一点，要播得自然些。（因为前一天开技术研究会，同志们批评我播音有些不自然。）结果，自己在纠正缺点上掌握不得法，矫枉过正，一反往日谨慎小心，流于粗心大意，以致顺口溜，将'中华民族'播成'中国人民'自己都没有发觉。这足以说明，当时自己没有经过脑子就播出去了，这种粗心大意不负责是十分要不得的！除自己继续深入检讨外，愿接受组织上的处分。（这类错误不必处分，你能在今后保证不再错就好了——济泽）这次的教训，使我更深深地认识到我们的广播电台是和一般电台根本不同的，我们的电台是我党的喉舌，是服务于人民革命事业，代表党中央发言的。一个播音员应当时时刻刻小心谨慎，认真负责，不容许有丝毫错误发生，即便是一字之错，也是全党和人民的损失，影响我党的威信，对不起人民的。今后，首先应当时时刻刻坚持认真负责的精神，并将此精神贯穿到播音的每一字、每一句、每一呼号中。我们在播音技术上所要求的自然，是在严肃负责基础之上的自然，而非任意放开，随随便便顺口溜的自然，否则我们就要发生错误的。我们的播音首先要稳重沉着，不出错误，在这样的基础上

---

① XNMR是东北新华广播电台呼号。

再进一步提高。今后为避免发生类似错误,除加强自己认真负责的工作态度,并将容易顺口溜播错的一些名词上,在准备稿子时作提醒注意的记号,另外,每个节目前的呼号一定要写在稿子前面,看着呼叫。"[1]在这篇工作总结中齐越不仅指出了自己的字音错误、语句错漏和语气把握的缺点,还分析了出现错误的原因,提出了改进办法;同时他还进一步谈到了自己对责任、备稿、心态的认识,这不仅对自己的业务是一个总结,也对其他年轻的播音员有借鉴意义。严格认真的管理和严谨的工作态度,所有的一切都是为了保证播出时准确无误,流畅清晰,达到最佳的传播效果。

在播读记录新闻的时候,为了保证记录准确,保证人名、地名和难写或听觉上容易误解的字和词不出错,就特别要求播音员要播得清楚准确,除了有些特殊地方需要边广播边解释,一条新闻播完以后还要用一般速度重播一遍,以供校对。由于记录新闻播出的速度比较慢,因此发音吐字的过程拉开了,在普通语速时不易察觉的吐字归音的问题比较容易暴露,这就要求播音员要特别注意字音的准确清晰。另外,播记录新闻需要把句子断为若干语节,找到适当的停连之处,这样才不会引起歧义,方便抄录,这又要求播音员断句要严谨合理,逻辑顺畅。一般记录新闻的播出都在一小时左右,要做到语速稳定,一气呵成,还必须以通畅、稳劲的气息作为基础。实际上,每一次记录新闻的播出都是对用气发声、吐字归音基本功的很好锻炼。在大量记录新闻的播报当中,播音员也不断磨炼着标准的读音、清晰的吐字,为正常语速的播报打下了坚实的基础。后来,播报记录新闻成为了训练语言基本功的一个重要练习手段,当时每一位新播音员的工作几乎都是从播报记录新闻开始的。

三、坚定朴实

延安陕北时期的播音结实洪亮、铿锵有力、大义凛然,充满战斗的气息、饱满的激情和必胜的信心,其坚定朴实的语言特点与国民党的播音形成了鲜明的对比。

国民党中央广播电台于1928年8月1日在南京开始播音,比中国共产

---

[1] 姚喜双:《中国解放区新闻播音语言规范》,语文出版社2007年版,第329~331页。

党领导的延安新华广播电台早了十多年,但是延安新华广播电台的播音与国民党南京政府的播音风格却有着鲜明的区别。曾经驾机起义飞往延安的国民党飞行员刘善本在到延安前就一直很想从延安的广播中听听革命的声音,他第一次从收音机里听到延安广播电台播音的时候非常激动:"延安的广播声音虽然不大,但很清晰,一个女播音员清脆有力的声音,与国民党的所有电台都迥然不同。"[1]国民党的广播多选用女声,以南方腔调为主,声音偏虚、语速较慢、语流显拖沓,尤其在文艺节目中更是显得软绵绵、娇滴滴、无精打采,似乎是在低吟浅唱,伤情抒怀。更重要的一点,为了战事需要,国民党的播音有大量的失实报道,播报方式也少有变化,缺乏充沛的情感和鲜明的态度。这种意图粉饰太平的表达方式结果却事与愿违,他们的播音与日益激化的社会矛盾以及国民党军队节节败退的事实形成反差,其意图昭然若揭,谎言暴露无遗,颇具反讽意味。与南方化的柔软和颓靡相比,延安陕北时期的人民广播播音带有北方化的干脆、坚定和朴实,每一位播音员都将他们的心与党的革命事业紧紧相连,与全国人民息息相通,每一次播出都体现出褪去了个人色彩和自我表现的真诚稳健和从容大气。播音员丁一岚在总结战争年代人民广播事业的特点时说:"从内容上来讲,我们的广播在当时广大群众甚至国统区的蒋军官兵都能注意收听,那时我们广播的内容,主要是报道人民解放战争的进展,介绍人民解放军是礼仪之师,与人民是鱼水关系,这些方面对长期在国民党统治下的人民群众来说是崭新的情况。我觉得我们的广播内容,跟国民党的那些内容完全不同,是全新的一种宣传内容。另外,从文风来讲,也是一种全新的文风。我们的广播宣传实事求是,完全反映真实的内容。我们的编辑记者写出的稿子,语言流畅明快,在这方面同国民党的广播咬文嚼字是不一样的。从播音风格上讲也是全新的风格。那时从收音机里一听就能分辨出哪个是国民党的广播,哪个是解放区的广播。为什么呢?我们的播音风格光明磊落,充满自信心,充满豪情,爱憎分明,曾经受到毛主席的夸奖。这是在战争环境里产生创造出来的一种风格。"[2]

---

[1] 刘善本:《飞向传播毛泽东思想的地方》,选自中国广播电视学会史学研究委员会、北京广播学院新闻传播学院新闻系编选:《延安(陕北)新华广播电台回忆录新编》,中国广播电视出版社2000年版,第306页。
[2] 哈艳秋:《中国新闻传播史研究》,中国广播电视出版社2005年版,第90页。

一篇好的播音作品,总的质量要求是:正确理解与准确表达相统一,并且准确、鲜明、生动地表现稿件内容的精神实质。延安陕北时期的播音吐字发音准确清晰,语言表达自然流畅,不仅体现了播音员们良好的基本功,也是他们对党的播音要求的深刻体会和严格执行。齐越在阐述"准确、鲜明、生动"的关系时说,第一是准确,第二还是准确,第三是鲜明,第四是生动。人民广播播音不片面追求语言形式,而是自觉地以准确清晰的表达为基础,时刻注意从稿件的内容出发,准确地掌握语句目的和传播目的,掌握与播讲对象的关系,掌握对事件应有的正确态度。播音员要在对稿件内容、目的、内涵、感情等方面的细致分析,找到稿件背后的、内在的东西,找到其潜台词的基础上,再利用语言的外在表现形式,即强、弱、轻、重、抑、扬、顿、挫等来表现稿件的内容。在播音中只有理解准确、感受鲜明,才能表达准确、表达鲜明。在准确、鲜明的基础上,力求生动,这样的生动才不会空洞,才能充满活力,朴实坚定、贴切深入。

人民广播电台虽然大部分是利用接收国民党的广播设备建立起来的,但作为一个宣传机构来讲,特别是就它的编、采、播工作来说,却同旧中国的广播事业没有直接的继承关系。人民广播是在新华社的襁褓中成长起来的,并直接继承了中国共产党党报和新华社的优良传统,经历了血雨腥风的战争考验和洗礼,逐渐形成了自己的优良传统:"自力更生、艰苦奋斗的创业精神,实事求是、严肃认真的宣传作风和联系群众、联系实际的工作方法"[1]。1949年8月制定的《北平新华广播电台训练播音员的方法》中详细指出了选择播音员的标准:"一、历史清白政治可靠者;二、能操流利之普通话,音色清晰者;三、具有高中的文化程度;四、有一定的政治水平"[2],同时提出了播音应注意的事项,如怎样准备稿件,如何掌握抑、扬、顿、挫、快、慢、轻、重,如何表达语气情感,规定了播音手续和播音员应遵守的制度等。其中第五条中这样写道:"……每一稿件在话筒上试播,经负责人认为满意后再换另一稿件,到这一节目的各种稿件都能播得合乎标准时,即可开始工作,在该节目完全胜任熟练时,除担任该节目之外,同时练习另一节目,至另一节目练习

---

[1] 赵玉明主编:《中国广播电视通史》,北京广播学院出版社2004年版,第189页。
[2] 中央人民广播电台研究室、北京广播学院新闻系编:《解放区广播历史资料选编(1940~1949)》,中国广播电视出版社1985年版,第189页。

第一章 萌芽（1940年～1949年）

成功后，即可换播该节目，直至全部节目均能胜任为止。"①在不断的实践和摸索中，播音员们与党和人民同呼吸、共命运，获得了良好的心理基础和不竭的创作激情，与编辑技术人员在工作上互相支持、业务上互相帮助、生活上互相关心，形成了一个团结奋进、并肩作战的集体。正是这种良好的氛围，为播音工作提供了积极的创作条件，为播音任务的顺利完成奠定了基础。延安陕北时期的播音特点在团结协作中渐渐形成，爱憎分明、准确清晰、坚定朴实，成为对敌作战的有利"武器"，也成为党和人民沟通交流的桥梁。这一时期的播音创作开创了人民广播播音的一代新风，是革命战争年代中国无产阶级和人民大众战斗风格的生动体现。

---

① 中央人民广播电台研究室、北京广播学院新闻系编：《解放区广播历史资料选编（1940～1949）》，中国广播电视出版社1985年版，第189页。

第二章 奠基(1949年～1966年)

1949年10月,中国人民革命的胜利和中华人民共和国的成立,揭开了中国历史的新篇章,标志着旧中国广播事业的彻底终结,中国共产党领导下的人民广播事业也由此进入新的历史阶段,播音事业迎来了创作的新时期。新中国成立十七年的播音创作,不仅坚定地坚持党性,牢牢把握住了宣传主调,为社会主义建设增添动力,同时自身创作也取得了多种成就,发展了新的播音样式,创作了一批受人民群众喜爱的节目,涌现了一批优秀的播音员,在继承和发扬延安陕北优良传统的同时,为播音创作注入了新的时代内涵,为播音事业今后的发展打下了坚实的基础。

第一节 播音创作发展概况

1949年3月25日,陕北新华广播电台改名为北平新华广播电台,9月27日,中国人民政治协商会议第一届全体会议通过了中华人民共和国定都北平的决议,并从即日起改名北平为北京。同一天,北平新华广播电台改名为北京新华广播电台。12月5日,北京新华广播电台第一台改名为中央人民广播电台,开始具有中央电台的性质,成为唯一面向全国人民广播的国家电台,北京新华广播电台第二台改名为北京人民广播电台,面向全市听众广播。据1950年4月统计资料显示,中央电台对国内广播一共采用5个频率,每天播音 15 小时 30 分钟。①

一、1949 年～1956 年的播音创作

1949 年到 1956 年,是中国共产党发动、组织全国人民恢复国民经济,贯彻执行党在过渡时期的总路线,把新建立的人民共和国由新民主主义国家变为社会主义国家的伟大历史时期,也是广播事业迅速发展的时期,是中国共产党和人民政府通过接管、改造旧中国广播电台,在全国范围内开创、建设人民广播电台,为发展具有中国特色的人民广播事业奠定基础的历史阶段。这一时期的播音是对延安陕北优良播音传统的继承和发扬,同时也因为新的历史时期,社会生活、生产建设的新需要而有了调整和变化。

新中国成立初期,百废待兴,国家把主要精力集中在恢复遭受严重破坏的国民经济以及稳定国内外形势上。与此同时,党和政府也对广播事业的发展给予了很大的关注。1949 年 9 月 29 日,中国人民政治协商会议通过的《共同纲领》第 49 条明确规定了"发展人民广播事业",这为发展广播事业提供了法律依据,并表明广播事业是国家社会主义事业中一个十分重要的组成部分。1949 年 10 月 1 日,中央广播事业管理处改组为广播事业局,隶属于政务院新闻总署。广播事业的发展与新中国成立初期国民经济恢复和第一个五年计划建设紧密相关。除了对国民党广播电台继续接管,对私营广播电台进行社会主义改造外,中央还加大力度建立和调整地方人民广播电台。"到 1956 年底,全国共有地方广播电台 56 座,除西藏外,大陆共有省级广播电台 27 座,其余为地市级广播电台,基本上建成了以中央人民广播电台为中心的全国性广播宣传网。"②

1950 年 2 月,政务院新闻总署为广播规定了三项任务:发布新闻、传达政令,社会教育,文化娱乐。③ 由于事业规模不断扩大,技术基础力量日益雄厚,广播宣传比较好地完成了这些任务。在从新民主主义到社会主义的转变过程中,中央人民广播电台和各地方台遵照中央指示,围绕生产建设这一

---

① 赵玉明主编:《中国广播电视通史》,北京广播学院出版社 2004 年版,第 198 页。
② 徐光春主编:《中华人民共和国广播电视简史(1949～2000)》,中国广播电视出版社 2003 年版,第 18 页。
③ 赵玉明主编:《中国广播电视通史》,北京广播学院出版社 2004 年版,第 198 页。

中心工作展开宣传,对恢复国民经济、巩固祖国统一、抗美援朝、清匪、反霸、土地改革运动、三反五反运动、镇压反革命运动、过渡时期总路线宣传、互助合作、对手工业和资本主义工商业进行社会主义改造以及知识分子的思想改造运动等方面进行了广泛宣传。

1951年和1953年,毛泽东分别提出了"百花齐放""百家争鸣"的要求,1956年4月,毛泽东正式提出了在艺术问题上要"百花齐放"、在学术问题上要"百家争鸣"的"双百方针",成为我国发展科学、繁荣文学艺术的重要指导思想,也为广播事业指明了方向,广播逐渐成为党和政府联系广大人民群众,团结、教育和发动各族人民恢复发展工农业生产,进行伟大的社会变革的重要桥梁,并显示出了巨大的威力,作出了宝贵的贡献。

(一)建立广播网,扩大影响力

1950年3月29日到4月16日,全国新闻工作会议在北京召开。4月22日,针对当时全国尤其是农村收音机数量极少、交通不方便等情况,新闻总署发布了《关于建立广播收音网的决定》。根据这个决定,全国各县市人民政府,人民解放军各级政治机关以及其他机关、团体、工厂、学校都安排了专职或兼职的收音员,记录中央和地方人民广播电台广播的新闻报道,向群众介绍广播节目,组织群众收听重要节目。在中央广播事业局的领导下,1953年,全国基本完成了对旧中国遗留下来的33座私营广播电台的社会主义改造,[①]修复、改建了国民党政权留下来的破旧设备,并且在全国各省、自治区、直辖市和一部分省辖市继续建设广播电台,全国的广播事业迅猛发展。新中国成立初期,初步建成了以中央人民广播电台为中心的四级广播宣传网,即中央台、大行政区台、省(直辖市)台及市台四级。广播收音网的普遍建立,体现了中央对广播宣传工作的高度重视,也是广播工作联系实际、联系群众的重要措施之一,使人民广播事业建立在确实的群众基础上并发挥着应有的宣传教育作用。

与此同时,中央也非常重视发展农村广播。1952年12月1日至11日,中央广播局在北京召开了新中国成立后第一次全国广播工作会议,会上明确提出要逐步增加发射功率,改进收听效果,增产收听工具,巩固收音网,大

---

① 赵玉明主编:《中国广播电视通史》,北京广播学院出版社2004年版,第208页。

力发展有线广播尤其是农村有线广播。1955年10月11日,毛泽东在党的七届六中全会上提出要"发展农村广播网"。第三次全国广播工作会议于1955年12月15日至22日在北京举行,会议的核心议题就是发展农村广播网。1956年1月,中共中央颁发的《全国农业发展纲要》中第三十二条规定:"从1956年开始,按照各地情况,分别在七年或者十二年内基本上普及农村广播网。"①根据这个要求,中央广播事业局召开了一系列会议,讨论发展农村有线广播网问题,"到1956年底,全国有线广播站发展到1458个,比1952年的331个增加3.4倍。广播喇叭达到50.6万只,比1952年的1.7万只增加了28.5倍。"②

就客观条件来讲,农村和边远地区,报纸很少,交通不便,广播理所当然地成了人们获得信息和文化知识的重要来源。就主观建设思想来讲,国家也把广播作为党和政府团结和教育群众的重要工具,大力推广发展。收音网和有线广播的建立和发展,使广播逐渐进入了农村,人民广播播音事业从战争年代的面向国民党军、面向国统区人民、面向解放区人民,逐渐转变为面向农村、城市的人民大众,尤其是对农村、对农民的广播得到了很大发展。

(二)明确宣传任务,丰富节目形式

在1950年3月底召开的全国新闻工作会议上,梅益同志作了题为《人民广播事业概况》的报告。他在报告中指出,人民广播事业独有的特点是为广大人民群众服务,在工作中要不断加强与听众的联系,使广播成为新闻的源泉、教育的讲坛和文化娱乐的工具。1952年12月召开的第一次全国广播工作会议提出了"重点建设,稳步前进"的方针和"精办节目"的口号,进一步要求联系群众、联系实际,强调广播宣传的所有节目都必须把听众和经济建设联系起来,动员广大人民群众为完成社会主义建设任务而奋斗。两年后召开的第二次全国广播工作会议,提出广播宣传要以全国人民为对象,要反映一切广大人民所关心的重大问题,必须准确地、生动地、及时地和多方面地报道人民的生活和经济、政治、文化建设的成就。根据这些会议精神,播音创作进一步明确了宣传任务、目的和对象。

---

① 赵玉明主编:《中国广播电视通史》,北京广播学院出版社2004年版,第226页。
② 左漠野主编:《当代中国的广播电视》(上),中国社会科学出版社1987年版,第35页。

依据国家确定的广播宣传任务,中央人民广播电台为承担起全国广播中心的重任,在50年代初期主要设置了3类节目:新闻性节目、知识性节目和文艺性节目。为了配合全国生产建设的总体思路,中央人民广播电台将新闻性节目放在了第一位,在整个广播节目中占了很大的比重。1949年时,台里只有4次新闻节目,到1956年已经增加到15次。当时,台里设有记者组,负责采写国内重大新闻和时政消息。除固定新闻节目外,中央人民广播电台还根据国内外形势和重大活动、重大时间举办特别节目和专题节目。第二类是知识性节目,其中包括一些对象性和专题性节目,如《对少年儿童广播》《部队节目》《经济生活》《文化生活》等。第三类是文艺性节目,主要设有音乐、戏曲、曲艺、文学、电影话剧录音剪辑等节目。50年代初,文艺性节目约占播出时间的10%左右,1952年增加到30%左右,到1956年增加到50%左右。此外还有少量的服务性节目,如《天气预报》《节目预告》《听众服务时间》等。[①] "1956年,中央电台已有两套面向全国的综合节目,全天播音时间从1949年的5小时增加到23小时55分。"[②]

这一时期的播音创作基调积极向上,语速适合工农兵收听的习惯,表现出了饱经动荡和战乱的中国人民对于稳定局面的衷心欢迎,展现出全方位的建设主题,大量生产建设消息、大批先进人物事迹通过电波传播出去,鼓舞着全国人民生产建设的热情。在对第一个五年计划的实施及其成就的宣传以及对涌现出来的新型工农业生产劳动模范人物的报道方面,各地电台开办了《工人节目》《农民节目》或《对职工广播》《对农村广播》等节目,职工台、工商台、经济台、广告台等开始涌现,许多台办的节目新颖、多样、生动。随着广播技术的进步,节目形式也更为丰富,录音报道、时事对话、广播大会、剧场实况转播等多种节目形式陆续出现。播音员在播节目的同时,也积极地参与节目制作,在播音创作中表现出了建设时期积极向上的精神面貌和饱满高涨的热情,号召全国人民群众投入火热的生产建设中。播音员们虽然不在生产建设第一线,但他们在话筒前播音,也是为新中国建设添砖加瓦,尽自己的一份力量。

---

① 徐光春主编:《中华人民共和国广播电视简史(1949~2000)》,中国广播电视出版社2003年版,第15页。
② 赵玉明主编:《中国广播电视通史》,北京广播学院出版社2004年版,第232页。

新中国成立初期,各台男播音员普遍比较少,中央人民广播电台根据工作需要,从各大行政区电台调进了一些优秀的播音员,同时从大学、中学里选调了一批青年学生作为新生力量加入播音队伍当中。在全国建设热潮的带动下,大家以老带新,继承和发扬延安陕北时期的优良传统,在工作上严肃认真、一丝不苟,在业务上勤学苦练、精益求精,努力学习业务知识,提高自己的业务水平。50年代,中央人民广播电台播音组建立了试播制度,规定播音员自己备好稿以后,播出前要给编辑和其他播音员试播一遍,听取意见,做必要的修正,再正式播出。正因为要求严格,中央人民广播电台的播音差错率很低。中央和地方的广播电台对过渡时期总路线进行了形式多样、内容深入、时间持久的宣传,同时采取了多种手段加强对经济建设、政治建设和法制建设的宣传。在此过程中,人民广播树立了较高的威信,开始在广大群众中享有越来越高的声誉。

(三)总结交流经验,加强业务学习

1956年之前,几次全国广播工作会议相继召开,总结了前一阶段广播事业建设和广播宣传取得的成绩,并为今后的发展制定了方针,使播音创作在广播事业整体发展的统一部署中有了更加明确的方向。随着广播事业的发展,播音业务除了在实践方面进行探索以外,在理论研究方面也通过总结经验、加强学习,变得更加深入、系统、正规、完善。

1952年12月,在第一次全国广播工作会议召开期间,中央人民广播电台主持召开了播音工作座谈会,北京、天津、上海、甘肃等地的播音组长、播音员、台长和编辑共73人参加了会议。这次座谈会是在新中国成立以后新形势下召开的第一次播音工作会议,会议讨论了播音工作的性质、任务、作用、重要性,以及对播音员的要求和应学习的内容。会议指出,播音工作常常影响广播工作的全部效果,因此会议提出"播音员不是传声筒",而是"有丰富政治情感和艺术修养的宣传鼓动家","要求每一个播音员都应是人民的喉舌,要使自己的声音真正表现出伟大的中华民族的气魄,他要使自己广播的一言一句都深深地打动人心"[1]。这次座谈会是播音工作建设的良好开端,它对播音工作的重要性、对播音员的要求、播音员学习的内容方法,以及

---

[1] 姚喜双:《播音学概论》,北京广播学院出版社1998年版,第207页。

工作制度等都作了明确的规定，尤其对播音员的学习起到了促进和指导作用。

1954年，中央人民广播电台成立了播音员指导委员会，负责播音员的播音、培训和考核，领导播音业务工作。齐越担任艺术指导，成员有夏青、林田、潘捷、李兵等。委员会下设对内播音组，组长徐恒，副组长马尔芳、吴景玉；对外播音组，组长姚琪，副组长费寄平。1954年7月，中央人民广播电台的齐越作为中国广播代表团成员去苏联学习，回国后向同行介绍苏联播音的经验，并且翻译了一些苏联播音员写的文章。中央人民广播电台播音组在学习苏联经验的同时也开始总结自己的播音经验，徐恒执笔的《播音员和播音工作》、夏青执笔的《克服报道新闻的八股腔》、李兵执笔的《播社论的体会》、张洛执笔的《把现实中的情景鲜明地再现在听众面前》、齐越执笔的《播音员和实况转播》，这5篇文章是最早总结播音工作经验的文章。这些文章总结了几种主要新闻体裁的播音以及播音组工作管理和培训播音员的方法。

1955年3月，在中央广播事业局地播处的主持下，"全国播音业务学习会"在北京召开，这是继第一次全国广播工作会议之后召开的又一次全国性的播音会议，受到中央广播事业局领导的重视和关怀。这是一次内容十分丰富的业务学习会，会上齐越介绍了苏联播音经验，并和代表们当场试播、讨论。同时，会议请到了很多专家、学者、演员做专题报告，内容涉及斯坦尼斯拉夫斯基体系、演员修养、台词、练声、朗诵、语音学、嗓音锻炼和保护等等。会上，梅益和左荧发表了重要讲话。梅益谈到了播音创作的方向、播音工作的态度，以及创作手段、情感、技巧和修养等多方面的问题。左荧的发言《播音是一种语言艺术活动》内容涉及播音工作的重要性、播音与其他艺术的区别以及播音创作中的不良倾向等，并把过去提的播音三要素发展成为播音四要素：播给谁听——对象、播些什么——内容、为什么播讲——目的、怎样播讲——方法，四要素构成了播音创作最核心的理念，使参会同志深受启发、受益匪浅。会议以后，全国各地播音员的业务学习活动迅速开展起来。

这个阶段，播音创作主要学习苏联的经验，大量借鉴了斯坦尼斯拉夫理论体系，在全国组织播音员勤学苦练，学台词、练声、朗诵，学习保护嗓子的相关常识，努力训练播音技巧，同时学习时政、文化知识，提高播音员的艺术修养。1956年,齐越和崔玉陵节译了苏联功勋演员符·阿克肖诺夫所撰写的《朗诵艺术》,连载于《广播爱好者》,内容包括呼吸方式、发声吐字、重音停顿、语调、节奏、手势和创作想象、内心视像、内在语以及创作交流等,虽然较为简单,但是其语言表达艺术的理论框架比较全面,为播音基础理论研究打下了基础。这一时期的理论成果以黄皮书《苏联播音经验汇编》、白皮书《播音业务》、蓝皮书《全国播音经验汇辑》为代表,这3本书分别总结了国外(苏联)、中央台和地方台(主要是省台)的播音经验,是对当时播音经验的一次总结和推广,也为播音理论的建设提供了基本的思路,具有重要的理论与实践意义。另一方面,大家也明显感觉到了我国与苏联的播音还存在较大的差别。经过三十多年的社会主义建设,苏联国力强盛,人民生活稳定安逸、受教育程度较高,因此苏联的播音在强调态度立场的同时,非常注意口语化和生活化,其娓娓道来的讲述感与我国自战争年代沿袭下来的偏喊话式的播音有很大不同。播音创作方式是整个社会状态的真实反映,五十年代,我们在废墟之上开始社会主义建设,我国的社会背景、经济条件、人民素质、整体心态都与苏联有着很大的不同,苏联式的"口语化""接近化"一直没有在播音创作中体现,这是当时中国特定的社会环境所决定的。

这一时期,由于宣传任务明确、宣传重点突出、报道形式多样,广播的语言表达方式也丰富起来,变得更加准确、更加生动、更加贴近生活实际,更加为宣传内容服务,再加上理论学习的不断深入,播音员的业务实践能力得到了提高。新闻报道中播出了新中国大量生产建设的消息,如《鞍山无缝钢管厂建成》《长春第一汽车厂动工兴建》《跑在时间前面的人——王崇伦》等,内容丰富、清晰庄重、深入人心。通讯播音感情真挚、刚柔并济,出现了《谁是最可爱的人》等影响广泛的经典作品。在巩固新闻节目的同时,大家也力争办好文艺广播,加强同群众的联系,关心和指导人民的日常生活。总体来讲,广播节目内容丰富、形式多样,具有高度的思想艺术水平,满足着广大听众对广播日益增长的需求。1950年,齐越任中央人民广播电台播音科科长,后播音科又改为播音组,齐越任组长,成员包括费寄平、夏青、李兵、徐恒、葛兰等,1952年,播音组又吸收了一部分青年学生充实到播音队伍中,其中有林如、王欢、刘炜等。播音员们同其贴切生动的播音和精品节目一起逐渐深入人心,赢得了广大人民群众的喜爱。在中央人民广播电台的带动下,各地方电台的播音工作也有了显著进步,出现了一批各具风格的优秀播音员。

北京人民广播电台的刘露、恒山、章然,上海人民广播电台的陈醇,天津人民广播电台的关山,辽宁电台的路虹,四川电台的阮培兰等都在听众中有一定影响,具有较高的知名度。这其中除齐越来自解放区以外,其他均为50年代培养出来的新播音员。

1949年到1956年是我国人民广播事业、播音创作大发展的阶段,各个方面都取得了很大的成绩,但在这一阶段的发展过程中还是有一些问题,比如工作中存在教条主义、党八股,对苏联的经验与做法也出现了不顾我国实际国情照抄照搬的情况。不过总的来看,社会主义的新闻事业体制基本确立,革命战争时期形成的中国共产党新闻工作的优良传统与作风继续得到发扬光大,苏联新闻工作的经验也为中国新闻工作者提供了许多有益的借鉴与启示。

二、1957年～1966年的播音创作

1956年社会主义改造基本完成之后,我国进入全面建设社会主义的新阶段。从1957年到1966年"文化大革命"爆发前的十年,社会主义建设取得了一定成绩,也付出了沉重代价。由于极左思潮的影响,广播宣传事业既有快速的发展,也出现了停滞不前甚至倒退的情况,既有好的经验值得推广,也有失误需要反思。尽管受到左倾路线的干扰,几经曲折,播音工作还是在摸索中一步步前进,取得了较大的成绩,这十年是播音业务大提高、播音队伍大成长的十年。

(一)保证节目质量,力求百花齐放

1956年5月28日,在中央广播事业局党组向中共中央汇报广播事业发展规划时,中共中央副主席刘少奇代表党中央对广播工作作了指示。在指示中刘少奇重点提到,要加强对广播事业的领导,广播宣传要密切联系人民的思想、生活、需要,应该关心所有听众关心的问题,特别要关心人民的生活问题。1956年7月25日至8月16日,在社会主义改造基本完成后召开了第四次全国广播工作会议,会议根据毛泽东《论十大关系》的报告和刘少奇对广播工作的指示精神,讨论了广播宣传工作、第二个五年计划指标、领导体制和发展广播事业的方针等问题,着重研究了如何改进广播宣传工作,以

更好地为社会主义建设服务。会议强调要熟悉和掌握广播特点,发挥声音、速度和群众性的优点。关于如何办好新闻性节目和文艺性节目,会议提出了以下几点[①]:

第一,改进新闻报道,做到又多又快又短又好。好就是真实、生动、有兴趣和有立场。只有把事情的真相告诉听众,才能有效地教育听众。新闻报道要全面,不能报喜不报忧;当然也要有立场,要有利于人民和无产阶级;还要有自己的评论,最好采取述评的形式。

第二,扩大节目取材范围,加强同群众的联系,更多地关心和指导人民的生活。要从政治上关心人民,同时也要从生活上关心人民。要使节目办得更多样些、更丰富些,还要改进文风,少唱八股,让广播语言更接近生活。

第三,在广播中展开批评。在广播中进行批评和自我批评,目的是纠正缺点和错误,以教育人民和做好工作。

第四,根据广播特点对待"百家争鸣",在广播中展开自由讨论。

第五,贯彻"百花齐放"的方针,办好文艺广播。在播音风格上,也要"百花齐放",要有不同的风格,不要只有一派。

第六,要让听众听到更多的节目,就是要有更多的具有丰富的内容、多样的形式、高度的思想艺术水平,并用新技术制作的节目。

第四次全国广播工作会议调整了广播事业的建设方针,在中国广播发展的历程中具有重大意义和深远影响。尽管这一阶段的宣传工作在全国整体意识形态和宣传论调的作用下,出现了浮夸、失真的现象,有偏差和错误,但是由于全国广播工作者不断反思和总结,并全力贯彻第四次全国广播工作会议的指导精神和既定方针,中央和地方广播电视事业得以同时发展。1957年以后,地方广播事业有了很大的发展,新建了一批中等城市电台:1957年,全国有广播电台61座,到1962年初,全国地方广播电台发展到145座。[②] 广播电视在宣传重点工程建设、克服三年经济困难、贯彻中央"调整、巩固、充实、提高"八字方针以及丰富人民文化生活、进行社会教育等方面,起了很大的作用,取得了巨大的成绩。1958年12月,中央广播大楼建成投

[①] 赵玉明主编:《中国广播电视通史》,北京广播学院出版社2004年版,第230~231页。
[②] 徐光春主编:《中华人民共和国广播电视简史(1949~2000)》,中国广播电视出版社2003年版,第104、108页。

入使用,广播事业发展的硬件条件不断得到改善。

1961年,广播事业局局长梅益在党组会、编委会上,就广播电视宣传的改进和提高节目质量等问题多次提出意见和建议。他希望:"中央电台从1961年起,要努力创造更多的名牌节目,广播节目要增加花色品种,增强知识性。播音员也不能老是一个腔调,必须根据不同的题材采取不同的播法,播音应当亲切,风格应当多样化。"①由于大力贯彻"百花齐放"的方针,广播节目类型越来越丰富,节目质量也越来越高,各类节目受到全国听众的广泛欢迎。在节目形态不断丰富的同时,播音创作语言也呈现出不同的特点。

新闻节目依旧是广播电台的主体节目,同时国际新闻报道也得到了加强,《新闻和报纸摘要》《各地人民广播电台联播》《国际时事》等节目得到了听众的喜爱。中央人民广播电台在播音风格上延续了延安陕北时期的方式,力求做到规范、清晰、流畅,其播出的新闻和较长篇幅的政论文章收到了很好的宣传效果,影响很大。这一时期中央人民广播电台播出的经典评论作品《九评》,成为评论播音的高峰。新闻宣传报道节目中,还成功宣传了一批先进典型,关于雷锋、大庆、大寨等的报道,在全国掀起了学习先进人物的浪潮,产生了广泛而深刻的影响。通讯这种播音创作样式也越来越多地出现在节目当中,而将新闻性与情感性有机结合起来,则成为播音员业务学习和探索的重要方向。

除此之外,教育性、文艺性、服务性节目的分量也有所加重,如天气预报、报时、节目预告等节目坚持办了下来。在"面向农村为农民服务"的宗旨下,中央人民广播电台和地方台专门开办了为农民服务的科技节目与文艺节目,播音创作中开始体现出服务意识。同时,针对特殊收听群体的节目也开始出现:1956年9月4日,中央人民广播电台为学龄前儿童创办的《小喇叭》节目开播,节目针对学前儿童的理解能力和兴趣爱好,采用丰富、形象、生动的内容和形式,使幼儿在潜移默化中接受爱国主义和集体主义思想教育。在播音创作上,《小喇叭》牢牢把握住了收听对象的特点,突出语言的形象性和生动感,取得了良好的播出效果。1961年,中央人民广播电台恢复和兴办了一批知识性、趣味性和欣赏性的节目,5月份开办了《阅读和欣赏》节

---

① 徐光春主编:《中华人民共和国广播电视简史(1949~2000)》,中国广播电视出版社2003年版,第111页。

目,向听众介绍古今中外的优秀文学作品和有关的文学知识,以提高听众的阅读和欣赏能力。这一时期,播音员在播音创作上开始更加注重文学性、艺术性的尝试和探索。1961年,北京举行了第26届世界乒乓球锦标赛,这是我国首次举行世界性的体育比赛,中央人民广播电台第一次转播了九场比赛的实况,张之带领宋世雄对比赛进行了解说,打开了体育播音解说创作的大门。"1965年,中央人民广播电台共有四套节目,两套对国内广播的综合节目,一套文艺节目,一套对台湾的广播节目。同时,对外广播的力度也在不断加强,到1966年底,我国对外的广播语言增加到33种,并且建立了向各语言节目统一提供国内国际专稿的独立的发稿部门。"①

在节目质量越来越高的同时,各地播音部门也制定了严格健全的工作制度,开展各种形式的业务学习,播音员在驾驭各种节目的过程中业务能力得到了很大的锻炼,创作能力逐渐增强,播音质量明显提高。60年代初又有一批年轻的播音员,如方明、铁城、雅坤、徐曼、虹云、赵培、曹山等脱颖而出,逐渐崭露头角。

(二)指导思想偏差,出现失实现象

1957年到1966年之间,国内开展了一系列政治运动,但每一次运动之后,"左"倾错误都没有得到彻底纠正,反而不断加剧。1962年,毛泽东在党的八届十中全会上发出了"千万不要忘记阶级斗争"的号召,"以阶级斗争为纲"成为主导意识形态领域的准则。新闻媒体作为党的重要舆论工具,在宣传工作中也充斥着"以阶级斗争为纲"的宣传论调。在整风运动中,新闻媒体盲目鼓励大鸣大放,充当了"引蛇出洞"、使阶级斗争扩大化的工具,在"大跃进"中又推波助澜、大放卫星,鼓吹"共产主义穷过渡",很多不实的生产建设消息也通过广播宣传出去,助长了"浮夸风",给国家与人民造成了很大的损失。

经过"大跃进"的狂热之后,党和政府主管宣传的领导和新闻界的同志一起对新闻工作进行了反思,重新提出调查研究的重要性。1960年冬天以后,新闻媒体的宣传报道工作有了一定的改进,知识性、趣味性得到了加强。

---

① 方汉奇主编,方汉奇、丁淦林、黄瑚、薛飞著:《中国新闻传播史》,中国人民大学出版社2003年版,第380页。

当时,新闻工作者与理论工作者都进行了一些有益的探索,试图在实践中拓展一条适合中国国情的、生动活泼的工作道路,但这些探索最终都不得不让位于现实的政治需要,淹没在阶级斗争的大潮中。

应该说那时候的播音创作在内容把握上有偏颇之处,欠准确,也有失真的情况,尤其是在一些宣传报道的分寸把握上不够恰切,出现了偏差,在宣传效果上产生了一定的负面影响,成为"以阶级斗争为纲"的不当宣传中推波助澜的一部分。出现这种问题与当时的政治形势密不可分,播音创作也从另一个角度真实地反映出了当时的社会状况。

(三)创办播音专业,构建理论体系

新中国成立以后,人民广播事业由革命战争时期的地区性规模扩展为全国性规模,需要补充大量技术干部。1954年3月,中央广播事业局在北京开办了广播技术训练班,开始正规培训中级技术人员。"训练班共举办了6期,培训技术人员969人。中央广播事业局在1956年至1958年期间,还举办过播音、电视、收音机安装等短训班,培训了130多人。"[①]大家在培训学习的过程中逐渐认识到播音员的培养并不是从高中生里选拔一些人经过两三个月的培训就能达到播出的各方面要求的,广播电视人才培养是一项长期系统的工作。1958年,北京广播专科学校创办;1959年9月,经国务院正式批准,北京广播学院成立,这是我国第一所培养广播电视各类专门人才的综合性高等学校。1960年秋,广播学院开办了播音员训练班,这个训练班成为北京广播学院新闻系播音专业的前身,中央人民广播电台的第三代播音骨干铁城、虹云、钟瑞、雅坤、金锋、赵培、徐曼等,中央电视台的李娟、北京广播学院播音专业教师祁芃都是这个训练班的学生,结业后去到各地方台的学生,也都成了当地电台的业务主力。60年代初,中央人民广播电台播音部的马尔方和天津台播音组的徐恒调到北京广播学院工作,牵头筹建播音专业,1962年申请设立新闻系中文播音专业,1963年5月获得批准;同年8月该专业开始正式招收播音专业学生,学制为3年,学历大专。当时播音工作属于保密工作,除了嗓音条件好、口齿清晰、普通话标准以外,更重要的是考察学生的政治条件,即家庭出身和政治素养。尽管在播音专业建立之初,由于教

---

① 左漠野主编:《当代中国的广播电视》(下),中国社会科学出版社1987年版,第287页。

育目的主要是满足广播电台、电视台对播音人才的急需,培训类型、培训层次较多,难以制定统一的教学计划,但播音人才的培养实现了从"'培训型'到'学历型'、'应急型'到'计划型'的转变"①,这对将来的播音教育发展意义重大。由于各台要求火速输送学生,1963级的学生第四学期进行了七周加急播音实践训练就分配到各台去了;1964年和1965年,学校虽然都进行了招生,但由于当时的社会政治大环境以及参与各种运动的影响,学生学习的时间并不长,学习的内容也不是很充分。1966年"文革"开始以后,播音专业招生被迫中断。

另一方面,对播音理论的研究继续深入展开,大家总结战争年代和建设时期的播音经验,继续学习苏联播音的风格特色,积极开展业务研究、交流,为播音理论的研究打下了一定基础。1962年,齐越在上海电台播音组座谈会上发言,他在讲话中谈到了播音工作的三个环节:播前、播出、播后;播音创作的三个出发点:从文章的内容和形式出发、从党的宣传员身份出发、从播音员的具体条件出发;播音员分析和掌握稿件的三要素:是什么、为什么、对谁讲;播音技巧的三张王牌:重音、停顿、语气等重要的创作技巧及业务问题,他的这次发言成为了播音理论的奠基之作。以此为标志,广大播音工作者开始了中国播音学的探索。"1963年9月,北京广播学院正式招收中文播音专业,教学需要进行教材建设,在借鉴姊妹艺术经验的基础上,开设了'发声教学'、'基本表达'(时称'语言逻辑')等课程,印发了有关教材和资料。虽然比较简单,但是播音理论的主体已经比较明确,一些基础理论如播音的性质和任务、播音创作的目的、用气发声以及感情、停顿、重音、节奏等内外部技巧等都得到了阐述,播音理论体系开始建立一定的格局和基本观点间架,播音研究由此开始走向体系化。"②

第二节 播音创作分析

新闻播音、通讯播音、评论播音一直是播音创作的"三大件",这几种类

---

① 张颂:《播音专业教育40年启示录——为庆祝北京广播学院50华诞而作》,《语言传播文论(三)》,中国传媒大学出版社2006年版,第133页。
② 张颂:《中国播音学发展简史》,《媒介研究》2007年第2期。

型的稿件是播音员在工作中经常遇到并且必须能完整驾驭的。新中国成立以来,在延安陕北时期播音创作的经验基础之上,经过大家的不断努力,新闻、通讯、评论播音越来越成熟,文艺播音也有了新的突破。新闻播音方面,出现了《新闻和报纸摘要》和《各地人民广播电台联播》这两档经典的新闻节目;通讯播音方面,出现了新中国成立初期播出的《谁是最可爱的人》和"文革"前夕播出的《县委书记的榜样——焦裕禄》这两篇感人至深的作品;评论播音方面,出现了系列文章《九评》,态度鲜明、顿挫精妙。与此同时,尽管是在政治氛围浓厚的年代,文艺播音这种播音创作类型也开始越来越多地出现在节目中,并且涌现出了许多有特点的人物和作品,非常可贵。可以说新中国成立十七年的播音创作取得了辉煌的成绩,为播音事业的未来发展奠定了坚实的基础。

一、新闻播音的典范

1950年,新闻总署署长胡乔木提出广播"要学会自己走路",要求大家根据广播的特点,摆脱对报纸、新华社的依赖,发扬艰苦奋斗、锐意创业的精神,自力更生办广播。中央人民广播电台抓住我国人口多、民族多、文化水平不高这一国情,在50年代初期创办了一批适合中国广大听众需要的节目,包括当时有重大影响的《社会科学讲座》节目、对少数民族广播节目、对台湾广播节目以及其他对象性节目等。在这个过程中,最具有代表性的是新闻节目的制作,在宣传报道经济建设重大事件和先进人物的过程中,中央人民广播电台和地方电台都在新闻广播上下足了功夫,并且联手打造出了《新闻和报纸摘要》和《各地人民广播电台联播》两个节目,这两个节目成为影响最大、听众最广泛的重点新闻节目,全国各地人民广播电台都会固定转播这两个节目。

《新闻和报纸摘要》是中央人民广播电台历史最长、影响最大、地位最高的名牌节目,每天固定听众数以亿计。节目创办于1950年4月10日,最初叫《首都报纸摘要》,1955年4月4日,改称《中央报纸摘要》,同年7月4日又改名为《新闻和报纸摘要》,不到一年又改为《新闻和中央报纸摘要》,1960年11月7日又更名为《新闻和首都报纸摘要》,1967年1月26日再次改为《新闻和报纸摘要》,此后一直沿用至今。50年代初,该节目曾安排在傍晚或中午播出,1955年7月开始安排在早晨播出,1960年11月以后固定在每天早晨6点30分到7点播出。《新闻和报纸摘要》节目是一个综合性的要闻和评论节目,大体由国内外要闻、言论和报纸版面介绍三部分组成,除选用中央台的消息、评论以外,还选用新华社和各地方台、各家报纸的独家新闻和重要言论,是消息和言论的总汇,每天早晨播出一次,重播两次,每次30分钟,各地电台都会进行转播。

1950年4月,中央广播事业局要求各地人民广播电台联播中央人民广播电台晚间的新闻和评论节目。1951年5月1日,中央人民广播电台的晚间新闻和评论节目《全国各地人民广播电台联播》开播,1955年7月4日该节目改名为《各地人民广播电台联播》,其基本任务是"发布新闻、传达政令",每天晚上20点30分播出一次,每次三十分钟;1987年1月1日,节目的播出时间改为18点30分。经过多年的积累,《各地人民广播电台联播》在国内外享有了很高声誉,并形成了一个传统,即党和国家需要及时向全国发布的重要文件、法令、政令等,都首先在《各地人民广播电台联播》节目中广播,中央领导人经常批示:"今晚广播,明日见报","今晚广播"即在当晚的《各地人民广播电台联播》节目中第一次播出。中央人民广播电台为了办好这个节目,进行了长期不懈的努力,多次提出"全台办《联播》"的口号,较好地体现了电台"自己走路"的方针。节目经常播出记者采制的各种录音报道和现场报道、讲话录音等,还设有听众来信栏目,直接反映基层干部和群众的意见建议。1995年12月25日,节目更名为《全国新闻联播》,成为全国广播晚间节目龙头,一直享有很高的声誉。

在中央人民广播电台《新闻和报纸摘要》和《各地人民广播电台联播》两个节目的带动下,各地方台根据中央台的经验,也开办了本省(自治区、直辖市)的《报摘》或《联播》节目。人民群众从这些新闻节目中了解全省(自治区、市)、全国和全世界的最新消息,了解党和政府的方针、政策、最新精神,由此,新闻节目成为大家必不可少的精神食粮。

(一)准确清晰、字正腔圆,树立语言典范

由于《新闻和报纸摘要》和《各地人民广播电台联播》的重要性和权威性,因此对播音员的政治素养、业务能力、心理素质等各方面能力提出了很高的要求,能上《新闻和报纸摘要》和《各地人民广播电台联播》的播音员都要经过多年的培养和考察,都是工作经验丰富、思想政治和业务能力过硬的骨干,他们的声音悦耳动听、语音标准规整、吐字清晰有力、态度鲜明得体、播报准确到位、语言规范流畅,在新闻播音创作上体现了极高的水平,不仅为新闻播音创作树立了典范,也为语言表达树立了准确清晰、字正腔圆、功底扎实的典范,成为很多学习播音的学生和专业人员模仿、研究、学习的经典样本。

《新闻和报纸摘要》和《各地人民广播电台联播》开播以后由同一批播音员播出。50年代节目的播音员,有齐越、夏青、林田、潘捷、费寄平、葛兰、林如、王欢等;60年代新增加的播音员有方明、铁城、曹山、丁然、金锋、陈刚、雅坤、虹云、赵培、常亮、徐曼、钟瑞等;70年代新增加的播音员有黎江、雷阳、于芳、晓澄、曾凯、石峰、傅华、陆洋等;80年代新增加的播音员有岳斌、金涛、胡军、肖玉、卫东等;90年代新增加的播音员有闻齐、郑岚、杨波等;2000年以后增加了方亮、忠诚、庞莹、智鹏、陈亮、林溪等几位播音员。2008年8月,《新闻和报纸摘要》和《全国新闻联播》逐渐开始不再由同一批播音员播出,到2009年1月,两个节目的播音员完全分开。在几代播音员的共同努力下,《新闻和报纸摘要》和《全国新闻联播》形成了端庄大气、权威厚重、沉稳典雅的播音语言风格,影响了全国各地的新闻节目,形成了具有中国特色的新闻播音语言风格。同时,这两个节目的播报水平不仅代表了播音员个人的业务能力,更代表了民族风貌和国家权威,作为播音员责任重大,当然也是莫大的光荣。

准确清晰首先来自于播音员良好的语言功底,《新闻和报纸摘要》和《全国新闻联播》的播音员们通过自己的勤学苦练打下了扎实的语言基本功。夏青是东北人,刚开始的时候,普通话不太标准,吐字发声是他的弱点,夏青就针对自己的问题,向姊妹艺术行家学习。他先后向音乐学院老师学习音节发声,向单弦演员学习吐字归音,向电影学院教师学习发音方法,还多次向语言学家周殿福先生请教,反复听录音,勤奋地练习,终于练就了过硬的基本功,不仅成为了播音界最早的三位播音指导之一,成为了广大人民群众喜爱的播音艺术家,还成为了汉语语音方面的专家。夏青是语音权威,台里同事、外地同行遇到字音问题,都要向夏青请教,他能马上说出或查到正确读法,并旁征博引,说明字和词语出处。编播部门大量疑难字音问题,大多请他来确定,因此夏青有"活字典""字音政府"的美称,这是他日复一日,年复一年,靠学、查、问积累的结果。林田通过不断地刻苦练习,克服了最初走音、结巴的问题,获得了准确无误、清晰流畅的播读能力。当时《报摘》和《联播》的很多播音员都从事过记录新闻的播音工作,磨炼了吐字归音和断句停连的能力,为后来的工作打下了坚实的业务基础。有时候一些比较急的稿子要准确安全播出,更是对播音员语言功力的考验,《报摘》和《联播》的播音员们几乎都能做到拿起稿子就能直播,并且出错率非常低。这种准确、清晰、流畅的表达来自于大家平时对于专业基本功的磨炼和积累,对工作认真踏实、一丝不苟的态度,这也是对党的方针政策理解和掌握的一种体现。

字正腔圆是从戏曲、曲艺等传统文化中流传下来的传统,是话语的一种美的叙述方式。要做到真正的字正腔圆非常不容易,除了让每个字的发音清晰明亮外,更要求在整个起伏变化的语流中显示出创作者对语言的驾驭能力,把握重点要清楚,揭示内涵要准确,字字入耳,句句入心。《新闻和报纸摘要》和《全国新闻联播》的播音员们因为每一个人的嗓音条件和表达特点不同而具有各自的播报特色,但在节目中他们都体现出了鲜明的整体风格,声音洪亮通透、富有磁性、语音清晰纯正、韵律悠扬、吐字准确圆润、字字如珠,语气沉稳坚定、掷地有声,体现了字正腔圆的艺术风范,也体现了汉语的音韵美和中华民族的气质。

(二)庄重朴实、铿锵有力,激发民众热情

从延安时期开始,新闻播音一直在广播节目中占据着重要的位置和较大的分量。与战争年代的播音不同,新中国成立以后的新闻播音,其火药味儿开始慢慢消退,在保留铿锵有力、自信豪迈特点的同时,增加了庄重朴实、热情鼓舞的色彩,这个改变与新中国成立时的社会状况有很大关系。1949年3月,毛泽东在中共七届二中全会上的报告中明确指出:在城市工作中,"通讯社报纸广播电台的工作,都是围绕着生产建设这个中心并为这个中心工作服务的。"[①]1949年中华人民共和国成立以后,中国终于摆脱多年的战乱纷争,进入了一个大张旗鼓、热火朝天的社会建设时期。全中国人民沉浸在胜利的喜悦中,都无比珍视久违的,来之不易的统一、独立、稳定,以及全面

---

① 徐光春主编:《中华人民共和国广播电视简史(1949～2000)》,中国广播电视出版社2003年版,第6页。

展开的大规模的建设局面,大家都希望能为新中国的建设尽自己的一份力量,都满怀热情和信心积极投身本职工作,献身新社会,因此对待工作一丝不苟、勤勤恳恳、认真负责成为全社会的普遍现象。在这种积极向上的环境中,每天都有很多生产建设的消息传来,新的研究成果、新的建设进展,鼓舞着广大人民群众;每天都有很多先进人物涌现,他们在自己平凡的岗位上默默奉献,做出不平凡的成绩。国内外重大新闻、鼓舞人心的生产建设消息、社会主义革命和建设中的新典型、英雄模范人物的先进事迹、国家政治生活和社会生活中出现的新情况新问题等,都通过《新闻和报纸摘要》和《各地人民广播电台联播》节目传遍了大江南北。播音员清晰准确、庄重严谨、铿锵有力的语言,充满了自豪感和自信心,鼓舞着人民群众的建设热情,鼓励着大家学习先进、争做先进,促进了良好社会风尚的形成。很多人都对当时播出的许多振奋人心的消息仍然记忆犹新,如鞍钢新建的大型轧钢厂、无缝钢管厂和改建的七号炼铁炉建成投产等等。

在信息不太发达的年代,《新闻和报纸摘要》和《各地人民广播电台联播》几乎成了人民群众了解国内外大事的唯一途径,拥有非常多的听众,并在听众中产生了广泛的影响,各级干部和亿万听众都养成了早晚坚持收听的习惯,中国驻国外机构的工作人员也非常注意收听,从中了解国家的方针、政策和国内情况。《新闻和报纸摘要》和《各地人民广播电台联播》树立了国家级新闻媒体信息发布的可信性和权威性,节目中清晰准确、字正腔圆、庄重大气、铿锵有力的播音,既继承了延安陕北时期的播音风格,又体现了新时期的时代需求,确立了新中国新闻播音创作的基本要求和整体风格,为地方台以及之后的新闻播音提供了范本、树立了典范。

二、通讯播音的典范

(一)《谁是最可爱的人》

人民广播在新中国成立初期,配合政治宣传报道相当出色,其中对抗美援朝、保家卫国的宣传十分突出,中央和各地方台的播音员热情饱满地播出了大量来自朝鲜战场的捷报、书信以及消息和通讯,歌颂了志愿军保家卫国的英勇事迹,对全国人民进行了爱国主义教育。在对外广播方面,国际台及时报道了中国政府的声明、前线战况和世界各地反对美国侵略朝鲜的战争行径的声音。1951年4月11日,《人民日报》头版刊登了作家魏巍采写的通讯《谁是最可爱的人》。文章发表后,引起了强烈的社会反响。魏巍从采访到的20多个故事当中,精心选出了三个最典型最感人的写入了《谁是最可爱的人》,从不同的侧面表现志愿军战士的崇高品质和思想境界。典型的事例、细致的描写、真挚的情感,打动了所有人的心。这篇真切动人地歌颂中国人民志愿军战士的特写报告,被后人誉为"中国人民军事报道的巅峰"。《谁是最可爱的人》由齐越播出,齐越的播音情感真挚饱满,体现了强烈的民族精神。通过电波,人们听到了松骨峰战斗和马玉祥火中救小孩的故事,真切地感受到了志愿军战士们的勇猛和革命英雄主义,以及他们对朝鲜人民无私的爱和伟大的国际主义情怀;通过电波,人们听到了防空洞中战士的对话,感受到了志愿军战士们苦中作乐的革命乐观主义精神以及对祖国深深的爱。《谁是最可爱的人》的播出,极大地鼓舞了前方将士的斗志,也推动了后方人民的支前活动,"最可爱的人"成为大家对志愿军最亲切的称呼。大量的慰问信、慰问品飞过鸭绿江,穿越封锁线寄到硝烟弥漫的战壕里,寄到英勇奋战的战士手中。全国人民同仇敌忾,成为抗美援朝战争强大的后盾。齐越深情演绎的这篇《谁是最可爱的人》为通讯播音创作树立了典范。

1. 独特的心理定位

在《谁是最可爱的人》这篇作品的创作中,齐越在播讲者的心理定位基础上,还为自己设计了一个独特的心理定位——战士,从战场上走出来的,甚至带着些硝烟味儿的战士。他对"人民的战士"这个身份有着充沛的理解,从而有了人性化的表达,这比单纯地从播音创作者、艺术表现者的角度出发来得更实际和贴切。由于有了"战士"的心理定位,在整个播音创作中,齐越所表达的并不仅仅是悲切,他从骨子里反映出的是战士的情怀、军人的风格,他的播音充满了对党的忠诚、对胜利的渴望、对战场搏杀的勇气、对烈士的崇敬以及对血洒疆场为国捐躯的光荣和自豪。

《谁是最可爱的人》采用的是总分总的结构,第一段叙述"在朝鲜的每一天,我都被一些东西感动着,我的思想感情的潮水,在放纵奔流着……"然后用设问的方式展开全篇,"谁是我们最可爱的人呢?"齐越在创作时不是从文学作品赏析的角度入手,他非常投入,他就是魏巍、就是战士,直接切入、现身说法,与文章融为一体,一开篇便把握住了"我就在""我参与"的现在进行时,叙述感强,新闻性突出,其体现出的强烈的纪实性特征与后来一些人播的《谁是最可爱的人》强调追述感的文学性表述有着巨大的差异。"也许有的人在心里隐隐约约地说:你说的就是那些'兵'吗?"齐越的处理没有边缘化、脸谱化、模式化,开篇叙述平缓有度,为后面的高潮作了铺垫。在播到战士名字的时候,齐越对每个名字的字尾都进行了上扬处理,从语言中我们听到的不仅仅是哀悼,更有作为一名战士、战死沙场、为国捐躯的荣光。正义的战争也不免要付出代价,齐越的播音似乎带着硝烟,把我们带回战场,也让我们看到了一位始终和前线战士们并肩作战的广播工作战线上的战士形象。

2. 深厚的爱国情感

对侵略者刻骨的恨和对人民志愿军真切的爱是《谁是最可爱的人》这篇文章创作成功的关键。经过多年的历练,齐越在播音创作上的娴熟技巧自然地融汇在了深厚的爱国感情之中,浑然一体、真挚动人。

"齐越和我作为贺龙同志率领的中国人民第三届赴朝慰问团的成员,前往兄弟邻邦朝鲜访问。从平壤到咸兴、到开城,我们在战斗前沿、工厂矿山采访,合作采制了一些人物讲话和录音报道,托火车的列车员带回北京播出。中国人民志愿军、朝鲜人民军和朝鲜人民艰苦卓绝、英勇战斗的事迹,使我们受到深刻的教育。这次访问中的切身感受,无疑对他后来成功地播出魏巍的通讯《谁是最可爱的人》,在思想感情上打下了深厚的基础。"[①]这是齐越的老战友杨兆麟在缅怀齐越的文章《往事悠悠 思绪绵绵——怀念老友齐越,并慰扬沙林》中的一段话,从中我们可以看到齐越真情实感的源头。播音员必须具备驾驭各种稿件的能力,引发符合稿件要求的态度和感情是播音创作的关键。齐越从对稿件的深刻理解和亲身感受中产生积极的播讲愿望,激发是非分明、爱憎分明的态度、感情,并以此贯穿全篇。新中国成立不久,美帝国主义就把触角伸到了朝鲜,妄图将新中国扼杀在摇篮里。志愿军战士们抗美援朝,保家卫国,谱写了一曲曲动人的篇章。齐越和每个人一

---

① 齐越奖励基金办公室编:《永不消逝的声音》,"缅怀齐越教授专辑"(一),北京广播学院出版社1997年版,第52页。

样,随时随地都能感受到朝鲜人民遭受的苦难和志愿军的英勇。《谁是最可爱的人》真实而感人地描述了这一切,当齐越拿到稿子时,他便立刻和稿件中表达的情感产生了共鸣,并激发了内心真实的情感,他播出的这篇文章充满了对志愿军的崇敬和讴歌以及对美帝国主义的痛恨,爱憎分明、感人至深。

在创作过程中,齐越始终充满了真挚的情感,这种情感不是假装出来的,而是他骨子里本来就始终奔涌流淌着的。齐越很早就投身到革命当中,他经历过残酷的战争,对压迫、对亡国有着刻骨的理解,有着切肤之痛,他对敌人的恨、对战友的爱不是从书本中看到的,也不是听别人叙述的,而是在朝鲜的亲身感受,那里的所见所闻给他的内心带来了巨大的震撼,这种发自肺腑的真情实感始终贯穿在他的播音创作中。另一方面,齐越在创作时表现出的饱满的真情实感并不是为了表达而刻意调动起来的,而是他铮铮铁骨、为人敞亮的直接体现,是他爱憎分明、心系祖国的真实写照,这使我们在聆听这篇作品时完全超越了齐越对字词、断句等的外在处理,而被真实的情感和伟大的精神所吸引。

3.昂扬的时代节奏

反映时代气息的真情实感最能打动人,让人久久难忘。齐越的播音慷慨激昂,从某种程度上说这并不是他的个人情感,而是整个时期、一代人炽热感情的浓缩。

50年代初期朝鲜战争爆发,新中国面临唇亡齿寒的危机,"抗美援朝,保家卫国"是全国人民的共同心愿,是全民族同仇敌忾、众志成城的共同心声。齐越在《谁是最可爱的人》中流露出的真情实际上反应出了当时四亿五千万人民的心声,马玉祥火中救小孩、与战士防空洞里的对话……那些难忘的片段,成为了一个民族的共同记忆。

《谁是最可爱的人》的播出在新中国成立初期产生了重大影响,它在激发全国人民斗志的同时,也振奋着战斗在一线的志愿军战士。齐越在《献给祖国的声音》一文里有这样一段叙述:"50年代初,我播出魏巍的《谁是最可爱的人》后,信件像雪片一样从朝鲜战场飞向我们小小的播音室。一位战友寄来了缴获的降落伞,他在信中说,一次炮击,他的战友为了保护连里唯一的一台收音机,牺牲了自己生命。他说:'你的声音使我们感到党和祖国人民就在身后。'"①"我们没有别的,只有更加勇敢地战斗,歼灭更多的敌人,争取抗美援朝的彻底胜利,来回答毛主席和祖国人民的关怀。"②

当真情实感反映时代特征,个人情绪融入大众情感时,必然会点燃所有人的激情,引发所有人的共鸣。人们从齐越形象的语言描述中听到了翻滚的情感,仿佛看到了一个个鲜活的战士,在那一刻,所有人心中的爱国热情、献身激情都被激发出来,每个人都深深地融入了作品之中,跟随作者、播音员来到了朝鲜,体会战士们的苦与乐,感受战争的悲壮与荣光。齐越播出的《谁是最可爱的人》之所以能够感染大众,是因为他的真情实感紧扣时代的脉搏,追随时代的浪潮,体现了时代的最强音。齐越曾说过,播音员要用声音传达党的声音,表达人民的心声。他并非生来就是播音大家,他的声音也并不完美,但他的播音代表了时代,他在时代的洪流中不停地修正自己,进行思想改造,不断地追寻光明,努力与时代发展趋势保持一致。《谁是最可爱的人》中的词句,把我们带到了沙石飞舞、硝烟弥漫的战场,让我们看到了真情实感与时代强音的完美结合。

我们的战士们平凡简单,但这种平凡简单中却透着伟大。齐越也是平凡简单的人,坚持原则、爱憎分明,正是这两种平凡和简单的交融才让我们感受到了什么是真正的可爱与伟大。齐越播出的《谁是最可爱的人》从战士的角度出发,体现着那一代人的风骨和血气方刚,为我们展现了一幅抗美援朝的立体画卷。世事沧桑,时光流转,今天,我们常常把这篇文章当成报告文学、文艺通讯、散文,但在当时这却是一篇地地道道的战地报道,它和其他许许多多的战地报道、通讯一起成为了那个时代的缩影。没有唯美的声音,没有过度的意境创造,没有冷静客观的赏析,不管时间如何磨砺,《谁是最可爱的人》当时带给人们的激动和震撼依然让人久久不能忘怀。

(二)《县委书记的榜样——焦裕禄》

1966年2月7日,《人民日报》发表了新华社记者穆青、冯健、周原采写的大通讯《县委书记的榜样——焦裕禄》,报道了河南兰考县委书记焦裕禄

---

① 北京广播学院新闻系编选:《中国人民广播回忆录(第三集)》,中国广播电视出版社1990年版,第132页。
② 徐光春主编:《中华人民共和国广播电视简史(1949~2000)》,中国广播电视出版社2003年版,第75页。

真实的感人事迹。焦裕禄为党和人民的事业献出了自己年轻的生命,他是当时党的好干部的典型代表和缩影。穆青等人正是抓住了焦裕禄身上这种反映时代特征的主题来展现人物的革命精神、思想风貌、优秀事迹。文章是穆青等人深入兰考采访,顶住压力写出来的,没有涉及过多的阶级斗争问题,真实地写出了大灾之后兰考的困难情况,塑造了一个为劳苦大众谋利益的共产党员形象。中央人民广播电台播音员齐越播出了《县委书记的榜样——焦裕禄》这篇通讯,在全国引起巨大反响,焦裕禄的事迹让千百万人感动落泪。通过广播大家感受到了积极向上的时代精神和义不容辞的社会责任感,同时也充分了解到了我党以民为本、以人为本的亲民政策和群众路线。无论什么困难,只要有中国共产党,有像焦裕禄这样的好干部,他们就一定能带领群众战胜和克服。《县委书记的榜样——焦裕禄》是齐越播音生涯中最具代表性的作品,也是通讯播音创作中的典型代表作品,这一作品之所以能成为经典,不仅因为焦裕禄本身的事迹感人和穆青等人的写作真实质朴,更因为齐越在话筒前感人至深的精彩创作,这些加在一起才成就了播音史上的经典之作。

1. 时代感召之意

新中国成立以后,全中国的人民群众推翻了旧社会开始当家做主,人人激动兴奋,充满着对美好生活的向往以及对未来理想社会的渴望。但是"左"倾错误路线的失误,"大跃进"、人民公社运动中的激进,三年严重自然灾害的摧残,阶级斗争的迅速升温,使整个社会逐渐陷于紧张、痛苦、动乱、匮乏、沉默、贫穷之中,人民的生活困苦不堪,充满着不满和愤怒。现实与理想之间的巨大反差使大家产生了疑惑和担忧,矛盾重重饱受煎熬的人们,极度渴望获得一种力量支撑自己继续前行,迫切需要看到一个方向让建设热情得以释放。焦裕禄是党的优秀干部的典型代表,他严于律己,艰苦奋斗,时刻以普通劳动者的身份要求自己;他实事求是,坚持走群众路线,带领兰考全县干部群众,在极其恶劣的自然、社会条件下,战天斗地,克服困难,解决人民群众生活的实际问题;他意志坚强,面对病魔绝不退缩,坚决把党的利益、人民的利益放在第一位,为国家、为人民鞠躬尽瘁、死而后已。焦裕禄这样的人物顺应了时代的发展和国家、社会、人民的需要,他用实际行动诠释了一个共产党员的责任,给社会树立了一个良好的榜样,当之无愧地成为时代偶像,而他感人至深的事迹本身更具有了跨时代的意义,经久不衰。

从50年代中期开始,阶级斗争理论逐渐渗透到了国家政治、经济和文化等各个领域,人民的各种愿望不能自然流露和呈现,只能依托某种形式从另一个侧面进行表达。在《县委书记的榜样——焦裕禄》中,齐越的播音高屋建瓴、气势磅礴,展现出了强烈的时代精神,他塑造了一个为了兰考人民,为了改变兰考面貌奉献一切的人民公仆形象,更为党员干部树立了模范榜样,坚定了人们的信心,使人们看到了前进的方向。焦裕禄那种在极端艰苦条件下展现出来的硬骨头精神、革命英雄主义气概,契合了全国人民的心,引起了广大人民群众的强烈共鸣,广大党员干部和人民群众依然对国家、对党组织怀有无限的忠诚与信任,爱国主义、集体主义、自我奉献、自我牺牲依然是时代精神的主流。《县委书记的榜样——焦裕禄》中表现出来的现实意义消解了"左"倾思潮的僵化、死硬与教条,散发出强大的艺术魅力和时代意义。

2. 真挚浓烈之情

情,是人们对于外界事物的心理感受与体验,是艺术创作最为直接的原动力。齐越播音中流露的真挚浓烈的情感没有半点虚假和做作,人物语言的处理没有表演的成分,他的思想感情潮水涌动的原动力来自于对稿件内容的准确理解、对稿件所传递的精神实质的深刻体会以及对整个时代精神的心理把握;生活的阅历和体验使他在播音中感情真挚大气,不需要刻意地调动便自然而然地流淌出来,这样的情感直指人心,也是齐越人格魅力的充分体现。

通讯《县委书记的榜样——焦裕禄》中的语言朴素却充满哲理,忠实于新闻原貌,又贴近基层百姓,这和齐越"动真格"的播音、自然真挚的情感浑然一体,相得益彰。齐越在录制长篇通讯《县委书记的榜样——焦裕禄》时,遇到了前所未有的"障碍",焦裕禄的事迹太感人,稿子还没念到一半,他已经泣不成声,录音不得不因为齐越的一次次哽咽而中断,到后来连录音编辑都挺不住了,趴在操作台上痛哭。当时很多播音员和电台的干部都闻讯赶来,大家肃立在录音室的窗外,静静地看、默默地听、悄悄地擦眼泪……经过多次的调整,齐越才终于播完了最后一句:"焦裕禄……你没死,你将永远活在千万人的心里!"齐越内心深处有一种兰考情节,和很多人一样,齐越也从心里感觉到了错误路线给国家造成的损失、给人民生活带来的困难,国家和人民需要像焦裕禄一样的人,他和大家一样呼唤党的好干部。同时,他自己从心里也真诚地希望自己能做这样的人,全心全意为人民服务。齐越苍劲有力、饱含深情的声音和党的好干部焦裕禄的先进事迹一起随着电波传遍了祖国大地,震撼了亿万人民的心灵。

焦裕禄、穆青、齐越是身处同时代的人,他们几乎是同龄人①,他们骨子里都充满对祖国和人民的热爱及对党的事业的高度忠诚,彼此间能够感同身受。焦裕禄用自己的行动实践着一名党员干部的承诺,穆青用自己手中的笔写下动人的事迹,而齐越则用自己的声音将这样的人这样的事传播出去,3个人角色不同却共同成就了不朽的经典。

3."错彩镂金"之美

"审美体现为一种特定的主体心态,代表着人的特定的情感状态,一种情感的寄托方式和表达方式,一种因内而符外的情感显现。它既与主体感于外而聚于内的情感体验分不开,也与其具体的情感表达的方式分不开。"②播出通讯《县委书记的榜样——焦裕禄》时,齐越44岁,作为一名播音员来说这个年纪正是创作的黄金阶段,经过了战争年代的磨炼,建设时期的积累,齐越不仅练就了深厚的语言基本功,更有了对生活的体验,不论在语言的驾驭能力还是对稿件的理解能力上都非常成熟了。"错彩镂金"是指细腻刻画、精心雕琢的美学风格,齐越在《县委书记的榜样——焦裕禄》的创作中细腻深刻,从细节来讲,他对文章叙述语言和人物语言的处理都准确到位,从整体来讲,他对文章的基调和起伏变化都丝丝入扣,展现出大家风范,尽显"错彩镂金"之美。

> 1962年冬天,正是豫东兰考县遭受内涝、风沙、盐碱三害最严重的时刻。这一年,春天风沙打毁了20万亩麦子,秋天淹坏了30多万亩庄稼,盐碱地上有10万亩禾苗碱死,全县的粮食产量下降到了历史的最低水平。
>
> 就是在这样的关口,党派焦裕禄来到了兰考。

---

① 焦裕禄1922年出生,穆青1921年出生,齐越1922年出生。
② 施旭升:《艺术创作动力论》,中国广播电视出版社2002年版,第145页。

展现在焦裕禄面前的兰考大地,是一幅多么严重的灾荒的景象呵!横贯全境的两条黄河故道,是一眼看不到边的黄沙;片片内涝的洼窝里,结着青色的冰凌;白茫茫的盐碱地上,枯草在寒风中抖动。

　　这段文字是《县委书记的榜样——焦裕禄》的开篇,其真实大胆地写出了灾后的兰考萧瑟荒凉的情景。齐越在处理时控制得非常到位,整体采用了冷色调处理来描绘出兰考的灾情,肃穆但又不凄惨,痛心但又不悲切,感情色彩的度把握得非常恰切。尤其是一句"就是在这样的关口,党派焦裕禄来到了兰考"传递出战胜困难的信心和决心,展现出坚忍不拔、不屈不挠的精神。

　　在细节的处理上,文章中处处可见齐越的准确细致。文章中有一段是焦裕禄在风雪中访问生活困难的老贫农,来到一双无儿无女的老人家中看望。

　　老大爷有病躺在床上,老大娘是个瞎子。焦裕禄一进屋,就坐在老人的床头问寒问饥。老大爷问他是谁?他说:"我是您的儿子。"老人问他大雪天来干啥?他说:"毛主席叫我来看望您老人家。"老大娘感动得不知说什么才好,用颤抖的双手上上下下摸着焦裕禄。老大爷眼里噙着泪说:"解放前,大雪封门,地主来逼租,撵得我窜人家的房檐,住人家的牛屋。"焦裕禄安慰老人说:"如今印把子抓在咱手里,兰考受灾受穷的面貌一定能够改过来。"

　　这一段齐越把握得特别好,焦裕禄的三句话处理得实实在在、真真切切,自然关切的话语使一位关心体恤老百姓的党员干部形象跃然眼前。齐越饱满的语言张力使我们身临其境、情随意动,正是这种细节的把握和细腻的处理给我们带来了内心深处的感动、钦佩和鼓舞。

三、评论播音的典范

　　《九评》是在中苏论战的大背景下播出的,1963年7月20日中共中央公开了《苏共中央的公开信》,1963年9月6日到1964年7月,中共中央在《人民日报》上陆续发表的九篇评苏共中央公开信的文章。①《九评》的核心思想实际上是揭露苏共企图以中国的战略利益为代价谋求美苏缓和的目的。《九评》的发表，以及随之而来的苏方发动的更大规模的文字讨伐，使得中苏两党的矛盾冲突达到了白热化的程度。《九评》是特定历史阶段的特殊产物，为我们讲述了一段真实深刻的历史故事，展现了一幅惊心动魄的历史画卷，这有助于我们开阔视野，了解重大历史事件，深刻认识那段特殊的历史，总结历史经验和教训。《九评》的播音创作功力深厚、创作方式精准，其产生的特殊时代意义不可复制，是中国评论播音的高峰。

由于各种原因，现存中苏论战以及《九评》的音频资料并不完整，据不完全统计，有关中苏论战播音共6段，其中属于《九评》的有2段，其他4段是与中苏论战有关的文章，分别是:《分歧从何而来?》(1963年2月27日，46分44秒)、《关于国际共产主义运动总路线的建议》(1963年6月15日，一至十部分，45分25秒)、《苏共中央的公开信》(1963年7月20日，一、二部分62分钟，四、五部分64分钟)、《苏共领导同我们分歧的由来和发展》(1963年9月6日，七、八、九部分，42分27秒)、《关于斯大林问题》(1963年9月13日，62分钟)、《苏共领导联印反华的真相》(1963年11月1日，75分30秒)。这6段录音全部是播出版本，因此具有很高的史料价值。②《九评》是中苏论战的产物，因此要解读《九评》，必须读懂那段历史，了解中苏关系及论战。中苏关系的发展是极其复杂的历史过程，只有全面认识理解才能真实正确地评价《九评》的播音。此外，由于时代的原因，《九评》作为政治性很强的篇目，不可避免地具有一定的历史局限性。从《九评》的创作中，我们可以鲜明地了解播音主持工作的本质属性，以及社会现实对媒体生态和播音创作形

---

① 这些文章分别是:《苏共领导同我们分歧的由来和发展——评苏共中央的公开信》(1963年9月6日)、《关于斯大林问题——二评苏共中央的公开信》(1963年9月13日)、《南斯拉夫是社会主义国家吗?——三评苏共中央的公开信》(1963年9月24日)、《新殖民主义的辩护士——四评苏共中央的公开信》(1963年10月22日)、《在战争与和平问题上的两条路线——五评苏共中央的公开信》(1963年11月19日)、《两种根本对立的和平共处政策——六评苏共中央的公开信》(1963年12月12日)、《苏共领导是当代最大的分裂主义者——七评苏共中央的公开信》(1964年2月4日)、《无产阶级革命和赫鲁晓夫修正主义——八评苏共中央的公开信》(1964年3月31日)、《关于赫鲁晓夫的假共产主义及其在世界历史上的教训——九评苏共中央的公开信》(1964年7月14日)。

② 此资料整理统计来自中国传媒大学播音主持艺术学院杨涛老师，各地方台可能还保留着其他的播出录音。

态的限定和影响。

齐越、夏青、林田、林如、潘捷都参与过《九评》的播音,其中主要播讲者,也是给人印象最深的一位是夏青。夏青是共和国培养的第一代大学生,充满着对祖国的热爱和高度的政治觉悟。1950年5月,他到中央人民广播电台任播音员,主要担任新闻、评论、重要文告和知识性节目的播音工作;六十年代初期,正值夏青事业的鼎盛时期,周恩来点名由夏青播出《九评》。直到现在提到《九评》,人们都会想起夏青,而《九评》也成为夏青播音创作中的代表作品。

(一)态度鲜明、逻辑严谨

态度是评论播音的核心,逻辑是评论播音的生命。政论性播音的关键在于态度和内在的逻辑关系。在这一点上,夏青开创了政论性播音的先河,态度鲜明、逻辑严谨、语句工整,堪称大师。

事实上,毛泽东和赫鲁晓夫当时所掀起的这场意识形态斗争,直接导致的是中苏两国之间的敌对和冲突。从1958年的共同舰队事件,到1959年双方在北京的争吵,再到1960年苏联撤退专家、停止援助、撕毁合同,中苏关系已经走到了破裂的边缘,加上"三年自然灾害"的袭击,我国经济更是雪上加霜,全国处于空前严重的困难局面。《九评》播出时,我国明显处于弱势地位,对于很多问题我们需要据理力争,我们不仅要有态度,更要有鲜明的态度。夏青的播音,并不是靠声音的剑拔弩张来表明态度,而是在一气呵成的语势里带出其中的分量,分寸得当、逻辑严谨、庄重大气,有理、有力、有节。人们从中听到了我国对苏联大国主义和大党主义作风的批判,听到了对自身国家利益责无旁贷的维护,听到了在这场意识形态领域论战中我们的鲜明态度,可谓"于无声处听惊雷",尽显大国气度。《九评》的播出振奋了民族精神,激发了全国人民自力更生、艰苦奋斗、发愤图强的斗志。

在语言内在逻辑的处理上,夏青更是体现出了无人超越的能力。夏青曾说,"论战性的文章很'大',不过,不能让'大'吓住,不知从哪下手。要用心在理解上下工夫,把文章的层次找清楚,这样心里就有了支点,一个大段落包含几层道理,每层都播得'抱团儿'了,内容就不会散,稿件的内容和分量就能体现在语气里了。"①在表达时,夏青对很多话语进行了正面表述,转折、因果、递进,逻辑关系清楚,引谬、驳谬、归谬,内在语意鲜明,对比、排比,句子处理干净流畅,丝丝入扣,尽显语言张力,极具说服力,堪称经典。此外,夏青的播音在语音的把握上非常标准,代表着当时的语言规范,这种精准的把握和精妙的表达与他本人深入的理解、渊博的学识、良好的语言功力密不可分。

(二)停连精妙、稳健大气

在中国的绘画技法中有"留白"一说,从接受美学的角度来看,"留白"也是艺术意境的魅力所在,这种意境是创作者自觉创造的具有内在力量的展现。听夏青《九评》的播音会有一个明显的感觉,语速比较慢,并且句子之间有大量的留白。这些精妙的停顿和连接,不但不会让人觉得散漫凌乱,反而让人感觉韵味十足、别具一格、颇有深意。在《九评》的播音中,夏青准确无误地把握了语言的停连,做到了毫厘不差,拉得开、撑得住,音调起伏变化却不是大喊大叫,势大声不大,节奏控制平稳,语势干净,"此时无声胜有声"。

现存的夏青播送的《苏共领导同我们分歧的由来和发展》第七部分、第八部分、第九部分的录音时长共42分27秒,播出速度约为每分钟176个字,这个语速比同时期的播音语速慢了近50字。②尽管语速慢,但整篇文章却流畅连贯,一点没有散漫琐碎的感觉,这来自于夏青对语句间停连的精妙把握。以《苏共领导同我们分歧的由来和发展》第七部分《苏共领导修正主义的系统化》的开头部分为例,我们就可以窥见一斑。

> 苏共中央公开信说,(停顿2.1秒)"中共领导人在1960年的声明上签字,不过是要花招而已"。(停顿3.9秒)事实果真是这样的吗?(停顿1.6秒)不,(停顿1.3秒)恰恰相反,要花招的不是我们,而是苏共领导。(停顿4秒)
>
> 一系列的事实表明,(停顿1.4秒)苏共领导在1960年兄弟党会议上,同意删改他们在声明草案中的错误论点,是迫不得已的;

---

① 林如:《继承前辈经验 端正对播音工作的认识》,选自《中国广播》1999年第2期。
② 齐越播出的《谁是最可爱的人》约为每分钟210个字。

(停顿 1.7 秒)他们接受兄弟党的正确论点,也不是真诚的。(停顿 3.5 秒)苏共领导根本不把兄弟党共同协议的文件放在眼里。(停顿 3.3 秒)1960 年声明签字墨迹未干,苏共领导就开始动手破坏它。(停顿 2.3 秒)12 月 1 日赫鲁晓夫代表苏共中央在声明上签字,(停顿 1.7 秒)过了二十四小时以后,同一个赫鲁晓夫,就在招待各国兄弟党代表团的宴会上,违反兄弟党的协议,大讲南斯拉夫是社会主义国家了。(停顿 5.1 秒)

在这段时长 1 分 42 秒的录音中,停顿的时间基本上占到了近三分之一,可以看出夏青对于停顿的处理相当大胆。而这种对于停顿把握的大胆又是有章可循、非常考究的,每一处停顿都完成了表达内在语意的作用。

一系列的事实表明,(停顿 1.4 秒——表明什么呢?)苏共领导在 1960 年兄弟党会议上,同意删改他们在声明草案中的错误论点,是迫不得已的;(停顿 1.7 秒——不仅如此)他们接受兄弟党的正确论点,也不是真诚的。(停顿 3.5 秒——事实上)苏共领导根本不把兄弟党共同协议的文件放在眼里。(停顿 3.3 秒——为什么这么说呢?因为)1960 年声明签字墨迹未干,苏共领导就开始动手破坏它。(停顿 2.3 秒——怎么破坏的呢?)12 月 1 日赫鲁晓夫代表苏共中央在声明上签字,(停顿 1.7 秒——然而,仅仅只)过了二十四小时以后,同一个赫鲁晓夫,就在招待各国兄弟党代表团的宴会上,违反兄弟党的协议,大讲南斯拉夫是社会主义国家了。(停顿 5.1 秒——如此之快的变化,让人不可思议)

夏青播音的每处停顿都巧妙地将语句内在的逻辑关系表达出来,一步一步地将道理讲明白。然而在不需要停顿的地方,他又准确地将句子抱团儿,连贯地表达出句意,其处理一张一弛,干净流畅。

对于这一点,曾经在中苏论战期间跟随夏青学习的林如感触特别深。当时,梅益局长提出要培养新人,要"练兵",于是安排夏青带着林如担任了其中《七评》的播音。林如在她后来写的文章中谈到:"在与夏青一起播音时还有一个突出的感受,就是他大胆利用停顿。在录音时,他常在一个句子中间停顿下来,我曾以为他是想重录一下,但他总是很自信地又念下去了。之后,在收听节目时,常常使我惊愕,我认为是太长的停顿,并不是空白,它体现出的不仅仅是从容,更像给听众一个无形的'期待'信号,引起听众的期待感,再接着往下播时,那后面的内容就一丝不漏地流入听众的心中。我感到这是比较高深的播音技巧,但不是'硬件'性的技巧,而是'软件'性的技巧,是一种内功,它能使语气停顿的过程充满思维的流动。这就是为什么夏青的播音,在状似平稳的节奏中充满感情的流动,庄重的语势充满强烈的穿透力,使听众经年不忘的原因。"[1]

《九评》在播音创作史中具有里程碑式的意义,在那个特殊的年代反映了一代人的心声,体现出全国人民努力争气、奋发向上、自力更生、艰苦奋斗的精神面貌。同时,夏青的声音也为我国在中苏论战中树立起了国家、政府和党的声音形象,比新中国成立初期的播音工作完善工整了许多,端庄大气,展现出了中国风范。尽管现在看来,由于特定历史背景和时代条件,《九评》不可避免地受到"左"倾思潮的影响,带有一定的思想局限性,但其也切实地符合了当时时代环境的需要。文化现象总与时代紧密相连,中苏论战期间的播音形态成为时代的一种文化特质,而夏青的声音凸显时代特征,成为这种文化特质的浓缩和代表,成为一代人的记忆。

四、文艺播音的兴起

广播在我国刚刚出现时,大多数人更多的是把广播当成新兴的文化娱乐的消遣工具或者商业赢利的手段,因此早期的商业电台比较多,市场行情、文艺节目、广告基本上是播出的主要内容。延安新华广播电台播出的文艺节目虽然也占了一定的比例,但是战争年代,人们对战争局势、国家命运的关注远远大过于文化娱乐的需要,爱憎分明、激情澎湃的新闻性播音成为主流。新中国成立以后,文艺类节目得到了很大的发展,渐渐成为了广播电台的支柱性节目之一。尽管文艺类节目所占的比例较大,但是由于政治原因,文艺播音一直在广播电视宣传上属于从属地位,直到改革开放以后才得到更大的发展。

早期的文艺节目以直播为主,大部分是邀请社会名流、演艺明星参与,

---

[1] 林如:《继承前辈经验 端正对播音工作的认识》,选自《中国广播》1999年第2期。

并不时插播广告。最早延安台的文艺节目很多都是播音员自己演唱或者请鲁艺的学生来表演,也有少量的唱片,一种是固定的录好的唱片,由播音员摇唱片和报时,还有一种是蜡片录制和蜡片播出,但蜡片对录制播出要求高并且不宜保存。从50年代开始,除了直播间直接演出以外,还出现了剧场直播。为了满足文艺节目播出的需要,1953年成立了中央广播说唱团。新中国成立以后,小说、广播剧、散文、诗歌、故事、古典诗词、电影录音剪辑、歌曲、音乐专题等都出现在了节目当中。1950年4月,中央人民广播电台开办《故事讲述》节目,每周播出7次,每天30分钟,小说演播开始出现在广播节目中,1954年8月设立《讲故事》节目,1958年5月开办《长篇小说连续广播》节目,播出了《林海雪原》《红旗谱》《青春之歌》《红岩》等。广播剧语言鲜明生动,加上音乐音响的渲染配合,可听性非常强,又因其制作周期较短,制作过程并不复杂,在新中国成立以后也得到了发展。1950年2月7日,为纪念"二·七"铁路工人大罢工,中央人民广播电台播出了新中国成立后的第一个广播剧《一万块夹板》。从1955年到1957年间广播剧的发展非常迅速,1957年到1959年,由于大跃进的影响,广播剧出现了速度快、质量差的问题,到1960年以后广播剧迎来了创作的高峰期,其中最具标志性的是董行佶演播的《杜十娘》,还有《红岩》《故乡》《党员登记表》等优秀作品。1963年以后,广播剧受到政治因素的影响开始衰落,直到改革开放以后才重新发展。1961年5月,中央人民广播电台创办《阅读和欣赏》节目,这档节目集名作家、名篇目、名播音员于一体,精彩的文字语言和优美的有声语言相得益彰,尽显知识性和艺术性,带给听众美的享受。此外,50年代初期,文艺节目中还出现了非常有中国特色的电影录音剪辑,用声音解读画面,用广播完成视听艺术的转换,感受"听电影"的独特艺术魅力。1960年5月,中央人民广播电台开办了《广播影院》专栏节目,每周播出6次,每次45分钟,并有重播时间,受到了听众的喜爱,后来节目播出次数有增有减,但每次播出时间最短60分钟。节目集中播出电影录音剪辑,介绍了大量国内外优秀影片,费寄平、曹山等人的演播都给人留下了深刻的印象。

早期参与文艺节目制作的人员包括话剧演员、电影演员和播音员。他们对稿件的理解和演绎方式各不相同,风格迥异。话剧演员带有舞台腔,电影演员人物感比较强,而播音员则更注重语言的韵味。当时经常参与文艺节目演播的演艺界演员有董行佶、金乃迁、周正、曹灿等,播音员有费寄平、潘捷、陈醇、关山、曹山等。上海台播音员陈醇和天津台播音员关山，因其演播的作品特色鲜明，引人入胜，赢得了"南陈北关"的美誉，成为地方台播音员的杰出代表。参与文艺作品演播的播音员，一般都是业务能力比较全面的，他们在新闻、通讯、评论等方面都表现出了较高的水平，他们在诗文朗诵、小说演播等方面做出的尝试和努力使文艺播音这种创作类型不断成熟，为今后的专题片解说、纪录片配音，特别是影视配音以及广告配音等艺术性特征比较突出的播音创作奠定了基础。同时，很多播音员也开始在文艺播音的过程中找到了自己的特点，逐渐形成了自身的演播风格。

(一) 突出艺术性

文艺播音与新闻播音不同，新闻播音注重真实、庄重、可信，要求准确、鲜明、生动，新闻性比较强，而文艺播音则更注重情节铺陈、细节描述、气氛渲染、人物塑造等艺术处理，追求人物形象的典型性和鲜明性、故事情节的生动性和曲折性、艺术结构的严谨性和完整性、语言表达的准确性和鲜明性、创作手法的精当性和多样性，艺术表现力比较强，极具感染力，引人入胜。

在广播剧以及小说演播中，对人物形象的把握非常重要，人物形象有没有特点直接决定了作品的成败。在人物形象的塑造、人物性格的呈现、人物心理的拿捏等方面，艺术性特征非常突出，除了对作品的深刻理解，对人物内心世界的深入挖掘之外，还需要对声音自如的控制和对艺术表达手法游刃有余的驾驭。要想成功地对人物进行艺术创作，首先要分析作品中的人物，要通过大量细致的案头工作，对作品中涉及的人物的年龄性别、外貌特征、性格气质、语言特点、社会阶层等都要有全面的认识，从而为塑造人物找到准确的心理依据，并且依据人物语言对人物的音色、语气、语速等方面进行设计。其次，在创作时要"入戏"，即要全身心投入。广播剧的演播中，人物、旁白大多由不同的人承担，因此人物扮演的成分要多一些，但在小说演播中，整个创作基本由一人或两人来完成，并不是每一个人物都有专门的人演播，因此在人物塑造上有了"播讲"与"扮演"的区别。在这一点上，话剧演员、电影演员播讲时偏"扮演"，而播音员则更偏"播讲"，正因如此，小说演播呈现出了不同的创作特色。陈醇说："长篇小说里面人物怎么来表现，这有争论。我不太主张扮演。其一，一个人扮演那么多角色有困难；第二，如果你扮演人物,那就变成广播剧了,所以我不太同意扮演。不扮演怎么办?就要转述,要'神似'不是'形似'。"①在这种创作思想的指导下,陈醇对人物用声音进行了设计,用粗犷果断、稳重坚定表现英雄人物,用拖腔拿调、油滑做作、瓮声瓮气、凶声恶气表现反面人物。1960年,陈醇因播出了长篇小说《烈火金刚》而一举成名,1961年播出的长篇小说《创业史》、1964年播出的《雷锋的故事》、1965年播出的小说《欧阳海之歌》都给人留下了深刻印象。无论是伟岸高大、忠心赤胆,还是虚情假意、老奸巨猾、凶残霸道,陈醇塑造的人物个个自然真实、活灵活现、栩栩如生。1959年,关山播出了第一部小说《青春之歌》,之后由他演播的《雷锋之歌》《红旗谱》《林海雪原》《暴风骤雨》《金光大道》《桐柏英雄》等作品,在全国听众中引起强烈的反响。关山对于人物的刻画也追求神似,但有所不同的是,他的演播比较多地借助了表演和评书的元素,他把舞台上的很多东西搬到广播中,起伏比较大,这种处理方式跟他青年时代在天津做过业余话剧演员有密切的关系。关山的演播自如地调动了各种语言表达手段和方法,颇具表现力。他善于表现小人物,注重小人物的细节刻画和底层人物的性格展现,他塑造的人物形神兼备,各具特色,使人虽只闻其声却如见其人。朱老忠、许云峰、江姐、欧阳海、杨子荣、少剑波、梁三喜……这些英雄人物并不是一张面孔,而是神采各异;胡汉三、座山雕、徐鹏飞、冠晓荷……这些反面人物也不是千篇一律的丑化,而是各有各的坏法。各种形形色色的人物,通过关山的声音塑形变得生动鲜明、朴实自然,惟妙惟肖地留在听众的记忆中。

(二)彰显独特性

新中国成立初期,几乎所有的重大新闻都由中央人民广播电台播发,地方台没有直接播发的权利,只能转发。因此很多地方台的播音员都在学习中央台的新闻播音,他们极力向中央人民广播电台的播音风格靠拢,播音偏高偏实,在语言特色上比较趋同,个人特色并不鲜明。文艺播音给了播音员们比较大的创作空间,因此在文艺作品演播中,播音员的创作状态相比新闻播音更加松弛自如,体现出较强的创造性和个人特色。

费寄平播出的《电影录音剪辑》给人留下了深刻印象。费寄平是非常有

---

① 仲梓源:《听君细陈,如饮甘醇——陈醇播音艺术研究》,2006年中国传媒大学硕士论文。

特色的女中音,她的声音浑厚松弛、圆润柔和、低缓沉稳、充满磁性。在新闻播音中,费寄平就尽量尝试用生活化的语言给大家"说"内容,而不是"念"稿子,追求自然交流,娓娓道来。她的这一特色在《电影录音剪辑》节目里得到了充分的体现。以往的电影录音剪辑解说强调旁白性,一般采用"隐身"的播法,很难进入故事情节和人物情绪中,费寄平的电影录音剪辑解说则与众不同。由于受前苏联播音创作理念和表演体系的影响,费寄平总能深入理解故事情节线索以及人物内心情感,把人物内心的变化转变为自己的内心依据,不仅用旁白、提示的语气,还饱含浓厚、鲜明的感情色彩,营造出丰富的视像,丝丝入扣、不温不火,让人感同身受、身临其境。她平淡低缓的声音蕴含着浓厚澎湃的情绪,高雅沉稳,轻松委婉,又让人震撼。费寄平的文学和文艺作品播音厚而清晰,沉而不虚,节奏变化大,且跟剧情紧密相关,无论是描述场景,还是解读人物内心、行动节奏,都细腻准确。尽管费寄平在新闻节目中没有给人留下太多印象,但她在文学和文艺作品中塑造的声音形象却是跨时代的,至今听起来仍然充满美感,毫不过时。

陈醇和关山南北遥相呼应,是中国播音界中两颗耀眼的明珠。同样是小说演播,陈醇的风格深沉稳健,舒展自如,关山的风格昂扬奔放,朴实真挚。陈醇的演播吸收了各方面文化的精髓,带有江南特色,追求内在,细腻唯美,这与北方的播音风格有着明显的区别,陈醇也成了"南派"的代表人物。一方面陈醇的声音厚实苍劲,给人一种伟岸的男子汉的感觉,另一方面他对细节又有很强的感知能力,善于以点带面、以小见大。在节奏的把握上,他不是进行简单的快慢处理,而是讲求多层次的变化,准确到位。从整体来讲,陈醇善于把握故事脉络、情节线索,关照全篇,他的演播可以温婉细腻,如饮甘醇,又可以充满爆发力,引人入胜。关山的声音明亮、清脆悦耳、音域较宽,他的小说演播处处洋溢着激情,铿锵顿挫、声情并茂,又能变化自如,激情时雷霆万钧,轻柔时春风化雨,总是能给人以向上的力量和进取的激情。关山尤其擅长演播部队题材的作品,对侦查活动和战斗场面的表达非常精彩,他的情节叙述逻辑鲜明顺畅,场景描述情景交融、移步换景,表达方式丰富多彩,使人的情绪跟随着故事的发展、人物的命运而一同跌宕起伏。关山的播音带有北方的大气和码头文化的色彩,坚定质朴、大气磅礴,成为"北派"的代表人物。

第三节 播音创作特征

不论什么样的播音,都反映着一定时期的社会生活内容和时代精神风貌。革命战争时期的播音,每一次都是一场战斗,每一次都是完成一项重大的政治任务。这样的播音强调气势、激情,语气重、调子高、音量大,延安陕北时期爱憎分明、生动有力的播音,就鲜明地打上了战争年代的烙印。新中国成立以后,全国大规模展开经济建设,人民生活有了一定的改善,新的社会环境对播音创作提出了新的要求。全国的播音工作者们在继承延安陕北播音传统的基础上,借鉴苏联播音工作经验,展开理论学习,在实践中不断摸索、提高。经过新中国成立十七年的发展,播音创作逐步形成了刚柔并济、严谨生动、亲切朴实的特色。这种特色是播音工作政治性、规范性、艺术性的统一,是延安陕北时期播音传统的延续和发展,对之后的播音创作影响深远。老一辈播音员在经历了战争年代的艰苦历练和新中国成立初期的业务积累以后,结合自身条件,发挥创造性,在创作技巧、创作心态等各方面日渐成熟,播出了很多经典作品,迎来了自己业务创作的黄金时代,也开始逐渐形成自己的风格。齐越的播音气势磅礴、豪放洒脱,充满抑扬之美;夏青的播音端庄严谨,铿锵隽永,充满顿挫之妙;林田的播音清新晓畅、娓娓动听;费寄平的播音温和壮美、亲切爽快。四位老师开创的播音样式、展现的创作风格为后来的播音创作打下了基础、树立了典范,被很多人称为播音创作史上的"四大高峰"。1949年6月13日,中央广播事业局发出通知,要求各地广播电台从20日起,一律转播北平新华广播电台(中央人民广播电台前身)晚上20点30分到21点30分的新闻、综合报道、评论、国际时事节目。之后,全国各地方台均转播中央人民广播电台的《新闻和报纸摘要》和《各地人民广播电台联播》节目,因此中央人民广播电台的播音特色影响到了全国各地方电台,是全国播音创作风格的集中体现。

一、刚柔并济

刚柔并济,是指声音高低、强弱、快慢等的对比变化,更是指气质上的刚正不阿与柔情似水的结合,刚与柔互为依托,互相补充,辩证统一、密不可分。语言高低起伏、虚实结合、抑扬顿挫、轻重缓急,体现出丰富的变化:刚,包括气魄宏大、气势磅礴,也包括刚劲有力、尖锐泼辣,并对权势金刚怒目;柔,包括徐缓舒张、温和恬静,也包括细腻婉约,绮丽旖旎,不是低声下气,故作媚态。例如,齐越的播音总是气势磅礴、豪放洒脱,充满抑扬之美,他常说"播音要动真格的",真实感人是他创作风格的核心,他的播音情真意切,没有半点儿虚情假意,无论是大气磅礴还是感人肺腑,无论是慷慨激昂还是催人泪下,他的情感都是发自内心的、真实的、真心的、真切的、真诚的。齐越认为,语言技巧是表达作品思想感情的手段,受稿件内容、形式的严格制约,没有内在依据的滥用技巧,或者卖弄技巧都会导致矫揉造作。很多人在谈到齐越的播音时都会用"有一种震慑力""激动人心""感情充沛"来形容,这正是齐越真实情感流露的结果,他情真意切、激情飞扬、令人振奋的声音在几代人的心中留下了难以磨灭的印象。

刚柔并济不仅是一种声音表现形态,也是一种情感态度的外在呈现。新中国成立后,记述先进人物、先进事迹的通讯增多了,反映着生产建设、社会生活的崭新风貌和勃勃朝气,播音员的创作中满怀着建设的激情,情感表达真切鲜明、丰富细腻,感染着每一位听众。另一方面,广播播出的评论、社论一类的文章越来越多,这是新中国成立后宣传党的路线、方针、政策,抨击不良思潮、凝聚人心的需要。当时播出的很多政论性的文章,都是中央专门指派人员针对一些比较敏感的话题和一些比较严肃的内容撰写的,政治性、政策性很强。播出这样的文章,需要播音员在符合政策尺度的基础上表达出鲜明的感情、态度,分寸把握要准确,做到既严肃,又不是太生硬;既有力度,又不是太强硬;既有讽刺意味,又表现出民族气节,情绪饱满、爱憎分明、刚柔并济、变化丰富,体现出中华民族的作风和气派。

二、严谨生动

严谨生动,是指播音语言中逻辑思维钳力和形象思维张力的和谐统一。严谨,就是要有清晰的稿件脉络和目的贯穿线,要有准确的逻辑感受,使有声语言言之有物、言之成理。生动,就是要有真切的形象感受,把握语言内容的情理和个性特征,以一当十、触类旁通、有情有景、动静相宜。夏青的播音有一种巨大的逻辑钳力,总能使听众受到感染,他不仅注意把握播音员同文字稿件的逻辑关系,也非常注重把握文字稿件通过播音员的播音同听众接收的逻辑关系,他非常善于运用停连技巧,有时候表面上停顿时间较长,但实际上却是声断意连,句子连贯、意思完整,给听众留下遐想、思考的空间。夏青认为,传达党的声音、人民的愿望一定要准确,把握好分寸,既不能流于轻浮,也不能限于呆板。夏青对播音分寸和逻辑的把握,并不仅仅局限于对语言的控制上,在逻辑严谨、分寸恰切的同时,我们还能感受到他饱满的感情、鲜明的态度、丰富的内涵、丰满的形象以及起伏跌宕的感情表达的变化。林田的新闻播音不端架子、不使拙劲,而是非常注意对于语言逻辑链条的把握,做到环环相扣,不怒自威。她在文学类作品的处理上,则力求"透彻"和"真实",每一层意思的感受和意蕴的传达都圆通到位,不论是重音的选择、吐字的变化,还是意境的铺陈、韵味的体现,她都在深入理解稿件的基础上精心表达,让人回味无穷,过耳难忘。严谨并非刻板、生动亦非做作,严谨生动体现了逻辑思维与形象思维在播音创作中相辅相成、相交相融的紧密关系,在人民播音创作中,内容的逻辑性、意思的完整性、目的的鲜明性、声音的丰富性、技巧的多样性相互依存、相互交融,和谐统一。

三、亲切朴实

亲切朴实,是指平易近人。播音员只有正确把握自己与受众间的关系,成为受众的"良师益友",才能有亲切朴实的语言表现。播音员不应高踞于受众之上,那种装腔作势、借以吓人的播音永远不会使人感到亲切;而那种为了取悦听众,就矫揉造作、虚声哆气的播音,同样也不会使人感到亲切。亲切,应该在平等、亲近、真挚、恰切等方面下功夫。朴实,绝不意味着"听其自然""不要技巧""随心所欲",而是要去粉饰、勿做作、有真意、无干扰。播音员只有全心全意为人民服务,时时处处替人民着想,努力使人民群众受到感染,得到教益,才能算尽到了自己的职责,也才能真正达到亲切朴实的要求。费寄平的播音追求生活化的语言,追求与听众心与心的交流,她的播音以日常生活语言为基础,生动、平等、亲切、诚恳、自然,充满了真实的生活气息。亲切朴实的基础,是将自己真正融入社会生活之中,真正融入人民群众之中,情真意切地与他们息息相通,而那种单纯从语言表层的亲切感入手,

缺乏生活经验和生活感受的播音,是既不亲切,又不朴实的。

实际上,新中国成立后的播音创作在延续了延安陕北时期爱憎分明的核心特点的同时,在播音气度、技巧、风格上也有了刚柔并济、严谨生动、亲切朴实的丰富和变化。人民广播是党和国家重要的舆论宣传工具,它的根本任务是教育、团结、引导、鼓舞人民群众,为实现党提出的革命和建设目标而奋斗。因此,播音员必须具有鲜明的立场和观点,在播音创作中充分体现爱憎分明、明辨是非的思想感情,体现广播的战斗性、庄重性和鼓舞性。尽管播音创作当中并不仅仅只是爱憎、是非,还包括悲喜、惧欲、怒疑等不同色彩、不同极差的种种感情及其错综复杂的变化,但是无论新闻、通讯还是评论,无论褒奖、赞颂还是评判、警示,播音创作中的情感态度都是鲜明坚定的。战争年代、阶级斗争时期必须追求"爱憎分明",和平年代尽管不再战乱动荡,但社会上依然存在着正确和错误的斗争,存在着真善美和假恶丑的对立,存在着很多不和谐因素,依然有大量的事实需要厘清,大量的道理需要言明,所以播音创作依然需要"爱憎分明"。因此,尽管时代环境不同、价值标准不同、爱憎内容不同,语言表达方式也有所不同,但坚定的立场、鲜明的态度、真切的情感不能丢,这是播音创作的重中之重。

第四节 电视播音创作的起步

一、电视事业的开创

50年代初期,世界一些经济发达的国家先后恢复或开办了电视广播。1954年,毛泽东第一次提出中国要办电视的意见。1955年2月5日,中央广播事业局就1957年在北京建立一座中等规模电视台向国务院提交了报告。周恩来2月12日批示:"将此事一并列入文教五年计划中讨论。"我国电视事业的筹备工作自此拉开序幕。1956年5月28日,中共中央副主席刘少奇代表党中央在中央广播事业局党组向中共中央汇报广播事业发展规划时对广播工作作了十点指示,其中明确提出:要尽快创办电视,自己生产电视发射机和电视接收机,先黑白,后彩色。在这个精神的指导下,1957年,电视事业的创建进入实质筹建阶段。曾经在战争年代担任播音员的孟启予,带着她在莫斯科电视台访问的第一手资料和苏联创办电视的经验回国,加入电视实验广播工作当中。1957年8月17日,中共广播事业局党委决定成立北京电视实验台筹备处,任命罗东为主任,孟启予和胡旭为副主任。1958年春我国生产出自己设计的一部1000瓦图像发射机、一部500瓦伴音发射机、一套播送室低周控制设备和七架摄像机,为建立电视台提供了必要的物质准备。1958年4月29日,中央广播事业局党组在给中央宣传部、国务院并转党中央的报告中提出,北京电视台应根据自己的工作特点,担负起宣传政治、传播知识和充实群众文化生活的任务。这个报告为我国的电视事业明确了任务和方向。

1958年5月1日19时,我国第一座电视台——北京电视台[①]开始实验性广播,新华社特为此播发一条消息,向全世界宣告新中国的第一座电视台诞生,从此全国人民从声音传播开始逐渐接触到声像传播。北京电视台实验广播期间,电视节目都是直播的、黑白的,每周播出两次,即星期四、星期日的19点至22点,期间试办了新闻性节目、社会教育节目和文艺节目等。北京电视台虽然只覆盖了北京一个地区(半径25公里),但它担负着全国性的宣传任务,因此被视为中央级的电视台。经过4个月的试验播出,北京电视台机器设备工作基本稳定,节目播出正常。在正式开播之前,我国从苏联进口了500台红宝石牌黑白电视机,并将其分布在北京的各机关、部队、大学、工厂、人民公社、医院等单位,首先供集体收看。虽然电视机并不多,但这一形象化的传播媒体在北京出现,引起了首都人民的兴趣,毛泽东、刘少奇、周恩来等党和国家的领导同志也对这一新生事物十分关心。1958年9月2日晚上7点半,北京电视台正式播出,节目由每周两次增加到每周四次,每次两至三小时。1959年元旦,节目增加到每周六次。不久,一些省、市也开始建设电视台,从此电视为全中国人民打开了一扇崭新的窗户。

---

① 1978年5月1日,北京电视台更名为中央电视台。

二、电视播音创作概况

(一)借鉴电台经验,磨炼播音业务

尽管我们在广播播音创作方面已经有了一定的积累,但是在电视播音创作领域还基本上是一片空白。"中央电视台的播音体系是在完全没有可与前人经验参照的状况下、在十分困难的条件中,由沈力同志为先锋,在各部门领导和老同志齐心协力支持下开创出来的。"[1]而最初的电视播音创作主要是对广播播音的借鉴,语言的规范、语调的处理、语流的顺畅都是以电台的播音为标准进行的。

北京电视台建台初期,对于挑选播音员有一定标准和程序:"具有中等文化程度,能操标准的普通话,口齿流利,有一定表达能力,相貌端正,在摄像机前试一下正面和侧面的镜头,念一则新闻和一篇短文,经局领导和有关同志一起决定试用一些日子,最后确定。"[2]包括孟启予在内的相关负责人从中央人民广播电台、北京市的中学生,以及广播剧团的演员中进行挑选,最终确定中央人民广播电台的沈力作为我国第一位电视播音员。沈力之所以能在诸多临时试用人员中脱颖而出,被选定为最适合人选,是因为"她一贯是一位具有十分朴实的情感与十分内向而不会张扬也嫌弃轻飘、浮躁的人……符合民族的审美取向"[3]。1958年5月1日,24岁的沈力以端庄、亲切、自然的形象与观众见面,预告当晚实验播出的电视节目。

北京电视台在初创的近两年时间里,只有沈力一名播音员,几乎样样都由她干。周恩来在视察北京电视台时得知电视播音员紧缺这一情况后,随即做出指示:到应届高中毕业生中挑选播音员。于是,广播局人事处向北京市委打报告,经过时任北京市委书记、市长彭真的批示,再送交国务院周恩来总理批示同意,一场播音员的大选拔拉开了帷幕,这也是我国历史上唯一一次电视台挑选播音员经过了总理的批示。中央人民广播电台组织了一个

---

[1] 中央电视台研究室、主持人节目研究委员会编:《中国荧屏第一人——沈力》,中国广播电视出版社1999年版,第13页。
[2] 同上,第19页。
[3] 同上,第11页。

团队专门负责在应届高中毕业生中挑选播音员,当时全北京 100 多所高中,每一个班级选 10 到 20 人参加选拔,光是试音就用了 4 个多月的时间,接下来还有四到五轮的挑选、试镜、检查声带……竞争非常激烈。经过层层筛选,最后就读于北京第 22 中学的赵忠祥脱颖而出。同年,参演过电视剧的吕大渝也被挑选成为电视播音员。

我国最初的电视播音员只有沈力、赵忠祥、吕大渝 3 人,由于日常工作繁多,他们基本上都是边干边练,逐步摸索电视播音的创作方式。早期的电视播音创作由于缺乏有声语言和副语言相结合进行声画传播的经验,广播播音的特点多,而电视独有的创作特点,如镜头前的状态把握、体态语的结合等则比较少。在电视播音创作摸索发展的过程中,中央人民广播电台播音部的很多老播音员给予了电视播音员很大的帮助。沈力在到电视台工作之前在电台工作,赵忠祥和吕大渝参加工作时都曾经到中央人民广播电台播音部学习。在播音老前辈身上,年轻的电视播音员学到了很多东西,他们不仅对严谨认真、艰苦奋斗的播音传统有了认识,也对"准确、鲜明、生动"的播音风格有了了解,同时对具体的播音业务,包括用气发声的方法、字正腔圆的吐字都进行了练习和实践。而老一辈播音员在话筒前一丝不苟的工作态度,对每个字读音的严格要求,更是深深地感染了他们。吕大渝还得到了到广播学院播音班学习的机会,她进修了文学、历史、语法修辞、语言技巧、播音业务、国际知识、新闻学、广播史等多门课程,得到了许多在语言艺术方面颇有造诣的老前辈的指导。赵忠祥在工作的同时一直不忘学习,他一有空就到资料室,看各种报纸杂志,阅读大量书籍,他上过 4 次"夜大",取得了新闻编采专业的毕业证书。"除夏青、林田、齐越等,还有侯宝林、白凤鸣、马增芬等老艺术家,把他们在语言艺术上艰辛探索的体会传授给我们。每天早上同学们一起念绕口令、唱京韵大鼓,练气息,练嘴皮子的功夫。"①沈力、赵忠祥、吕大渝还跟随中国歌剧院演员王嘉祥学习发声,刻苦进行声音训练,赵忠祥和吕大渝更是坚持了三年之久,每天早上在北海公园,面对开阔的湖面,跟随老师练声,主要是练京剧《击鼓骂曹》的几段念白,不论寒暑,风雨无阻。正是有了来自多方面的帮助以及自身的刻苦练习,他们每个人的业务

---

① 吕大渝:《走近往事——一位共和国第一代女电视播音员的自述》,中国文联出版社 1999 年版,第 146 页。

才都得到了很大的进步。

沈力、赵忠祥、吕大渝是我国最早的电视节目播音员,那时,播音员不像现在这样分别归属于不同的部门,而是面对全台,因此他们需要播报新闻、社教、专题、文艺、体育、少儿等各类节目,还要承担天安门节日庆祝实况、大型文艺晚会转播等。在沈力的带领下,大家逐渐摸索出了中国电视播音的初步规律,在新闻、专题、文艺三大类支柱节目中的串场、报幕、口播新闻、新闻影片、图片新闻画外音、现场采访和大型活动以及实况转播等环节都积累了大量经验。"沈力开创的工作格局与工作细节的要求及走向,影响了几代电视播音员,如对观众讲话(对镜头讲话)一定要把讲稿背下来,神态要亲切、自然,一对一地进行播讲,在内心培养成'目中有人'与'心中装着观众',如今已蔚然成风。可以毫不夸张地说,中央电视台开办不久就已形成了自己的播音风格,后来一代一代传下来,形成如今多姿多彩的中央电视台播音与主持的特色。"①沈力、赵忠祥、吕大渝三人组成的播音组承担整个电视台的播音工作长达十年之久,三人在开创中国的电视事业中共同度过了美好的青春时光。

(二)新闻播音为主,紧张有序直播

电视台开播以后,台里开办电视节目的各方面能力比较低,播放内容只包括新闻性节目、社会教育节目和文艺节目,而除纪录、科教影片外,其他电视节目都是直播。参考国外的成功经验,电视台确立了"新闻立台"的方针。在电视台创办之前,中央广播事业局给国务院的报告中明确规定:"新闻节目要尽可能反映当前国家和人民政治生活中的重要事件,报道社会主义建设的成就"。报告中特别强调"尽可能",正是因为电视节目制作受到当时技术条件的限制。台里领导对新闻类节目特别重视,亲自抓新闻节目的采访、编辑和播出。《图片新闻》是我国电视新闻的最初形态,1958年5月15日,北京电视台第一次播出了时长4分钟,介绍我国制造的小轿车《"东风牌"小轿车》的《图片新闻》。1958年5月29日,电视台播出了记者采访的《朱德副主席为石景山钢铁厂扩建工程剪彩》,这是北京电视台第一条以现场图像为

---

① 中央电视台研究室、主持人节目研究委员会编:《中国荧屏第一人——沈力》,中国广播电视出版社1999年版,第14页。

基础、具有电视特色的新闻。同时,电视工作者开始努力争取新闻的时效性。1958年7月1日,电视台播出的电视新闻《十三陵水库落成典礼》,就是对当天发生的新闻事件的报道。1958年10月1日,北京电视台使用我国自己研制生产的第一辆黑白电视传播车,转播了天安门广场庆祝中华人民共和国成立九周年的阅兵式和群众游行。电视新闻的另一种形式是《简明新闻》,1958年11月2日,北京电视台播出了一种口语形态的消息类新闻节目,稿件由中央人民广播电台新闻部提供,由播音员沈力在演播室出图像直播,每次约5分钟,在晚间电视节目结束前播出。电视新闻的出现开始逐渐打破广播和报纸二分天下的格局,使电视媒体在新闻界的位置越来越高。

初创时期,电视播音面临很多难题,由于当时技术设备非常落后,没有录像设备,全部节目都是直播,所有播出节目都必须一气呵成,具有相当的难度。由于电视播音创作工作头绪繁多、准备时间紧迫,因此播音员在电视播出流程上所下的功夫远远超过了播音创作本身,他们的工作严肃、严谨、紧张、紧凑、刺激,环环相扣。任何人在任何环节只要稍一走神,就会出现问题,破坏集体的劳动成果。

当时每天节目的播出,基本由一个播音员完成常规工作,另一个播音员则担任诸如《春江花月夜》乐曲介绍、《国际知识》等专稿和《电视台的客人》等现场采访节目的播出工作。那时的演播室是一间不到三十平方米的小房间,播音员、灯光师、摄像师、美工师、技术员等好几个工种的工作人员全挤在里面,时常出现的一些意外状况都非常容易分散播音员的注意力。"有时是照明灯泡突然爆炸;有时是灯光师'老范头'的光头又穿帮,耳机里传出导演对他大叫的声音;同在'小播'里工作的同事一举一动也都尽收眼底。"[①]在这种情况下,天塌下来,播音员也必须若无其事,临阵不慌。

每天播出时,播音员先要坐在被称为"小播"的小演播室镜头前向观众致以问候,并播报当天的节目内容。摄像机的红灯一灭,播音员又必须立即拿着厚厚的一沓稿件离开另有任务的"小播",冲进对门被称为"插播"的播音室。因为距离接下来的《电视新闻》只有几十秒标题音乐的空当,播音员要对着监视器上《电视新闻》的画面现场直播稿件,稍有耽搁,就会错过有关

---

① 吕大渝:《走近往事——一位共和国第一代女电视播音员的自述》,中国文联出版社1999年版,第159页。

画面。

在每天的播出中,如果还有文艺节目或其他专题节目,那么在完成了画外音解说工作后,播音员就要或是继续留在插播间播报各类节目的剧情介绍和演员表,或是返回"小播"在镜头前为下面的节目播报开场白,或是赶到被称为"大播"的大演播室为演员现场报幕。电视播出的压轴节目一般都是电影、文艺晚会或球赛及歌舞戏剧的实况转播。最后,则以播音员播报《简明新闻》《天气预报》和次日的《节目预告》作为结束。

由于设备条件所限,当时播音没有提词机,播音员出图像的口播部分都必须全部背诵稿件播出,并且当时的电视节目一般都没有充裕的准备时间,无论是口播需要全部背诵的内容,还是配画外音的部分,备稿的时间都非常短,要做到快速上口、准确流畅,对播音员的理解力、记忆力、应对力都有着很高的要求,工作的难度、强度、紧张度也非常高。但正是因为电视播音这种极具挑战性的特质,使第一代电视播音员练就了过硬的心理素质和语言基本功。

在最初的工作中,播音员们轮流值班,由沈力分配稿件,大家分头准备,有时赵忠祥和吕大渝也会各取所需,准备自己适合的节目,比如吕大渝一般会选择文艺和少儿节目,大家利用下午有限的时间进行准备。早期播出新闻与专题节目的画面是16毫米影片,晚上播出的内容就需要播音员下午对画面。通常播音员拿到编好的一卷影片和解说稿,就会到小放映间,一边放电影,一边根据画面的内容,把解说词一段一段对上镜头,一般只能对一遍。音乐编辑在一旁一起工作,用秒表卡长度,然后选音乐。晚上播出时,播音员在播音室,一边看画面,一边配解说词。画面解说与电台播音不同的是,不能只低头念稿子,即使在一段解说中间,也要不时抬头看看画面,因为下午对好的片子,很可能在临播前编辑又要增加或删去一段画面,要临场决定语速或调整前后顺序。播音员在对着画面直播的时候,尽管有时候手中的稿子修改得比较乱,画面也只能在播出前比较匆忙地进行浏览,但直播时必须声情并茂,并尽可能使解说与音乐的情绪吻合,同时照顾到语句的完整。在电视机前的观众看来,当年播出的《电视新闻》《国际新闻》《电视纪录片》几乎和电影厂的成品片一样,而实际上却是由值班导演、放映员、美工师、摄像师、音乐编辑、音响员、播音员等七八个工种现场合成的。当时的《电视新闻》《国际新闻》《电视纪录片》《图片报道》等节目加起来,有时要直播一个小时左右,再加上出镜前还需要化妆修饰,这对于播音员来说时间紧、任务重,其紧张程度可想而知。

电视与广播的最大不同在于电视具有可视性,电视播音员必须注意自己的形象气质。当时电视播音员收入比较低,上屏幕时穿的都是公家的演播服。60年代初,国家经济困难,置装经费紧张,播音员的服装非常少。大家在装束上追求朴素、大方、整齐,在化妆上追求适当、自然,因此尽管当时是黑白电视,着装的样式也比较单一,但播音员在屏幕上仪表整洁、容光焕发,展现了庄重大方的形象。

60年代初期的中国电视还是一个新生事业,发射功率不大,电视机没有普及,覆盖面很小,制播经验不足。尽管起步艰难、历经坎坷,但第一代电视人不怕困难、爱岗敬业、充满热忱、团结协作,不断摸索、总结经验,充分发挥了电视又能看又能听的无可替代的多功能优势;他们一切从实际出发,及时宣传贯彻党和国家的政策,表达人民群众的呼声,歌颂人民群众的先进事迹。经过几年的努力,中国电视事业稳健发展,为之后电视事业的大发展打下了坚实的基础。

第三章 曲折(1966年～1976年)

正当广播电视事业蒸蒸日上之际,"文化大革命"爆发了,对于全党和全国人民来说这是一场严重的灾难,在高度政治化的阶段性演变过程中,极端的唯政治的思想给广播电视事业带来了极大破坏。播音创作的一切毫无例外地与政治和政治事件密切连接起来,播音创作因此陷入脱离群众、偏离真实、上纲上线的畸形发展局面,播音员也陷入几乎机械的、工具化的劳动中,他们对时代、对社会的真实感受受到压制。然而,尽管在"文革"期间我国的广播电视事业损失惨重,但在全体广播电视工作者的共同努力下,广播电视事业还是取得了一些意想不到的进展,播音创作中也出现了影响深远的作品。

第一节 播音创作发展概况

1967年1月11日,中共中央发出《关于广播电台问题的通知》,决定对地方人民广播电台实行军事管制,一律停止编辑和播送地方台自办节目,全天转播中央人民广播电台节目,地方电台的宣传工作陷于瘫痪状态,这是林彪、江青反革命集团为了控制舆论、统一口径而采取的措施。从中央到地方新闻媒体的舆论阵地被夺权,好的规章制度被废弃,"以宣传为中心,为编播服务"的口号被批判,"开门办广播"的好传统被践踏,全国各地广播电台几乎变成一个腔调。在"事实要为政治服务""事实要服从路线斗争的需要"的错误思想的指导下,广播电视的宣传性质发生了大改变——由党、政府和人

民的喉舌变为"无产阶级全面专政的工具"。

"文化大革命"期间,新闻舆论发展为单一的阶级斗争的工具,广播电视的其他属性和多样化功能,如信息功能、服务功能、娱乐功能、教育功能几乎被全部抹杀。新闻严重政治化,报道评论一切都从政治出发,为政治服务,"千报一面""千台同声"、万马齐喑。"新闻为政治服务"的观点成为统治新闻界的主流观点,新闻学术研究和新闻教学处于瘫痪状态。新闻报道中假话、大话、空话和套话泛滥,杜撰事实、炮制典型、伪造历史,甚至颠倒黑白,混淆是非,背离了马克思列宁主义的普遍原理、毛泽东思想的轨道和党的正确路线,违背了人民群众的根本利益和正当愿望,造成了极大的思想混乱。"四人帮盗用中央的名义,窃据要职,多年来死死控制新闻舆论工具,大事小事都要过问,大事小事都要请示,他们动不动就是'党中央的决定''是经过毛主席批准的',作为党的喉舌的国家电台怎能不听从? 在局部问题上我们可以力争,可以据实际情况而定,而在整体上是不能改变的。"①

十年动乱是"左"倾错误严重泛滥的十年,新闻界既是极左思潮的传播者,又是极左思潮的受害者,我国新闻事业成为发动和开展"文化大革命"的舆论工具,也成为两个反革命集团阴谋篡党夺权的工具,新闻事业的创作原则和优良传统被无情地破坏、歪曲、践踏,新闻舆论宣传失信于民,失信于社会,声誉一落千丈,成为"文化大革命"的重灾区。

一、播音内容受管制

由于林彪、江青反革命集团牢牢掌握了宣传舆论大权,特别是中央级别的舆论机构,因此广播电视播出的节目内容必须服从他们的指令和安排。他们要求中央人民广播电台的《新闻和报纸摘要》节目只能摘播受他们严密控制的"两报一刊"(即《人民日报》《解放军报》、《红旗》杂志)的新闻、评论和文章;指令《各地人民广播电台联播》节目必须以当天《人民日报》的头条为头条;地方台一度停办节目,一律转播中央人民广播电台节目,一些地方电视台由于还不能转播中央电视台的节目,大部分被停办。各地革命委员会建立后,地方电台陆续恢复了少量自办节目,但也都得严格遵守"四人帮"的

---

① 杨正泉:《新闻背后的故事 我的亲历实录》,新世界出版社2008年版,第43页。

宣传口径。林彪、江青反革命集团任意打乱广播电台多年形成的较为科学、合理的节目编排,凡是他们认为重要的有利的消息或者是篡党夺权的文章就连播数日,重播几十遍,甚至全天反复广播,并且严格要求每分钟播出的字数,不许有任何改动,完全不按新闻规律办事。"姚文元经常下令让连续广播一个星期甚至十几天;1972年元旦社论连续播出20天,播出129次,在一次《联播》中播出了两遍;《新闻报摘》《全国联播》节目可任意延长,有时候一次节目中只播一篇文章。"①在"四人帮"的严密控制下,各新闻单位的言论是"小报抄大报,大报抄梁效②,广播电台跟着叫",根本无法播发自己的消息、观点、评论。

不仅如此,中央人民广播电台一大批有特色、有影响、适合观众收听的节目被迫停办,原来的理论节目被改成《工农兵活学活用毛主席著作》;深受少年儿童喜爱的《小喇叭》《星星火炬》被改成《红小兵》《红卫兵》节目,和其他节目一样,每天播放最高指示和中央"两报一刊"编辑部的大文章。很多节目停办,留下的节目也失去了原来的人情味儿,只能播出指定和被允许的内容,各类节目变成了千篇一律的政治说教,时时把"千万不要忘记阶级斗争"挂在嘴边。专题节目不是有关"活学活用毛主席著作"的,就是有关"革命大批判"的,广播里充斥着造反、夺权等错误内容。

此外,由于文艺宣传在政治思想上的敏感性,"文革"中电台内外,文艺肃杀,文艺节目广播成为重灾区。在相当长的时期内,各地广播电台的文化报道和文艺节目中,只能播放八个样板戏、八首歌曲和三部电影录音剪辑,广大人民群众正常的精神文化需求被剥夺。

"那时,中国的媒体,尤其是电视还不发达,广播又有着传播快、影响面广、直接进入千家万户、最能够动员和形成广泛社会舆论的特点,在各种媒体中发挥着独特的优势和作用,因此也就特别耀眼,受到特别的重视,给党、国家和人民造成的影响也最大。"③林彪、江青反革命集团控制广播宣传的行径引发了全国人民极大的愤慨,很多人写信表示不满,驳斥谬论,拒绝收听电台的播音。

但是,我们还是应该看到,尽管大的社会环境恶劣,但在全国人民的共

---

① 杨正泉:《新闻背后的故事 我的亲历实录》,新世界出版社2008年版,第42页。
② 北京大学、清华大学"两校"写作班子的谐音。
③ 同①,第4页。

同努力下，国家的工业、农业、科技、国防建设还是取得了一定成就，广播电台对此也作了一些报道。"文革"后期，中央人民广播电台恢复了一些科学知识类节目，但总体考察，广播事业还是备受摧残，每况愈下。

二、播音人员被迫害

"文化大革命"不仅是对国家、对民族的一场浩劫，更是对人的摧残。新中国成立初期建立起来的播音队伍被破坏，一大批老一辈优秀的播音员被扣上"反动权威""黑五类""修正主义苗子"等各种各样的帽子，他们受到批判，遭到迫害，下放干校劳动改造，离开了工作岗位。"中央人民广播电台被打倒的干部被分别下放到北京房山、河南淮阳、黑龙江北大荒3个五七干校……在干校参加劳动改造的人，无论资历深浅、品级大小，都叫'五七战士'。他们被编成连队，接收军事化管理。"①一批延安陕北时期开创播音事业的老同志被无情批判，梅益被批斗、杨兆麟被下放干校……很多播音员也没有躲过"文革"遭批斗、下放的命运。老播音员孟启予第一批被揪出来，被造反派剃了"阴阳头"，遭到批斗，1969年，她被下放到河南淮阳的五七干校，一边劳动改造，一边继续写检查；"文革"一开始，齐越就被剥夺了在话筒前播音的权利，下放劳动，停职检查，直到1972年才逐渐恢复其播音资格；林田也受到很大的冲击，靠边站、接受审查、批判、到干校劳动，九年时间基本与话筒无缘；在电视台工作的沈力、吕大渝也被下放干校……不仅如此，广播电视培训干部的工作也完全被打乱，"文革"期间否定了选拔培养播音员的科学方法，北京广播学院被迫停办，大批教职工遭到迫害，下放改造，校舍房屋、图书资料、档案材料、车辆家具等教育教学资源损毁严重，教学计划、教学大纲、教材讲义弃而不用，专业建设遭受了严重挫折。由于原有的工作队伍被破坏，新的受过系统训练的专业人才又跟不上，广播电视出现青黄不接的局面。

---

① 余京津：《六十年的火与风——记广播前辈杨兆麟》，http://www.cnr.cn/tbtj/gscq/200609/t20060904_504283698_29.html。

三、播音风格遭扭曲

"文化大革命"期间,新中国成立初期建立起来的播音理论和积累的播音经验被否定,理论学习、业务培训、语言训练被迫停止中断,选拔播音员的科学方法和培训方法也被否定。更为严重的是,播音界长期的优良传统被抛弃,以中央人民广播电台为代表的爱憎分明、刚柔并济、严谨生动、亲切朴实的播音风格遭到严重扭曲。

"文革"期间的播音创作形成了独特的表达样态。我们常说"有理不在声高","文革"时期的播音恰恰相反,播音大多是高调门儿的喊叫式,在用声上以实声为主,追求高调、响亮的音色,挤、紧、实、硬,状态比较亢奋,适合群体收听,或者在有干扰的情况下及较远距离收听。新闻语速非常慢,"都是大长条儿的稿件,三十分钟大约只有三四条新闻,播出五千字左右"①。语言上则强调清晰度、辨析力,注重力度,节奏变化单一,几乎没有起伏;基调上强调革命性、鼓动性、批判性,情感要热烈浓重,以适应"文革"极左的政治高压和紧张的社会氛围;定位上,播音员成为国家机器的化身,强调自上而下的引领作用,忽视受众,语气绝对、盛气凌人,在客观上形成了"高、平、空",即调门儿高、语势紧绷、语态单一、内容空洞的"播音八股"和从上到下、以势压人的官腔形态。

"文革"期间广播节目成了满足政治斗争需要的工具,充满了声嘶力竭的大喊大叫,丢掉了和听众进行交流的基础,听众只能被动接收。广播电台和广大听众建立起来的良好关系渐渐疏远,几乎没有了听众来信,影响力不断下降,广播事业停步不前,跌入低谷。很多播音员在"文革"当中因为形势所迫而不得不在节目中充当假话、空话、套话的传声筒,也不得不采用"高、平、空"的表达方式来迎合当时所谓的政治宣传、阶级斗争的需要。"文革"后期,"高调门儿""喊叫式"的播音虽然有所纠正,但是仍然让人感到"严肃有余,亲切不足"。新闻播音的弊病可概括为"冷、僵、远"三个字。冷,就是冷漠,稿件内容脱离实际,播音员言不由衷;僵,就是僵硬,见字出声,呆板生硬,千篇一律;远,就是疏远,以教育者自居,和听众有距离,不能息息相通。

---

① 于芳口述。

播音员拥有良好的声音驾驭能力和扎实的专业基本功底,没有去创作人民群众喜闻乐见的节目,却要板起面孔,摆出一副高高在上的架势,去传播虚假、浮夸的内容,甚至骂人、训人,这逐渐引起人们的强烈反感。

我们必须认识到,"文革"期间舆论宣传被政治左右,这种特殊的播音风格是当时的社会政治氛围造成的,是一种政治高压下呈现出来的被动、被迫的扭曲形态,这种播音容易让人血脉偾张,情绪激动,使人性恶的一面急速膨胀,而大多数人民群众听到以后则心惊胆战,人人自危。"文革"开始以后,以江青为代表的反动派主张"激情就是一切""不喊不革命",他们认识到,由于不能以理服人,那么要把一些假大空的内容和错误的思想观点强加于人,让人相信,就只能提高调门儿,大喊大叫。为了好用劲儿,播音员甚至需要站着播音,有时播音员在录音间声音太大,分贝指针频频越过红线,但录音员不敢告诉播音员,只能默默压低音量。"文革"时,甚至出现红卫兵在播音室外高喊"再提高一度、再提高一度"的过激行为。这种高喊式的大嗓门的播音违背了人的基本生理条件,破坏了正常的用声规律,很多播音员患上声带小结、息肉等疾病,影响身心健康,严重的甚至再也无法从事播音工作。还有的播音员由于政治压力过大、极度紧张,导致"心源性失音",在话筒前说不出话来。"从'文革'时期走过来的人都记忆犹新,那个特殊的政治时期必然是特殊的宣传时期,必然是一个混乱的疯狂的宣传状态,复杂、艰难,时局瞬息万变、不可捉摸,时刻处于巨大的政治压力中。"[①]播音创作在"文革"偏激、畸形、强压的政治环境中产生了一种创作心理的畸变,探讨和追求的已经不是播音创作的新闻性和艺术性,而是如何突出时代的革命气氛,如何激昂社会的斗争氛围,如何迎合激越的革命情绪。在"文革"政治高压下,播音创作在内容和形式上都被强制划一,偏离事实、充斥高调,从根本上违背了语言创作的丰富性和个性化的规律,也从思想上扰乱了此前播音创作的活跃局面。

---

① 杨正泉:《新闻背后的故事 我的亲历实录》,新世界出版社2008年版,第4页。

第二节 逆境中的收获

尽管"文革"对广播电视事业来说是一场巨大的摧残,播音事业也遭到重创,但是在逆境中,广播电视工作者们也努力地工作,尽自己所能为事业作出贡献。"中央人民广播电台的少数民族语言广播于1960年12月停办,1971年开始陆续恢复;中央人民广播电台对外广播进一步扩大,10年间增加了12种外语广播,对外广播用语达到39种,位居世界对外广播前列。农村的有线广播得到较大发展,基本上建成了以县广播站为中心,以公社广播放大站为基础、联结千家万户的农村有线广播网。"[①]"1976年,有线广播站达到2503个,广播喇叭发展到1亿多只,全国广播电视系统职工总数达到16万多人,比1966年增加2.65倍。"[②]1968年起,中国的电视广播开始复苏,被停播的一些电视台陆续恢复广播,一些没有建立电视台的省、自治区,以及少数省辖市也开办了电视台。1970年,彩色电视的研究得到恢复;1973年5月1日,中央电视台开始试播彩色电视,同年10月1日正式播出。

纵观中国的历史,民族文化主流思想在不同的历史时期时隐时现,却总是产生着巨大的内在推动力,对社会、政治和文化等各方面影响深远。即使在极左思想泛滥的时期,文化遭到严重摧残,但主流意识形态却始终潜藏和涌动,社会同样需要"献身英雄",需要"典型引路",这符合整体的历史趋向。黑暗中的光明、逆境中的收获,折射出民族精神、文化主流的巨大内驱力。

此外,人民的力量不可小觑。尽管当时国家在政治层面上"左"倾思潮严重,在建设方针政策上出现偏差,但全中国人民热爱祖国、建设祖国的愿望在任何时候都没有改变过,涌动在人民群众中的是对祖国安定团结的渴望、对生活幸福美满的期待、对真理正义的勇敢坚持、对真假善恶的鲜明判断。任何一个政党在执政过程中都必须坚持"以民为本"的执政理念,把人民的利益作为一切工作的出发点和落脚点,不断满足人民的多方面需要,实

---

① 方汉奇主编,方汉奇、丁淦林、黄瑚、薛飞著:《中国新闻传播史》,中国人民大学出版社2001年版,第409页。
② 左漠野主编:《当代中国的广播电视》(上),中国社会科学出版社1987年版,第42页。

现全面发展。人民是最实在的,他们可能不会在意你喊什么口号、举什么旗帜,他们在意的是能不能在你的领导下摆脱贫困、提高生活质量。然而"文革"期间,口号虽然天天喊而且数量巨大,但实际上人民群众的生活却每况愈下,尤其是三年自然灾害以后,很多地方更是民不聊生。在这种情况下,人民看到了"左"倾路线的狭隘,看到了政治斗争的问题,看到了政党领导的偏差,民间呼唤真理、呼唤幸福的声音日渐高涨,不满情绪不断累积,林彪、四人帮逐渐失去民心。这种不满情绪终于在深受人民爱戴的周恩来总理去世之际爆发。四人帮在总理治丧期间提出要求:"所有活动的新闻报道一律由新华社统一发稿,各单位不得自行发稿;文艺节目不能停播,可以少一些,只是在1月15日追悼会那天停止播出文艺节目;不采访、不组织、不播出群众性的纪念活动和纪念文章;各机关、单位、工厂、学校等,一概不许设灵堂、开追悼会,不许佩戴黑纱、白花,不许上街、去天安门广场举行悼念活动等等。"①一连串的"不"让人惊叹!也引发了群众的激愤,许多听众打电话质疑中央人民广播电台:"你们对总理是什么态度,什么感情,什么立场!"②人民群众对四人帮的不满完全转化成了愤怒和声讨,在"天安门事件"群众的强烈抗议声中,"文革"进入尾声,四人帮成为强弩之末,正义终于战胜邪恶,人民取得了伟大的胜利。

尽管优秀的播音传统在"文革"中被否认,甚至被摧毁,但它却以星火燎原的方式燃烧在人们的心中。实际上"文革"期间很多播音员都意识到了创作上的问题,但他们以一己之力无法改变现状,内心极度痛苦无助,充满了矛盾无奈,在工作中,他们凭着自己对国家、对人民的热爱,凭借着出自人性本质的对真、善、美的追求,从文化命脉、发展主流上进行创作把握,在有限的创作空间中努力宣扬真实和正义,弘扬主流文化和价值取向。尽管新闻宣传的舆论阵地被林彪、江青反革命集团牢牢控制住,但是人民群众还是从广播中听到了我国第一颗人造地球卫星上天的喜讯,听到了联合国恢复中国合法席位的喜讯,听到了美国总统尼克松访华、中美建交的喜讯,也听到了毛泽东、周恩来、朱德、陈毅等党和国家领导人逝世的沉痛消息……当时主要的男播音员有夏青、铁城、方明、陈钢、丁然、常亮等,女播音员有潘捷、

---

① 杨正泉:《新闻背后的故事 我的亲历实录》,新世界出版社2008年版,第40页。
② 同上。

葛兰、林如、王欢、徐曼、虹云等。另外，一些通讯类、文学类、文艺类的作品因为不涉及太多的政治问题，给播音员提供了较大的创作空间，播音员用真实、客观、自然、亲切的语言，传递出了作品原有的文学性和情感，成为"文革"期间播音创作逆境中的宝贵亮点。正是这些优秀的作品让我们看到了动乱之中人民群众中蕴藏的巨大能量，看到了坚持文化传统与精神立场的播音创作者的人格魅力，正是有了这些人，播音创作传统才得以在畸形的年代延续下来。

一、《中国工人阶级的先锋战士——铁人王进喜》

1972年1月27日、28日，《人民日报》在显著位置刊发了集体创作的长篇通讯《中国工人阶级的先锋战士——铁人王进喜》，生动描述了王进喜为迅速改变我国石油落后面貌而英勇奋战的事迹，展现了王进喜高尚的革命精神和人格光彩，并对他的一生进行了高度评价。在国家局势动荡、能源紧缺的时期，王进喜无疑是一个标杆似的人物，他身上充满着不怕苦、不怕死，不为钱、不为名，一心为国家、一切为革命的铁人精神。在他的带领下，人们创造了巨大的物质财富，也留下了宝贵的精神财富。中央人民广播电台播出了这篇通讯，通讯中展现的铁人精神极大地鼓舞了全国人民的建设热情。当年，方明、铁城、齐越都曾经播出过这篇稿件①，相比而言，铁城的播音最有气势，最贴合当时的时代背景。通过铁城的播音，我们看到了一个爱国创业、有血有肉、自强不息的产业工人王进喜的丰满形象：没有吊车，他带领大家用绳子拉、撬杠推，终于把钻机从火车上卸了下来；打井缺水，他号召大家"用盆盆端"；他的腿被砸伤，仍然坚持战斗在第一线，指挥钻井；为了压住井喷，他带头跳进泥浆池，用身体搅拌水泥浆……铁城的播音给人留下了深刻的印象，铁人王进喜的英雄形象通过铁城磁石般高亢的声音传遍了祖国大地，深入人心，让人久久回味，全国也由此掀起了向铁人王进喜同志学习的热潮。铁城长期担任新闻播音工作，并且在播音管理工作上作出了巨大的贡献。铁城留下的播音作品并不是很多，长篇通讯《中国工人阶级的先锋战士——铁人王进喜》是他的播音代表作品。

---

① 现存齐越、铁城当年播出的完整版录音，方明的录音最后一段遗失。

(一)树时代英雄之志

王进喜是工人阶级的先锋战士,是当之无愧的时代英雄。他从苦难的旧社会中解放出来,身上充满强烈的国家主人翁责任感,有一种产业工人的事业心和职业道德,体现出了中国工人的豪迈气派。对待工作,他有着不怕苦、不怕牺牲的硬骨头精神和脚踏实地的实干精神,在国家内外环境都很困难的情况下,社会需要更多的像王进喜一样的人,通讯播出的目的不仅是在歌颂王进喜,更是在呼唤更多的王进喜。铁城播出的《中国工人阶级的先锋战士——铁人王进喜》每一句话都像是在发出一种呼唤、一种号召,振奋着全国人民的斗志和热情,捍卫大家的信念,燃起大家的希望。细听整篇文章的播音,几乎每一句话都能作为一句口号,让人有与之一同振臂高呼的冲动。

树立时代英雄形象,必须要有饱满的革命热情和超强的语言基本功。铁城在播音过程中体现出的强烈的革命情感,不仅来自于他对语言的具体处理,更来自于他对王进喜这个人物的崇敬,对整个工人阶级的崇敬,对国家的深厚情感。不论是环境的描述,还是具体的故事,他都保持了发自内心的饱满激情和高亢斗志,因此我们在他的播音中听出了时代的呼唤,听出了力量和信心。作为第二代播音员的代表人物之一,铁城在不断的创作实践中,已经越来越成熟,并且具备担纲重大播出任务的能力。凭他的专业能力,他可以有多种多样的、更轻松、更游刃有余的表达方式,但在《中国工人阶级的先锋战士——铁人王进喜》这篇文章的处理上,他却选择了一种并不轻松的却是最符合时代要求、最体现时代特征的方式来进行表达,描述时代英雄,树立中国工人阶级的代表,展现民族气节,完全体现出了当时的时代氛围,具有鲜明的时代特色。这其中虽然也有受"文革"时代环境影响的无奈,但不可否认,铁城确实创作出了那个时代的经典之作。

(二)展"雄浑刚健"之美

"'雄浑'风格的审美内涵具体呈现为:创作主体具有雄健浑厚的内蓄修养、恢弘豪壮的胸怀气魄和激昂狂放的情感状态;物象选择、意象塑造具有体积空间上的'大'、时间上的'久'和力量上的'刚'的特色;创作主体与创作对象在构思中处于神与物游、物大我亦大的心物和谐的境界。"① 铁城在《中国工人阶级的先锋战士——铁人王进喜》的创作中把主要精力放在了塑造时代英雄的基点上,为了体现英雄的为国志向与实干精神,突出"雄浑"的阳刚之气和"刚健"的力量之美,给人以深沉博大、一言九鼎、雄强有力的感受,整篇文章的语气极其坚定,气息通畅,激情高亢,结实明亮,有极强的穿透力和清晰的辨识度。在多数文字的处理上,铁城都采用了上扬的语势来显示气势,塑造英雄形象,即使是句尾也不是完全的下坠,而是平接。从整体上说,铁城的播音用声偏实偏高,充满了战斗的革命性和鼓动性,尽展雄浑刚健之美,但在整体基调高亢明亮的基础上,他也进行了一定的细节变化,增强了文章的可听性。从用声角度来讲,高、亮的声音并不利于细节表达,但铁城却处理得很好,从高到低、从亮到暗的过程自然流畅,不露痕迹,高音明亮、弱音不瘪,体现出良好的气息运用能力和自如的声音控制能力。以文章开头为例:

> 在那高天滚滚寒流急的日子,一声春雷,↗传来了我国发现大庆油田的喜讯,遵照伟大领袖毛主席和党中央的英明决策,↗我国石油战线集中优势兵力在大庆展开一场规模空前的石油大会战。↗就在这个时候,铁人王进喜从玉门率领1205钻井队,千里迢迢赶来大庆。→(前几句慷慨激昂、充满喜悦,此处停顿转换,音调落下,展现情景)从玉门开往大庆的列车,穿过一座座新兴的工业城市,在伟大祖国的原野上奔驰,王进喜禁不住心潮起伏,↗1959年,在北京出席全国群英会期间见到的一切重新浮现在他的脑海里。→(再次转折,展开回忆,声音柔和)那是他第一次到北京,看到大街上的公共汽车,车顶上背着个大气包,他曾奇怪地问别人,背那家伙干啥?↗人们告诉他,因为没有汽油,烧的煤气。→(此处停顿,展现王进喜的心理过程,然后弱起)听了这话,他没有再问下去,心想,我们这么大的国家,没有汽油怎么行呢?→我是一个石油工人,眼看让国家做这么大的难,还有脸问!(此处处理并不是大声高调,而是有力内收,表现出王进喜心中的自责、焦急)他越想

---

① 杨景生:《论〈诗品〉"雄浑"风格的审美内涵》,《菏泽学院学报》2007年第4期。

心里越沉重,到人民大会堂开会,心情也一直不能平静,休息时间,他一个人悄悄地躲在一边,闷着头抽烟。→(此处轻扬停顿,表现王进喜心事重重,而后转换语气,从回忆中回到现实,语调提高,口吻坚定)每当想起这些,他感到那煤气包像千斤重担压在自己的身上,压在中国石油工人的身上。他曾多次向战友们说,一个人没有血液,心脏就停止跳动,→工业没有石油,天上飞的,地上跑的,海上行的都要瘫痪,→没有石油国家有压力,我们要自觉地替国家承担这个压力,这是我们工人阶级的责任。↗(有了前面的铺垫,此处昂扬向上收尾,表达出王进喜坚定的革命决心)

人物语言是人物性格和精神风貌的集中体现,处理人物语言,尤其是王进喜的语言时,铁城非常注意表达的语调和力度,突出了人物高昂的气势。

"看,这就是大油田,这回咱们可掉进大油海里了,↗同志们摆开战场,甩开钻机干吧,↗这下子可要把石油落后帽子扔到太平洋去了!"↗——王进喜

"我们工人阶级,就要有这样的雄心,↗现在我们流点汗、吃点苦,为的是快快把国家建设得更强大,↗只要国家有了油,再苦再累也高兴!"——王进喜

"开钻啦!"↗——王进喜

"上啊!"↗——工人们

"拿下大油田,哪能没有困难,↗但是这困难、那矛盾,国家缺油才是最大的困难,最主要的矛盾,↗这个矛盾不解决,帝国主义、现代修正主义就会利用这个缺口来卡我们、封锁我们,我们决不能在困难面前低头,↗有天大的困难也要高速度高水平地拿下大油田!"——工人们

王进喜和工人们说这些话时意志坚定、振奋人心,铁城播这些语句时语势上扬,掷地有声,高亢的声音和硬朗的气势,不仅体现出了"石油工人一声吼,地球也要抖三抖"的宏大气魄,更展现出全国人民的坚定、豪气以及不屈不挠的奋斗精神。《中国工人阶级的先锋战士——铁人王进喜》全文播出需要 84 分钟,在长篇的播出中,铁城始终贯穿了饱满的热情,声音始终明亮有

力,其语言的基本功之扎实,语言驾驭能力之强不得不让人佩服。

二、《人民的好医生——李月华》

《人民的好医生——李月华》是由新华社记者、通讯员,安徽日报记者,安徽人民广播电台记者组成的联合采访组集体创作的长篇通讯。1972年12月18日,新华社播发了这篇通讯,1972年12月19日,《人民日报》全文刊登了这篇通讯,同一天,这篇通讯在中央人民广播电台播出①,感动了无数的人,在全国产生了巨大的影响。《人民的好医生——李月华》和《中国工人阶级的先锋战士——铁人王进喜》属于同一时期的作品,王进喜是工人阶级的先锋战士,李月华则是人民医生的典型代表。《人民的好医生——李月华》着重介绍了李月华一心一意为老百姓看病、治病的动人事迹,与"文革"中很多歌颂英雄人物"高大全"的报道不同,文章口号式的语言很少,非常细腻质朴,围绕具体事例,抓住真实细节展开叙述,塑造出了一个全心全意为人民服务的好医生的形象,几乎没有涉及阶级斗争,是受当时政治空气影响较少的一篇作品,堪称通讯写作的典范。《人民的好医生——李月华》由中央人民广播电台播音员徐曼播出。② 作为播音历史中不得不提到的人物,徐曼最著名的是她1981年创作的对台湾广播节目,"文革"期间她的播音并不是最突出的,因为她本人的声音特质和"文革"的大基调并不是很贴合,但徐曼播出的《人民的好医生——李月华》却细腻感人,成为"文革"中难得的精品,也成为播音史中通讯播音的佳作。

（一）人文关怀的投射

中国传统美学对女性美的评判强调情与理的统一、美与善的统一,这赋予了东方女性以一种独特的美感。"人民医生"李月华一心为劳苦大众服务不求回报,在任何时候都让人动容,这是中华民族女性特有的传统美德的体现,是善良质朴的写照,即使在几十年后的今天,我们仍然呼唤李月华式的白衣天使,呼唤李月华精神。正因为这样,李月华的事迹才具有了普适的时

---

① 剪辑版43分13秒。
② 这篇通讯还有其他几位播音员也曾经播出过,但现存录音中只有徐曼当年播出的版本。

代社会价值、人文关怀价值、新闻价值和文学价值。"文革"中,对"人"的摧残和打击是身体和心灵双重的,人的价值、人的尊严、人的独立人格、人的个性、人的生存和生活及其意义、人的理想和人的命运等几乎都被漠视和忽略,在巨大政治浪潮的冲击下,对人的关怀几乎被完全淹没。李月华行医治病的事迹正是人文关怀的折射,这些事迹从心底感动着徐曼,同为女性的徐曼在心灵上与李月华产生了强烈的情感共鸣——无论在任何情况下都要关注人的生存与发展,关心人、爱护人、尊重人。李月华是个普通人,但她的事迹,尤其是在"文革"期间,则是闪耀着人性光芒的不折不扣的伟大,徐曼认识到了这一点,并从女性角度给予了细腻的刻画。

感人心者,莫先乎情。徐曼的处理情感真挚,表达投入,文章的细节描述生动入微,徐曼对李月华的真情、崇敬、赞美、感激也在这些细节中通过声音流淌出来。李月华为了避免有人因找她看病时她听不见敲门声而耽误看病时间,便专门买了一只小黄狗给自己"叫门"。这个小故事的结尾是这样写的:

> 李月华坐在床前一边观察病情,一边在想:如果王春得了更紧急的病,我醒得晚了,不是很危险吗?怎样才能不耽误时间呢?想着想着,叶大娘家的公鸡喔喔报晓了,李月华心里一亮:鸡能叫鸣,狗叫不是也能给人个信号吗?回去以后,她就买了一条小黄狗。从此,只要有生人走进院子,小黄狗"汪汪"一叫,李月华的屋里就点起了灯。

此处的几个设问句是人物的心理描写,徐曼通过细腻的语言展现出了李月华想方设法为病人着想的心理变化过程。整段的核心意义落在一个"灯"字上,"灯"是这一句中最重要的词,饱含褒奖之意,徐曼的处理非常用心,她努力创造出温暖的意境和场景,体现了人民医生的觉悟,也体现出了她心中的人文关怀,充满温暖,让人感动。

除了人物心理描写以外,很多场景描写、细节描写,徐曼也是以情感人,大大增强了李月华的感染力和亲和力,使人产生感情上的共鸣。

> 母女俩说到天蒙蒙亮,才渐渐睡着,这时门外又响起了李月华亲切的声音:"大娘,孩子好了吗?"蒋大娘赶忙开门,只见外面雪花

第三章 曲折（1966年～1976年）

<u>还在飘着，李月华深夜前来的两行脚印还没盖满，一条新的脚印又通到她家的门前。</u>

此处并不是直接赞美李月华，但场景的描写渲染得恰到好处，尤其是"两行脚印"的细节描写非常深刻感人，徐曼饱含深情的讲述，让人深受感染，也让李月华可亲可敬的形象以及她的人格魅力一下子跃然眼前。

（二）"出水芙蓉"之美

"出水芙蓉"之美是一种自然清新、质朴无华之美。徐曼的声音并不宽厚，音色比较甜，如果硬往高用会显得比较紧和挤，这与"文革"时期求高求亮、用声偏硬的要求有一定的差距。通讯《人民的好医生——李月华》由李月华的一件件感人的事迹组成，以叙事和细节描写为主，徐曼在创作时正视了由时代原因造成的在基调把握和细节处理上的矛盾，作出了一些大胆的尝试，在处理很多细节的时候她把声音放下来，发挥出了她本身音色的特点。徐曼在播讲时从李月华身上感知到了东方女性传统美德与时代精神的融合，虽然李月华只是一名普通的乡村医生，但她却是一心为劳苦大众服务的"人民医生"，单纯质朴，她普通但是崇高，平凡却又伟大，她的事迹是白求恩精神的体现，她是纯洁的白衣天使，是白求恩式的时代英雄，是所有医务工作者学习的楷模。徐曼的播音是对李月华赞美之情的自然流露，是真善美、淳朴实在的真切流动，工整平稳、娓娓而述，断、顿、挫处亦不着痕迹，意味无穷，人物的精神风貌和质朴形象跃然于耳，这种内中之情、内在之美超越了技巧的处理，拨动人心，至今听来仍能让人感动落泪。徐曼的播音相比"文革"期间颂扬先进英雄人物就非要用大实声、高声喊的方式，有了很多变化，洋溢着自然清新、质朴无华之美，形成了与"文革"时期其他播音不同的表现形式。

> 这些年来，李月华走村串户为贫下中农防病治病，孩子们称她"李姨"，∧→年轻人喊她"二姐"，∧→大爷大娘们，亲切地叫她"闺女"。∧→来找李月华看病的人，看着她那和蔼可亲的笑脸，殷勤体贴的细心劲，都觉得她是自己的亲人。

"李姨""二姐""闺女"3个地方是并列的关系，徐曼播的时候按标点符号断得比较开,但她并不是完全断开,在语气上是连贯的。还有的地方,徐曼则会打破标点符号的局限来进行表达,以更好地突出文章的思想意义。

通讯中的人物语言是最能体现人物性格、最有神采的,人物语言播讲得是否到位直接决定整篇通讯的好坏。在通讯人物语言的处理上,我们强调求神似,而不求形似,也就是说要了解人物所处的环境、人物当时的状态,继而用声音创造出画面、意境、神态。徐曼在人物语言的处理上,同样自然贴切,准确地把握住了人物心情和事件场景,非常真实。

一个风雪交加的深夜,李月华出诊归来,远远就听到小冠军和小金叶都在啼哭,赶紧加快了脚步。但是她没有回家,而是去敲了赵二姐的门:"二姐,开门呀!"(着急、担忧)赵二姐听见李月华的声音,一骨碌爬起来点上了灯。看到李月华背着药箱子走进来,便激动地拉住李月华的手说:"她李姨,你家小冠军也在哭呢!"(高兴,但又担心李月华的孩子,惊喜交加)李月华笑着说:"没啥,有他姥姥在着哩。"(松,安慰的语气,让赵二姐放心)一边说,一边给小金叶喂奶。赵二姐望着渐渐入睡的小金叶,感动地伏在李月华的肩上哭了,泪水把李月华的衣裳润湿了一大片……

徐曼在这一段三句人物语言的处理上松紧相间,既体现出人物的不同心情,也展现出节奏的变化。不难看出,徐曼牢牢把握了从内容出发的原则,使句子的内在走向与核心意思相得益彰。尽管整篇文章采用了片段式的写法,线索并不是很清楚,整体驾驭有一定难度,但徐曼以内中的情感牵引着语气连贯流畅,使文章清晰完整,同时,句子的疏密处理、声音的高低变化也形成了她自己的播音节奏。

《中国工人阶级的先锋战士——铁人王进喜》《人民的好医生——李月华》不仅是"文革"时期播音的佳作,也是整个播音史上通讯播音创作的经典之作,这两篇通讯和"文革"爆发前夕播出的《县委书记的榜样——焦裕禄》一起,堪称中国播音创作史上通讯播音的三大高峰。

就共性方面来说,三篇通讯之所以能感天动地,首先是建立在文章所叙述的人物身上,先进人物的先进事迹本身就打动人心,焕发着凝聚人心的力量和民族的时代精神。此外,三篇通讯的文字创作都非常精彩感人,基本上都没有过多地涉及阶级斗争的因素,而是采用各种创作手法如倒叙、插叙等

第三章 曲折（1966年～1976年）

来描写英雄人物感人的事迹，细致入微的细节描写成为文章的点睛之笔。播音创作的成功与文章本身的精彩程度是密不可分的，好的作品加上好的播音创作自然相得益彰，成就经典。从播音创作上讲，我们可以看到在混乱困惑的年代，播音员们依然在尽自己的最大努力追求积极向上的时代精神，他们从对时代的真实的内心经历出发，弘扬赞颂社会主流，坚持以人为本的传播理念，用真挚的情感打动听众。英雄先进人物身上凝聚的中华民族的时代精神和人格风范，激发着播音创作者的创作热情，唤醒了创作者心中讲述他们、歌颂他们的创作欲望。对人物语言的准确把握和处理是这三篇通讯创作都非常成功的地方，焦裕禄的关切、王进喜的奋斗、李月华的无私都通过质朴的语言流露出来，人物形象真实丰满。

就个性方面来说，三篇通讯所叙述的人物代表着为国家社会作出贡献的三类人，无私奉献的人民公仆、党的好干部焦裕禄，觉悟了的产业工人，奋战在建设一线的王进喜，普普通通却一心为劳苦大众服务的"人民医生"李月华，他们阶层不同、身份不同，却都同样在动荡年代尽职尽责地建设祖国。可以说，三篇通讯是播音创作者和文中人物共同经历的历史，是创作者带着自己的生存困惑和意识去关注历史、关注生活、关注人物的杰作。在人物形象的塑造上，创作者体现出了积极的自觉性和主动性，齐越、铁城、徐曼既抓住了他们身上的感人事迹的共同点，情真意切、情声和谐，又突出了每个人物的不同。焦裕禄的深情关爱、王进喜的激情豪迈、李月华的温情细腻，齐越、铁城、徐曼用声音塑造了鲜明又独立的不同人物形象。在播音创作实践中，创作者对社会生活的感受是具体的、生动的，而这种具体和生动通过人物形象的确立体现出来，他们把作品思想深度和力度的开掘直接投向人物塑造，并不断展现出人物形象的生动性和丰富性。同时，在创作方式上三人的风格又各不相同，齐越展现出"错彩镂金"的成熟风范，铁城展现出"雄浑刚健"的磅礴气势，而徐曼则以女性独特的视角展现出"出水芙蓉"般的人文关怀。

三篇通讯《县委书记的榜样——焦裕禄》《中国工人阶级的先锋战士——铁人王进喜》《人民的好医生——李月华》，一篇是在"文革"爆发前夕播出，其余的是在"文革"期间播出，必然有其时代局限性，不可避免地带有"文革"时代的痕迹，尤其是评论语言多多少少充满无产阶级专政的时代气息，播音中"高、硬、亮、冲"的"文革"特点也不可避免，但这些都不影响它们成为经典作品。播音创作产生强大的传播效果,是特定历史条件下各种因素综合作用的结果,它成功地实现了语言传播满足受众需求与实施舆论引导的完美结合。三篇通讯不仅仅是经典的通讯播音作品,更是20世纪60年代中华民族精神的高度积聚,是一段难忘历史的精彩浓缩,而播音创作的价值也融入时代精神之中,融入中华民族的价值体系之中。三篇通讯中涉及的每个先进人物都实实在在地让人感动、让人钦佩,他们身上所具备的精神在现代社会依然值得发扬,具有典型代表意义,是任何时代都需要的,他们留给我们的宝贵的精神财富是跨时代的、超越国界的,直到今天依然焕发着勃勃生机,这成为播音作品经受住时间考验的根本原因。在创作上,三篇通讯奠定了人物通讯播音的基础,场景描写、心理描写、细节描写的处理也为我们留下了难得的实例和宝贵的专业典范,同时在新闻性节目通讯区别于文学节目的播音创作上也为后人做出了榜样,从不同的角度丰富了播音创作样式。

第三节　对"文革"播音创作的认知

"文化大革命"对于整个中华民族来讲是一场浩劫,也给播音工作带来了突变与低潮,这段特殊的历史时期的播音创作带给我们很多宝贵的启示。

很显然,播音工作是直接为政治服务的,播音工作不可能脱离政治生活、社会局势而独立存在,不能去政治化,这个问题是不以人的主观意志为转移的。历史事实告诉我们,政治昌明、国家安定,在播音创作上就可能留下正面的史料、优秀的作品;政治混乱、争斗严重,播音创作就可能出现问题,留下负面的史料,负面的影响。在"文革"大背景下,播音工作不可避免地受到冲击,这是特殊历史时期的政治斗争造成的,因此我们要以政治的头脑和辨别力来解读"文革"时期的播音,不能武断地把政治路线的教训、时代混乱的错误强加到播音工作上,强加到播音员身上。在那个特殊的年代,人民也身处同样的政治漩涡中,"喊叫式"的播音方式,是当时社会心态混乱癫狂的反映,不能单纯认为是播音员造成的、是播音员的责任,很多老一辈的播音员都对党和国家十分忠诚,在"文革"期间他们也遭受了迫害,压抑着内心的情感。因此,"文革"中的播音不能简单地以艺术的评判标准去衡量,其已经超越了艺术作品的范畴,成为政治生活密不可分的一部分。

对于"文革"期间的播音创作的评价要还原到"文革"的特殊语境中,不能一概而论,其中有不合理的部分也有合理的部分,不能全盘否定。"文革"中的播音创作不是独立的,它同样继承了新中国成立十七年播音创作的精华,在全国产生极大影响的部分新闻、通讯就是继承了长期以来优秀播音传统的佳作。评论播音的高峰出现在"文革"之前,通讯的播音高峰也出现在"文革"爆发前期和中期,这种播音形态对"文革"结束后很长一段时间以及整个80年代的播音创作产生了重大影响。我们看到,尽管存在很多问题,但"文革"期间的播音创作并非都是负面的,在动荡的年代,播音前辈们依然尽自己的努力播出了很多真实可信、情真意切的杰出作品。这些作品体现了那个时期基层干部和群众一心为国家、为人民的时代气息,展现了那个时代惊心动魄、纷繁复杂的历史背景,帮助我们还原当时的历史氛围,获得专业的启示。另一方面,"文革"中许多重大历史事件都在播音作品中展现出来,播音作品带着强烈的时代气息,脱离了当时的时代背景,播音员在这些作品中的创作就无法复制、不可重生,因此当时留存的珍贵的声音资料有很强的历史冲击力,能一下子把人带入那个时代氛围,对我们了解那段特殊的历史而言是难得的珍贵历史资料,其可听可感性是文字资料不可比拟的。

第四章 恢复（1976年～1989年）

"文革"结束以后,国家经历了一段恢复调整期,各项事业慢慢开始重新恢复生气。1977年冬天,已经停止了10年的全国高等院校招生考试恢复,来自全国各地的五百七十万考生怀揣着各自的梦想走进了阔别已久的高考考场,从此不仅几代人的命运得以改变,而且这也为我国在新时期的全面发展和腾飞奠定了良好的基础。1978年3月18日,全国科学大会召开,5月11日,《实践是检验真理的唯一标准》公开发表,全国掀起了真理标准大讨论,成为打破精神枷锁、思想解放的开端,推动着整个国家形势的变化。1978年12月18日至22日,中国共产党第十一届中央委员会第三次全体会议在北京举行,会议实现了思想路线、政治路线、组织路线的拨乱反正,冲破了党的指导思想上存在的教条主义和个人崇拜,把邓小平提出的"解放思想、开动脑筋、实事求是、团结一致向前看"作为全党工作的指导方针,并做出了把全党工作的着重点和全国人民的注意力转移到社会主义现代化建设上来的战略决定。十一届三中全会以后,中国进入了社会主义事业发展的新时期。随着改革开放的推进,人们逐渐从"文革"给心灵和精神上造成的伤害中走出来,重新开始追求人的尊严、价值和权利,以及思想解放、人性开放。"改革开放不仅是生产力的解放,而且是思想的解放,心灵的解放。"①"八十年代的经济、政治、文化、社会、科技、教育、外交等方面的体制改革本身就是一个思想解放过程,而思想解放也是在反思历史、审视改革开放的现实中不断实现的,改革开放与思想解放在彼此交融中推动了八十年代向着

---

① 温红彦:《文怀沙谈改革开放三十年:心灵解放加快文明进程》,http://30.people.com.cn/GB/8577190.html。

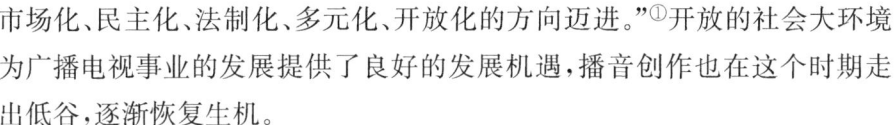

市场化、民主化、法制化、多元化、开放化的方向迈进。"①开放的社会大环境为广播电视事业的发展提供了良好的发展机遇,播音创作也在这个时期走出低谷,逐渐恢复生机。

第一节 播音主持创作发展概况

在全国拨乱反正、实事求是、解放思想、改革开放的大形势下,1980年,时隔14年之久,第十次全国广播工作会议召开。这次会议总结了新中国成立以来三十年广播电视工作经验,对广播电视的宣传工作拨乱反正,明确了新时期的宣传方针、任务和奋斗目标,并重新提出要坚持"自己走路"的方针,广播电视开始从内容、结构、形式到编排进行全面改革。1981年8月,第二次播音经验交流会在北京召开,着重讨论了新闻播音的特点和要求及当前新闻播音存在的主要问题。会议认为,"发布新闻"是电台的首要任务,播好新闻是播音员的重要职责,播音工作必须根据改革的需要,勇于创新,探索新的播讲方法,在语言表达上有新发展,在播音理论上有新建树;会议还指出播音语言要"降调",提出了"大胆创新,百花齐放"的口号。会后,全国各地播音员贯彻会议精神,认真学习和实践,播音业务研究和语言实践生动活泼地开展起来。1983年3月,在中国广播电视事业发展史上具有里程碑意义的第十一次全国广播电视工作会议召开,这是中央广播事业局改为广播电视部后第一次召开的本系统全国性工作会议,会议名称加上了"电视"二字。会议着重讨论了改革广播电视工作和发展广播电视事业的一系列方针、政策以及到2000年的奋斗目标。会议提出要"扬独家之优势,汇天下之精华",以新闻改革为重点,推动广播电视宣传的全面改革;要从实际情况出发,调整事业方针和技术政策,实行"四级办广播、四级办电视、四级混合覆盖",适当加快广播电视事业建设的步伐;要贯彻落实中央指示,做好广播电视宣传工作,争取更大的宣传效果。根据两次会议的精神,广播电视各级部门进一步解放思想,转变作风,深入实际,调查研究,听取群众意见,不断改

---

① 李彤宇:《八十年代·思想解放·哲学——纪念真理标准讨论35周年》,《理论研究》2013年第1期,总第315期。

革宣传报道方式,使整个宣传面貌发生了很大变化。

80年代,广播在几十年发展的基础上不断改革,继续保持了强劲的发展势头,电视作为新兴媒体也迎来了发展机遇。尽管从1958年5月开始试播已有三十多年,但长期以来,电视事业基本上生活在广播的影子里,受重视程度不够,再加上电视机不普及,很长一段时间都需要凭票购买,因此电视一直处于弱势。"从70年代初期到中期,中国电视事业取得了一些进展,但由于'文化大革命'的'左'倾错误影响,特别是林彪、江青两个反革命集团的破坏,电视节目的内容和表现形式出现了严重的概念化、口号化,单调枯燥的画面配以假话、大话、空话,成了那个时期电视节目的基本模式。人们把当时的电视新闻描述为'大批判,学习班;抓革命,促生产;工厂机器转,田间麦浪翻'。欣赏性、知识性、娱乐性节目一概被认为是'封、资、修'而被取消,古今中外的大多数优秀艺术作品被打入冷宫。文艺节目只剩下有数的几首歌曲、8个'革命样板戏'与被称为'老三战'的3部电影——《地道战》《地雷战》《南征北战》,整个电视屏幕百花,凋谢一片萧索。"①十一届三中全会以后,电视事业开始逐渐恢复并快速发展。1980年2月,先于第十次全国广播工作会议召开的全国广播事业规划会议历史性地提出"要把加速发展电视事业放在优先地位",并展望"在本世纪末,要使我国的广播电视在事业规模、设计设施、覆盖指标等方面都具有相当水平,进入世界的先进行列"②。1980年5月,作为中美邦交正常化结果的《大西洋底来的人》,开始热播并风靡一时。1982年1月,中央电视台每晚开始播放源自BBC的英语教学片《跟我学》(*Follow Me*),引发了社会上学习英语的热潮。1982年,中央广播事业局改为广播电视部,名称中加上了"电视"二字。1983年,第十一次全国广播电视工作会议上提出的"四级办电视"政策,打破了过于集中的管理模式,顺应了改革开放的历史潮流,使电视走进了越来越多老百姓的家庭,这一年更是涌现出了一批具有里程碑意义的优秀节目。1月1日,生活服务类节目《为您服务》播出,2月12日中央电视台第一届《春节联欢晚会》现场直播。8月7日,25集介绍长江沿岸地理及人文的纪录片《话说长江》播出。这些节目都取得了巨大成功,反响空前热烈,中国观众被深深地吸引在了电视

---

① 左漠野主编:《当代中国的广播电视》(下),中国社会科学出版社1987年版,第13页。
② 赵玉明主编:《中国广播电视通史》,北京广播学院出版社2004年版,第345页。

屏幕前,这些优秀的电视节目对中国电视事业的发展产生了深远影响。

1983年到1988年,是我国广播电视事业建设有史以来发展最快的时期,全国电视台的数量大幅度增加,平均每年递增30%以上。到1988年底,全国广播电台数量达到461座,比1982年增长2.9倍;电视台数量达到442座,增长近8倍。在覆盖率方面,1988年与1982年相比,广播人口覆盖率从64.1%提高到70.6%;电视人口覆盖率从57.3%提高到75.4%。[①]八十年代,广播电视事业步入全面改革振兴的新阶段,人民播音事业也进入了继承传统、逐步恢复、稳健发展的时期,迎来了真正的春天。

一、播音创作的新内容

(一)时代反思,回归真实

由于"文革"前后政治运动频繁,新闻媒体的喉舌功能被过分凸现,而报道新闻、提供信息的功能被弱化,并且假、大、空的传播内容严重脱离了人民群众的生活实际,远远偏离了广播电视传播的正确轨道。另一方面,十年的"文化大革命"对于每一个经历过的人来讲几乎都是一场痛苦的回忆,在这场浩劫中,真理被践踏,是非被颠倒,人性被扭曲,悲剧一幕幕上演。"文革"结束以后,全国人民都在进行反思,大家迫切地需要重新摆正是非对错的天平,重新建立心中的相互关爱、良知与信任,重新唤起心中的真情、热情和激情,全国人民都渴望听到打动人心、真情真意的声音。因此"文革"过后,广播电视开始反思、总结那个时代留下的教训,地方电台以及"文革"前一些有影响力的节目逐渐恢复,各项工作开始陆续走上正轨。

1978年12月10日和11日,《人民日报》分两天刊出了陶斯亮的《一封终于发出的信——给我的爸爸陶铸》。这篇文章在全国激起了强烈的反响,报社收到几千封读者来信,人民群众强烈呼吁为被迫害的老一辈无产阶级革命家平反昭雪。中央人民广播电台全文播出了这篇文章,播音员林如在这篇稿件的播音中真情流露,深刻细腻地展现了女儿对于父亲的思念以及人们对还原事情真相的渴望,感人至深,这成为"文革"结束后一段时期最具

---

① 赵玉明主编:《中国广播电视通史》,北京广播学院出版社2004年版,第385~386页。

代表性的播音作品。林如准确地把握住了"我"和"爸爸"的心理定位，以及倾诉者与倾诉对象的语言形态，有亲近，有敬重，有仰视，更有怀念，虽然阴阳两隔但心却是如此接近。久久积蓄的情感终于爆发，压抑已久的思绪一发不可收拾，倾泻而出，一泻千里，准确细腻，饱满深厚，一个有情有义、忍辱负重的好女儿让人动容，一个不屈不挠、忠诚为党的革命者形象也如在眼前。林如用真挚的情感、真切朴实的语言告诉我们：历史能够证明一切，正义永远能战胜邪恶，希望永远都在。从播音创作上来讲，林如播出的《一封终于发出的信——给我的爸爸陶铸》吸取了新中国成立三十年来播音创作的优势，是一篇继承之作；同时，林如在创作中运用了由内而外、含蓄饱满的表达激情的方式，这又使其成为一篇转折之作，林如在播讲方式上的尝试给后来的播音创作者们带来了很多启发。从社会影响上来看，《一封终于发出的信——给我的爸爸陶铸》的播出引起了强烈的时代共鸣，无数人为之动容，更对推动全国的平反冤假错案起了积极作用。

(二)转变方向，突出重点

1979年3月，中共中央宣传部召开了全国新闻工作座谈会，会议围绕"文化大革命"中新闻工作所犯的错误展开讨论，探讨将新闻宣传工作的重心转移到社会主义经济建设方面来的问题。从此，中央和各地的广播电视宣传部门从"以阶级斗争为纲"转向重点宣传"四化"建设。1983年10月26日，中央〔1983〕37号文件强调："广播电视是教育、鼓舞全党、全军和全国各族人民建设社会主义物质文明、精神文明的最强大的现代化工具，也是党和政府联系群众的最有效的工具之一。"①广播电视宣传注重舆论导向，突出了密切联系群众、密切联系实际、面向生活、面向社会的指导思想，坚持正面宣传为主的方针，同时重视和改进批评报道，在宣传内容上狠下功夫，增加了经济宣传的比重，改变了节目内容的构成，突出了知识性和趣味性，努力为全中国人民和全世界人民服务，努力成为党和政府联系群众的桥梁，成为人民群众喜闻乐见的朋友。

在政治宣传方面，广播电视工作主要围绕揭批林彪、四人帮在思想理论

---

① 徐光春主编：《中华人民共和国广播电视简史(1949～2000)》，中国广播电视出版社2003年版，第217页。

战线上的罪恶行径展开。新闻界陆续进行了大量揭批四人帮利用新闻媒介进行篡党夺权活动、制造冤假错案以及塑造假典型的报道,过去不能报、不敢报的事件、人物、观念,得到了肯定性的报道。很多长期以来被视为"禁区"的新闻报道领域,被一个个突破,一些被奉为金科玉律的思想观念被质疑乃至抛弃。

在经济宣传方面,随着全党工作的重点转移到经济建设上来,广播电视工作从过去以宣传政治运动为主转变为以宣传报道社会主义经济建设为主。广播电视以经济建设为核心,满足经济发展的需要,对农村经济体制改革、城市经济体制改革、市场经济体制改革进行了大量的宣传报道,并在报道中解读政策、推广经验、总结得失。同时,宣传工作紧紧抓住了"变化"两个字,多角度地进行报道,联系实际、宣传政策,同时也找出问题,从经济建设的指导思想到工作方法,从经济结构到产品结构,从企业生产、管理到产品的流通、交换、分配和消费,以及市场的供应,人民的经济生活……令人兴奋的新事物和新气象,经济建设中先进人物的先进事迹和先进思想等等都被报道出来,经济改革先行者勇闯商海的故事被越来越多的人了解、分享,广大人民群众因此深受鼓舞,经济建设更加红红火火。

在大力促进物质文明建设的同时,广播电视在社会主义精神文明建设方面也发挥了重要作用。党和政府通过的关于加强社会主义精神文明建设的重要文件、法律、法规,通过媒体得到了及时而充分的宣传报道。为了配合精神文明建设宣传,广播电视突出宣传先进人物、先进集体,把人民群众在社会主义现代化建设中的伟大实践和创造性劳动作为新闻报道的主体,通过先进人物、先进集体的事迹来体现时代精神,弘扬社会主旋律。广播电视采用连续报道、系列报道、专题特写、消息、评论、通讯等方式,在全国推出了一大批优秀典型,如雷雨顺、罗健夫、蒋筑英等一大批优秀知识分子,他们无私奉献、坚韧不拔的精神感染了无数人,收到了良好的宣传效果。为庆祝新中国成立40周年,中央人民广播电台播出了系列报道《重唱创业歌》和《深情的黄土地》,中央电视台播出了系列报道《弹指一挥间》,受到热烈欢迎,引起强烈反响,成为催人奋进的精神食粮,爱国主义的生动教材。

十一届三中全会以后,文艺类节目、服务类节目恢复了生机。文艺节目在为建设社会主义物质文明和精神文明服务的同时,努力走出自己的特色,形式更加丰富多彩,语言创作的艺术性得到了越来越多的体现。陈醇1977

年播出的长篇小说《万山红遍》、1979年播出的长篇小说《乔厂长上任记》,关山1980年录制的《四世同堂》、1986年录制的《生活变奏曲》、1987年录制的《平凡的世界》都非常有代表性,是文艺作品演播的精品,具有很高的艺术水平。同时,综合性的文艺节目开始出现。服务类节目由于节目形态的改变,开启了全新的发展模式。

二、播音创作的新样态

十一届三中全会以后,广播电视宣传指导思想和理念发生了变化,内容更加翔实、方式更加丰富、手法更加生动,除了新闻、简讯、评论、通讯、特写等等,还有录音报道、录音采访、热线电话等,也出现了现场报道的形式,突破了很多定式和框子,这给播音创作带来了生机和创新。

(一)降调

在全国反思的浪潮中,播音工作者们也从自身的创作思想、创作内容、创作方式上进行思考总结,但转变并不是一蹴而就的。1976年"文革"结束的几年中,播音创作经历了一个过渡调整和适应渐变时期,这段时间的播音在创作的思维方式、创作风格上依然带有"文革"时期的特点,基本上是对"文革"时期的延续,但这其中包含了对新中国成立以后优良播音传统的继承、恢复、延续,又包含了适应新的历史时期的思考、变化、总结,从此播音事业才回归到了正确的道路上。

播音创作的变化是建立在整个宣传指导思想变化的基础之上的,稿件的内容、节目的形式有了变化,创作方式也随之改变,其中最大的变化就是开始追求"降调",这个"降调"不仅是语言形态上的"降调",更是创作观念逐渐变化的直接反映。"文革"结束以后,四人帮反动派被打倒、拨乱反正、思想解放的开展,扭转了全国激烈的政治斗争局面,政治关系和社会关系的紧张状态逐渐缓和,国家开始重新走上稳步发展的轨道。播音创作也开始摆脱政治专政工具的局限,把视野投向了整个社会生活,对"人"自身的关注逐渐在创作中凸显出来。播音创作者把自己摆在什么样的位置上直接决定着其能创作出什么样的作品,大家开始意识到播音工作不仅要为政治、为国家服务,还要为广大人民群众服务,"高高在上""发号施令"的口吻完全不适合人民群众收听收看,必须要有和人民群众平视的心理定位。尽管此后这种心理定位的转变延续了很长时间,但放低视线、摆正身份已经成为播音创作者的共识。形式上的"降调"在新闻播音中反映得最为明显。虽然在播音创作中依然比较追求力度和强烈的鼓动性,但播音音量和语调已经开始逐渐降低,在用声上相比"文革"时期放松了不少,有了虚实结合的自如变化,不再一味求高求亮。"文革"时期播音断句强制生硬,句句都像喊口号,这个时期则开始尝试"声断意连""停中带连"的处理方式,在节奏把握上也有了轻重缓急、抑扬顿挫的变化。形式上的"降调"是播音工作者对"文革"期间播音创作反思以后从内心引发的一种语言形态的外在表现,在降调的过程中,播音员需要调整状态不断适应,如果找不到准确的感觉,则容易显得随意,出现调值不准、抓不住意思,清晰度、工整度削弱的问题。

由于播音工作者在创作心态和形式上都做出了与时代背景相适应的调整,使得这段过渡时期很多播音作品都给人留下了深刻的印象。方明、葛兰播出的《天安门事件平反》,王欢、常亮播出的《年产三千万吨钢》等消息让浩劫之后的人民精神振奋;1979年,方明播出了通讯《生活的目标》,讲述了石油部劳动英雄、大庆标兵、大庆石油化工总厂电机技术员耿玉婷的事迹。在工作中失去双臂的耿玉婷身残志坚,顽强地学习和生活,她的事迹一经播出便引起了强烈的反响。"人为什么活着,应该怎样生活?"耿玉婷用自己的实际行动做出了积极乐观的回答,鼓舞了无数的人勇敢地面对生活。齐越播出的长篇纪实作品《大地的儿子——周恩来》《在彭总身边》《巍巍昆仑》,播出时几乎是万人空巷,在听众中引起了强烈反响,让人印象深刻。《大地的儿子——周恩来》由一个个故事组成,齐越的演播真实质朴,给人安慰和力量,其中《野菜饭》《总理和理发员》等故事感人至深;演播《在彭总身边》时,齐越与时俱进,改变了英雄人物一味激情澎湃的演播方式,采用了小音量的讲述方式,给听众娓娓道来一个个感人的故事。"齐越老师说,备稿时感情酝酿十分甚至十二分,播出时则只需要七八分,因为其中的一部分是听众受到感染由自身来补充完成的,要有激情又要善于把握与控制,播音创作这项审美活动不是播音员一个人完成的,还必须要有听众的参与。"[①]以前大家在领导人物的形象塑造上都会使用方言,在《巍巍昆仑》的演播中,齐越采用了

---

① 吴郁口述。

普通话来塑造毛泽东、刘少奇、朱德、周恩来、任弼时五位中央委员的形象,并且抓住了五位领导人各自讲话的特点,比如毛主席指点江山,讲话充满激情,起伏变化大;朱德军人出身,讲话自信沉稳、厚重大气。齐越由内而外引发真实感受,抓住人物性格特征,结合口腔控制和气息变化,将五位领导人塑造得惟妙惟肖,让人过耳难忘。这些优秀的作品给经历了混乱压抑"文革"时期的人们带来了心理安慰和慰藉,同时也成为播音创作史上的重要转折,成为新时期播音创作的起点,对播音事业的发展影响深远。

(二)主持人节目和主持人

1980年7月12日19点35分,中央电视台播出的《观察与思考》是我国经电视机构正式批准、首次冠以"主持人"身份的节目。这期节目由播音员出身时任记者的庞啸担任主持人,屏幕上正式打出了"主持人"这一称谓,内容是和观众谈《北京居民为什么吃菜难》的问题。但当时《观察与思考》节目播出时间不固定,而且除了庞啸以外还有其他记者出镜主持,主持人也不固定,因此这只是对主持人节目的一种有益尝试和探索。1981年元旦,中央人民广播电台对台湾广播的由徐曼主持的《空中之友》节目开播,每天播送10次,每次15分钟,无论从内容还是形式上都产生了质的飞越,开创了中国国内广播节目采用主持人形式的先河,标志着广播电视中一种新节目形式——主持人节目的出现。在节目中,主持人采用"近距离、小音量、入话筒"的方式,和听众交朋友,促膝谈心,沟通思想。开播不到20天,节目就收到台湾听众经美国寄来的信件,向节目主持人徐曼表达敬意,之后信件数量越来越多。徐曼逐渐树立起了"甜而不腻、软而不嗲、轻而不飘、美而不妖"的主持风格。1981年4月,节目主持人李一萍、李东在广东电台《大众信箱》节目中和听众见面,之后,四川、江苏、浙江、黑龙江等省级电台和一些市台也相继办起了主持人节目,在一些专题节目、《信箱》节目中陆续出现了节目主持人。1981年7月至11月,中央电视台开办了一个临时性的《北京中学生智力竞赛》节目,由赵忠祥担任节目主持人。1983年1月1日,中央电视台推出《为您服务》节目,节目的主持人沈力成为中国电视史上第一位固定节目主持人。主持人节目的出现是广播电视改革的一个突破,是遵从广播电视发展规律的成果,它突破了我国广播电视节目的固有模式,使受众耳目一新,给广播电视带来了新的活力。主持人节目很快在全国推广,除了徐

曼、沈力等中央级媒体的主持人,北京电台《生活顾问》节目的张玉兆、浙江电台《文艺之友》节目的海娟,四川电台《农村信箱》节目的李民等地方台节目主持人也成为听众熟悉的好朋友,开始拥有较高知名度。

主持人节目是在长期以来我国广播电视自身发展实践积累以及参考国外广播电视经验的基础上产生的一种节目形态,我国自己的节目主持人从此出现在大家面前。节目主持人的特点是,以个人的身份相对长期地在固定节目中使用第一人称"我"直接和听众面对面地谈话交流,为听众服务。他既不同于新闻播音员,也不是单纯的编辑和记者,他必须或多或少地参与节目的编辑、制作过程,充分理解节目的意图和内容安排,灵活地掌握节目的进度。我国最初出现的节目主持人,基本上分为3种类型:第一种类型是打出主持人的标签,但实际上是由固定的播音员将编辑写好的稿子以交流的口吻播出去,其中编辑的作用很重要,这种形态的主持人在早期以及基层台比较多;第二种类型是主持人与编辑、记者合作,编辑记者用谈话体的方式写稿,由相对固定的主持人播出,主持人进行少量采编工作,基本上也只是对稿件进行有声语言表达加工,突出交流感;第三种类型是主持人在整个节目制作过程中处于主导地位,不仅是文字语言转换成有声语言的执行者,也是文字语言创作的参与者,在节目中有一定的自主权,可以根据节目的需要,在保证政治导向和宣传效果的基础上进行适当的即兴发挥。80年代出现的大部分节目主持人都属于第二种类型,主持人在节目中的身份感和语言形态发生了变化,但在节目的参与度上是不充分的。1988年,中央电视台首开先河,举办了第一届"如意杯"主持人大赛,反响热烈。一时间,主持人大赛成为大家热议的话题,"主持人"这个职业角色也引起了广泛关注,程前、鞠萍、张泽群在比赛中表现精彩,给人留下了深刻印象。经过80年代的磨炼和积累,"主持"这种创作方式在90年代迎来了发展的黄金时期,尤其是直播兴起以后,主持人的参与程度、主导意识不断增强,创作空间进一步扩大,越来越多的"主持人"逐渐成长为家喻户晓的"名嘴"。

(三)"珠江模式"——"互动"带来的变化

1986年12月15日,广东人民广播电台二台正式更名为珠江经济广播电台并开始播音,它最大限度地调动了主持人的主观能动性,加强了主持人在节目中的功能性,使广播电视有声语言创作有了新发展,同时也标志着广播电视改革向整体全面过渡,进入了一个全新的阶段。珠江经济台采用了主持人串联直播的大板块节目形态,以两三个小时为一节,播出综合性内容节目。同时加大信息密度,每天逢整点播出信息,逢半点播出新闻,各19次,平均每天播发科技和经济信息110条。此外,经济台大量播出听众参与的谈话节目,以及群众来信、点播、评论、意见等等,使听众最大限度地参与到节目中,收到了良好的播出效果,"一年中听众来信超过一百万封,每天打来的听众电话达300多次。"①开播后,听众普遍认为经济台内容丰富、形式生动活泼、节目富有时代气息。珠江经济台的这套做法被称为"珠江模式"。它改变了以录播为主、分类清晰、风格相对单一、缺少必要反馈的"中央台模式",转而以直播为主,其精髓在于让听众参与到节目中,和听众平等交流,改变了过去带说教色彩的传播模式,树立了一种全新的交流模式,使整个广播电视宣传方式发生了变化,开拓了广播电视的社会功能,丰富了广播电视为人民服务的内容。"珠江模式"很快在全国得到了广泛推广和借鉴。实际上,"珠江模式"的产生有其必然性:广东邻近香港,当时香港商业兴旺,广播理念开放、形式活跃,对内地产生了很大的影响。为了和香港的广播竞争,吸引更多的听众,广东电台进行了大刀阔斧的改革。"珠江模式"受到了香港广播模式的影响,借鉴了香港广播的节目播出形态。

"珠江模式"突出的一个特点是带动老百姓参与到节目中,这说明广播电视工作者已经将目光从原来更多地关注宣传内容、关注播音员主持人转向关注传播对象,他们开始思考怎么样制作出老百姓喜爱的节目。中央人民广播电台在1985年11月提出了缩短战线、精办节目、提高质量、全面调整的改革设想和接近群众、接近生活、接近现实的方针。从1987年1月1日起,中央人民广播电台开始实行全台节目调整和改革,在加强新闻的同时,按照精办专题、提高质量的要求撤销或合并了一些缺乏特色、内容重复、效果不佳的节目,增办了两个综合性的重点节目,一个是融新闻性、知识性、服务性、趣味性为一体的新闻综合节目《午间半小时》,一个是融欣赏性、知识性、娱乐性、服务性为一体的文艺综合节目《今晚八点半》。《今晚八点半》以听众点播的内容为主,涉及音乐、曲艺、电影剪辑、人文知识等多方面内容,

---

① 方汉奇主编,方汉奇、丁淦林、黄瑚、薛飞著:《中国新闻传播史》,中国人民大学出版社2001年版,第474页。

每年收到听众来信10万多封,深受广大听众喜爱。"这种时代感强、可容性大、内容丰富、格调清新、形式别致、雅俗共赏的节目,受到广大听众的青睐,在广播界风靡一时。各级地方电台也纷纷推出这类节目,如山西电台的《空中大观园》,安徽电台的《空中交流》,湖南电台的《今天好时光》,吉林电台的《多彩的60分钟》等。"①在这些综合性的主持人板块节目中,主持人以听众的知心朋友身份出现,谈身边事、说家常理、抒人间情,自然亲切,充满浓浓的人情味。

珠江经济广播电台开办次年,上海经济台、辽宁经济台开播。1988年,郑州、沈阳、重庆经济台先后试播,在此之后几年间,又有一大批省级或市级的经济广播电台诞生。1987年2月1日,中央电视台第二频道由面向北京改为面向全国,播出以经济节目为特色的第二套节目,满足了不同受众的需要,播音创作方式的专业性、针对性、贴近性也越来越强。

三、播音理论建设

"文革"期间,播音教学和理论研究基本处于停滞状态,1973年,在周恩来的关心下,广播学院恢复办学,播音专业也开始恢复招生,马尔芳等老师还专门前往上海调研。1973年,全国播音员进修班开办,30多人参加学习,研究业务并进行实践,齐越亲自进行点评,之后还专门出版了一本小册子,内容涉及用气发声、吐字归音以及不同文体稿件的播读方式。1975年,中央人民广播电台著名播音员齐越到广播学院从事播音教学工作,和在话筒前播出了很多经典的稿件一样,齐越在教师的岗位上为中国播音事业培养出了大量的优秀人才,成为了中国播音史上第一位播音学教授。

播音理论建设在1977年以后广泛开展起来,不断总结播音创作的优良传统以及"文革"时期播音创作的成败得失。1979年,全国播音基础教材研讨会召开,由张颂编写的《播音基础》(尚未正式出版)得到了会议的认可,书中出现了"正确的创作道路""新中国播音风格""播音表达规律"等重要业务理论内容。经过多年的努力,播音学科理论建设已经初具规模。1980年,播音专业由新闻系下面的播音教研室变成了独立的播音系,并且建立了硕士

---

① 赵玉明主编:《中国广播电视通史》,北京广播学院出版社2004年版,第366页。

学位授权点,齐越开始招收播音专业的硕士研究生,播音理论研究更上一层楼。1981年8月,第二次播音经验交流会会后,出版了《话筒前的工作》一书。1982年1月,张颂发表《研究播音理论是一项紧迫的任务》一文,文章构筑了播音理论研究的框架,并由此拉开了播音学研究全面发展的序幕。1983年,张颂出版了专著《朗读学》,内容涉及朗读规律、具体感受、态度情感、目的对象、朗读状态以及停连、重音、语气、节奏等朗读技巧,并对文字语言转换为有声语言创作的基本要求、基本流程、基本规律等进行了总结。此书立足于朗读的独特性,进行了建立学科体系的理论探索,构筑了播音创作基础理论的基本框架,成为中国播音学学科建设的前奏。1986年8月在宁夏银川召开了"首届播音学术研讨会"。1987年8月16日,北京广播学院成立了中国广播电视学会播音学研究会(后改为播音学研究委员会),齐越任名誉会长,夏青任会长,张颂、铁城、陈醇、关山等任副会长,学会的成立对于播音理论研究全面、深入的开展,起到了极大的推动作用。会议将《播音界》这本刊物确定为播音学研究会会刊。① 该刊是反映播音界理论研究成果、宣传播音界人物与事迹的综合性刊物,常设栏目有《理论讲坛》《播音札记》《争鸣之页》《播音史话》《各台简介》《图片报道》《嗓音保健》《演播风仪》《语音指南》《业务白话》《播音员名录》等。此后,各省、市、自治区、直辖市之间,各城市电台、电视台之间,也纷纷成立了研究会和协作会,这为促进播音理论建设和播音业务的开展创造了良好条件。80年代中期,"中国播音学丛书"开始陆续出版,其中主要包括:1985年张颂出版的《播音基础》(后改名为《播音创作基础》)、1985年徐恒出版的《播音发声学》、1988年吴郁主编的《播音学简明教程》、1989年毕征主编的《播音文体业务理论》等。此外,1986年,齐越出版了《寄语青年播音员》;1987年,陆茜出版了《新闻播音理论与实践》;1988年,李钢等出版了《语言发声原理 语言发声练习》,姚喜双等出版了《语言表达艺术》;1989年,齐越出版了《献给祖国的声音》……这些理论著作为中国播音学理论体系的形成作了充分准备。

---

① 《播音界》于1987年2月15日创刊,最初是襄樊市播音工作者协会、襄樊市播音学会会刊,播音学研究会成立后该刊成为播音学研究会会刊。这本刊物由播音学研究会和襄樊市播音工作者协会、襄樊市播音学会联合主办,在襄樊编辑,十六开本,季刊,内部发行。

四、播音人才培养

从1940年人民广播第一位播音员徐瑞璋开始,人民广播播音事业经过战争年代和新中国成立初期的积累,已经有了大量的专业从业人员,但"文革"十年,播音队伍建设受到重创,出现人才短缺的现象。1974年、1975年、1976年,北京广播学院播音专业招收了三年工农兵学员,但是这些学生在学校除了学习专业之外,大量的精力用到了学工、学农、学兵上。1977年9月,教育部在北京召开全国高等学校招生工作会议,决定恢复已经停止了十年的全国高等院校招生考试,以统一考试、择优录取的方式选拔人才上大学。高考制度的恢复,使我国的人才培养重新步入了健康发展的轨道。恢复高考后,北京广播学院对"编采""播音"和"电视新闻摄影"三个专业进行了招生,其中,"播音"和"电视新闻摄影"两个专业按艺术院校招生办法进行。"在77级录取的103名学生中,编采专业39人,播音专业33人,电视新闻摄影专业31人。"① 从77级开始,播音专业改为四年制本科培养,播音教育实现了按计划教学,回到了比较正常的道路上,"实现了从'粗放型'到'集约型',从'计划型'到'自主型'的转变。这期间,播音专业采用了'教学组老师'面对'全班每一个学生'的整合思路,教学过程中更加注重因材施教,发挥学生的积极性和主动性。"② 此外,山西、辽宁、湖南、山东等地的广播电视学校在"文革"后陆续恢复办学,浙江、四川、云南、新疆等地也陆续开办专门的广播电视学校,广播电视人才培养走上正轨。

1983年召开的第十一次全国广播电视工作会议就广播电视人才培养问题作了专门的讨论,提出要加速建设一支德才兼备的广播电视工作队伍,并根据三十多年的经验,决定从3个方面着手进行这项工作:"第一,由中央和地方广播电视机构分级负责对在职干部实行分类培训;第二,增办培养中央和各级专门人才的广播电视专业院校,同时争取在其他大专院校增设与广播电视业务对口的专业,委托他们代培各种专业人才;第三,改革人事制度

---

① 王维家:《足音回响——中国传媒大学改革开放30年历程专题》,http://news.cuc.edu.cn/shownews.jsp? newsid=5256。
② 徐树华:《关于播音主持专业教学模式继承与创新的思考》,《播音主持艺术12》,中国传媒大学出版社2012年版。

和职工录用制度,使之更有利于人才的吸收、交流和合理使用。"①第十一次全国广播电视工作会议以后,广播电视人才培养、播音事业队伍建设积极开展起来并且成效显著。到1984年底,全国广播电视系统的职工总数达到271218人,其中播音员9563人,②专业队伍日益壮大。1986年,广播电影电视部在杭州开办了浙江广播电视高等专科学校,于学校中设立两年制播音专业并开始招生,播音专业人才培养得到加强。

1986年3月12日,广播电影电视部颁发了《广播电视播音专业职务试行条例》,条例根据广播电视宣传所承担的任务、实际工作需要和现有播音专业人员水平等情况把播音专业职务名称定为:播音指导、主任播音员、一级播音员、二级播音员、三级播音员。播音指导、主任播音员为高级职务,一级播音员为中级职务,二、三级播音员为初级职务。条例明确了播音专业职务的任职条件和岗位职责,为播音员主持人规划了个人成长不同阶段所应掌握的基本技能和达到的工作要求,使播音人才培养标准、发展目标更加明晰,这对充分发挥广播电视播音人员的积极性、创造性,提高播音水平,搞好广播电视宣传起到了积极作用,播音人才队伍的素质也开始不断提高。

第二节 播音主持创作分析

80年代以后,节目的概念得到强化,这对播音创作产生了很大影响。播音创作风格必须以节目风格为基点,只有创作风格与节目基调一致,两者才能相得益彰,否则便会让人感觉不伦不类。播音员主持人必须对节目的整体特色、方针宗旨、受众群等有准确的把握,才能驾驭节目,进而形成了自己的创作风格。这种个人风格渗透在节目之中,并且通过节目得以体现。因此,与前几个阶段不同,除了独立单篇的作品以外,很多经典作品以节目形式呈现出来。与此同时,创作者由"个体"变为"群像"。除了由一位播音员主持人创作某篇经典作品之外,创作中出现了由一批人或者几代人共同成就的经典节目,即凝聚着每一位创作者心血的集体作品。评论播音的经典

---

① 左漠野主编:《当代中国的广播电视》(上),中国社会科学出版社1987年版,第54页。
② 左漠野主编:《当代中国的广播电视》(下),中国社会科学出版社1987年版,第279、281页。

《九评》、通讯播音的经典《县委书记的榜样——焦裕禄》《中国工人阶级的先锋战士——王进喜》《人民的好医生——李月华》等都是播出以后就成形的作品,但从 80 年代开始,很多播音创作精品是在节目的不断发展中成形,并以节目的形式得到了延续,在不同年代都表现出了强大的生命力和影响力,这又恰恰证明了其经典所在。这些经典的作品以其民族性、审美性、普适性成为全国各地广播电视节目的典范,被广泛借鉴,并衍生出许多崭新的节目样式,引领播音主持创作的主流。

一、《午间半小时》

《午间半小时》是中央人民广播电台采用主持人形式播出的一档融新闻性、知识性、服务性为一体的综合性节目,1987 年 1 月 1 日开播,每天中午 12 点到 12 点 30 分在第一套节目播出,由 5 分钟新闻报道、10 分钟自制节目和 15 分钟文摘集锦构成。节目方针为:谈论人们生活中普遍关心的热门话题,接近群众、接近生活、接近实际,讴歌社会主义建设和改革开放的成就,赞颂普通的奉献者,探索社会生活的方方面面,坚持以正面宣传为主,积极又谨慎地批评社会上的不正之风和消极现象,寓宣传教育于谈天说地之中。1999 年 1 月 1 日,《午间半小时》作为社教板块节目《社会 90 分》的一部分,改在 12 点 05 分播出,2001 年 1 月 1 日《午间半小时》再次全面改版,定名为《午间一小时》,每天中午 12 点到 13 点在中央人民广播电台第一套节目播出。

《午间半小时》是综合性的新闻专题节目,有朝气、有深度,在形式上采取板块结构,有固定的主持人,在内容上以普通人为报道对象,反映群众关心的热门话题、意见和建议等,宣传党的方针政策,进行正确的舆论引导,也对社会进步中出现的问题进行冷静思考。节目把握时代脉搏、立意新颖、实话实说、不空泛议论,主持人与听众平等交流,使人耳目一新。节目一播出就引起了社会的广泛关注,首都十几家报刊都发了消息。1987 年 7 月 23 日,《人民日报》刊登了新华社记者写的报道《午间 12 点:许多人打开收音机》。邓颖超也是节目的忠实听众,曾经多次给节目组写信,并且参与到节目的话题讨论中。据中央人民广播电台 1993 年所做的全国听众调查,《午间半小时》节目的固定听众高达 4.9 亿人,成为了亿万听众餐桌上的朋友,节目还多次荣获各种奖项,在社会上有着广泛影响力,是中央人民广播电台收听率最高的名牌节目之一。

(一)定位清晰

《午间半小时》最有影响力的时期是节目开播近10年间,尤其是刚开播的几年节目非常受欢迎,主要的主持人有虹云、傅成励、陈希、原杰等,他们都拥有让听众过耳不忘的嗓音,亲切自然、生动活泼、动之以情、晓之以理,将凡人小事和社会大背景联系起来,突显了主持人的人文关怀。可以说,正是因为有了主持人在节目中的出色表现才成就了《午间半小时》的辉煌。

主持人节目必须强调树立主持人形象,使主持人形象与节目风格相辅相成。《午间半小时》主持人的定位非常清晰,主持人有一定见识,看问题比较全面,对比较重大的问题,可以发表一些深入的、结论性的看法。同时,主持人又是听众的很热心而有耐心的朋友,对一些比较典型的现象,他们可以提出具体的、可行性的建议。主持人傅成励说:"我在节目中的形象设计就是,心胸开阔、知识面广的中年知识分子。这也是根据我自身的特点设计的。在主持人形象方面,我没必要刻意去追求什么,需要的是展示出一定的个性魅力。"① 虹云也在文章中谈到了自己在节目中的定位:"一位四十多岁的典型的中华妇女的形象,她既富于母爱深情,同时又是有知识、有抱负的知识女性,特征是感情丰富、温柔善良、乐于助人、豁达大度。"② 傅成励在节目中沉稳知性,虹云在节目中温暖贴心,两个人在节目中配合默契,有人形容两个人在节目中搭档起来有如"万里长城阳刚的一撇"与"京杭运河阴柔的一捺",组成了一个"人"字。在节目中,主持人和听众交流对问题的意见和看法,没有武断的批评,也没有强制的压力,有的只是理解、热情、真诚,听众和主持人在热烈的气氛中交流观点、看法,分享新知识、新观念。

《午间半小时》的节目内容丰富多彩,几乎每次都有当前的热门话题和社会问题,物价上涨、分配不公、学生辍学、脑体倒挂、演员走穴、校园经商、大吃大喝、乱盖楼堂馆所、漂流热、出国热等等,节目都有涉及。为了更好地

---

① 谢力、徐菁、郑葆华:《午间半小时三足鼎立——访虹云、傅成励、原杰》,《国际新闻界》1992年第3期。
② 虹云:《主持人的真、亲、美、活——谈主持〈午间半小时〉节目的体会》,《新闻与写作》1991年第10期。

把握节目,主持人不仅仅只是拿稿录音,而且积极地参与到节目的编辑工作中。傅成励在《午间半小时》中不仅从记者转型为主持人,还集采、编、播于一体,凸显出他全方位的才能。

(二)交流自然

《午间半小时》非常重视与听众的参与以及和听众的互动。《空中信箱》是《午间半小时》开办的一个重点栏目,每周播出两次,选择各地听众来信,播出他们的意见和建议,解答听众提出的问题,反映一些听众的疾苦和他们生活中所遇到的矛盾。《调查与回声》是《午间半小时》设置的专栏,调查的内容涉及社会生活中听众关心的各个领域,开创了中国舆论调查史上用广播进行社会舆论调查的先例。同时,节目还利用热线电话,就听众关心的问题在节目中展开讨论。主持人在节目中是听众的朋友,说的事情又都是大家关心和感兴趣的,传播对象和内容决定了节目的语言沟通交流方式要非常真诚、自然,有"聊天儿"谈心的感觉,每一次节目都是朋友之间进行情感交流、思想交流、舆论交流,传播真情和爱心,普及知识和道理。

虹云是60年代初期的播音员,担任《午间半小时》节目主持人时已经48岁了,在这里她经历了从播音员到主持人的转变。虹云在谈到主持《午间半小时》的体会时说:"《午间半小时》节目的稿子,有自己文体的特点。传递信息,但大都不是新闻;描述场景、事件,又不是通讯;发表见解、议论问题,也不是评论;对手之间和听众之间交流很多,可绝不是对话。不过,作为从播音员转主持人的我,叙述什么事的时候,很容易把原来的新闻、通讯的播法带出来,规范而夸张,居高临下灌输式的大调套腔一出现,宣传效果也跟说了假话、套话、大话差不多。所以'实话实说'还真是练了一阵子,才抹去了播法的'华采'。"①通过自身的不断努力和调整,虹云改变了原有的一些语言习惯,适应了主持人的话语方式,成为了为数不多的从播音员转型为主持人的60年代的播音员,而虹云的成功转型也为很多70年代、80年代的播音员调整适应新的节目形式提供了经验。虹云说:"自己坐在话筒前说话,听众朋友也仿佛来到自己的身边。没人听,说就失去意义。要说话就要尊重听

---

① 虹云:《主持人的真、亲、美、活——谈主持〈午间半小时〉节目的体会》,《新闻与写作》1991年第10期。

的人的存在,为了听而说。所以主持人说话一定要努力接近听众、接近生活、接近实际,我们和听众近到促膝而谈的地步,彼此仿佛能感到心脏的搏动。通常来说,《午间半小时》主持人的声音距离感控制在一米之内,嘴离话筒的距离大约20厘米左右。近了,才有可能亲。"①主持人在节目中流露真情实感,与听众平等交流,时而结合自己的经历评议是非,时而就大家关心的问题表明态度,时而诚挚地征询听众的看法,时而就自己的失误向听众道歉或向来信者致谢……有关切、有劝告,言辞恳切,拉近了和听众的距离,增强了听众与节目的亲近感,让听众能把节目中的话当成朋友间的诉说和忠告,从而打开心结、明晰事理。

《午间半小时》节目重视听众参与,话语真实、亲切、坦诚,因而得到了广大听众朋友的信任,在此基础上,节目也注意引导听众不断提高参与水平和品位,主持人不仅从个人需要和情感出发,也从大处着眼,潜移默化地感染听众。《午间半小时》是80年代主持人节目出现以来非常成功的经典节目,它汲取了国内主持人节目发展的经验,充分体现了主持人节目的特点,发挥了主持人在节目中的积极作用,并且树立起了主持人鲜明的个人形象,形成了贴近实际、真切自然、朴实交流的主持风格,为广播节目主持提供了可借鉴的样本,具有重要的创作指导意义。

二、《阅读与欣赏》

《阅读和欣赏》创办于1961年5月,是中央人民广播电台文教部开办的文学专栏节目,每周播出两次,每次15分钟,后来增至20分钟,有重播时间。节目坚持以中等文化水平的文学爱好者,特别是青年人为主要传播对象,坚持知识性、教育性和欣赏性相结合,帮助听众阅读书籍和欣赏艺术,使听众听节目时既能获得文学知识又能陶冶情操。节目选材非常广泛,既有古今中外的文学,也有戏曲和绘画艺术,还有文艺知识,但偏重于介绍中国古典文学,节目的撰稿人都是社会上的知名学者。为了便于对照收听,节目播出之前都会印有活页文稿,听众纷纷索要,来信猛增,在社会上很有影响力。

---

① 虹云:《主持人的真、亲、美、活——谈主持〈午间半小时〉节目的体会》,《新闻与写作》1991年第10期。

"文革"期间,《阅读与欣赏》节目被迫停播。粉碎"四人帮"以后,节目改由中央人民广播电台文艺部文学组主办,1978年7月1日恢复播出,每周两次,每次30分钟,并有重播时间。重新播出的节目将重点放在介绍中国古典文学上,适当兼顾现代文学,同时介绍一些文学知识。在撰稿人方面,除了邀请社会上老的名家学者以外,节目还组织了一批中年的大学教师和文学研究人员参加。以1986年为例,这一年节目共介绍了古今文学名著155篇,讲了古诗词吟诵、端午诗话、中秋诗话、唐人绝句、唐人怀古等专题9次;应听众要求,节目集中介绍了《诗经》,共赏析了16首,还集中介绍了陶渊明和王维的诗。[①]《阅读与欣赏》节目内容涉及古体辞赋、古文佳作、唐宋诗词、明清小说、现代名篇等,十分丰富多彩。1991年以后,该节目有一段时间被并入《科技·知识·生活》节目中,1995年又恢复成独立的栏目。

《阅读和欣赏》节目在全国拥有大量忠实听众,遍布各行各业,节目编辑每天都要收到一些来信,他们有时还会根据听众要求,每周安排听众点播的节目,每次节目赏析一首诗、一篇文章,或讲一个问题,点点滴滴、沁入人心,在社会上形成了良好的口碑和品质,很多人都把这个节目喻为"看不见的文学老师"。经过几代播音员的共同打造,《阅读和欣赏》节目成为了中央人民广播电台的十大名牌节目之一,几十年之后仍让很多听众念念不忘,可谓经久不衰。

(一)相得益彰整体美

《阅读和欣赏》节目以"三名"著称,名人介绍名作、由名播音员播出。中央人民广播电台几代优秀的播音员都曾经播出这个节目,包括齐越、夏青、林田、费寄平、潘捷、葛兰、林如、铁城、王欢、方明、陈刚、丁然、黎江、于芳、赵培、肖玉等,可谓星光熠熠,参与播出的这些播音员们都有比较高的文学造诣和深厚的语言表达功力,他们不仅传播知识,更彰显出有声语言的美感。

《阅读与欣赏》在介绍诗文时,一般是先交代作品的时代背景和作者的创作情况,接着介绍作品的主题思想,然后在讲解作品主题思想的基础上分析作品的艺术特色,将理性和感性结合起来。从播音创作角度来讲,播音员需要在介绍背景、朗诵原作、串讲解读、分析评述这几种不同的语言形态间

[①] 《中国广播电视年鉴1987》,中国广播电视出版社1988年版,第357页。

自如转换,既不能只有原作的激情朗诵,也不能只有客观的分析讲解,要做到既有语言的变化,转换不露痕迹,又有机的融合,使节目浑然一体。

《阅读与欣赏》的稿件都是由知名学者创作的,因此文字稿件本身就是一篇优美的作品,文学性和艺术性都非常高。这样的文字给播音员的创作提供了良好的依据,阅读这样优美的文字时,播音员可以体会到一种深厚的文化内涵和语言美感,从而激发起自己的创作欲望,真诚投入地去还原、呈现文字稿件中的景和情。想要播好《阅读与欣赏》节目,不仅要求播音员有标准的普通话、优美的嗓音、精湛的表达技巧,还需要播音员具备较高的文学知识修养和语言文字修养。60年代初期,中央人民广播电台曾邀请师范大学的专业中文教师为《阅读与欣赏》节目的播音员讲解古文的相关知识,帮助播音员们更好地把握古文中的平仄和韵脚,使语言更有音韵美。文字稿件的字斟句酌、意趣盎然、深入浅出与播音员清新流畅、自然入耳、声情并茂的娓娓道来相得益彰,互相增色,使得《阅读与欣赏》节目成为了抒发浓郁情感、品位诗文意境、感受语言魅力的完美结合体。

(二)富于变化有特色

播讲文学类的节目,总是和播音员个人的文化涵养和感受能力息息相关,正是因为每个人在理解领悟上的差异,使得在节目整体的风格中又有了充满个人特色的细节变化。《阅读与欣赏》的整体风格高雅庄重、大气流畅,而每一位优秀的播音员都有自己语言表达的特点,因此节目又充满了个性魅力。林田的文学类作品播音突出的是"透彻"和"真切",清新晓畅、娓娓动听。她认为,文学作品虽高于生活,但不是空中楼阁,而是源自生活的文学性提炼,播文学性作品最重要的是让人通过听节目,了解作者的本质想法和生活的真面目,因为文学作品有揭示社会本质的功能。林田的播音对作品每一层意思的感受和意蕴的传达都圆通到位,不论是重音的选择、吐字的变化,还是意境的铺陈、韵味的体现,林田都能在深入理解稿件的基础上精心表达出来,让人回味无穷、过耳难忘。方明是《阅读与欣赏》节目的主要创作者之一,节目创办初期他就参加过播音,80年代他的播音大约占三分之一,到了90年代,方明的播音更是占到了四分之三以上。方明是继齐越、夏青之后的集大成者,他的播音集中体现了齐越的情感和夏青的逻辑,既激情四溢、气势磅礴,又规范清晰、细腻流畅。方明的情感处理非常细腻,画面的行进感、镜头感很强,具象性、情节性突出,段落层次转换清晰自如,对场景的描写和叙述尤其引人入胜。他的播音语句形态丰富,变化幅度非常大,呈现出整体语言的高低、快慢、虚实、疏密,既有饱满的激情又有严谨的逻辑。《阅读与欣赏》的每次节目、每篇稿件,因为介绍的内容不同、作者不同、播读的人不同都会有不同的味道,有的悠扬飘逸,有的深沉浑厚,有的神韵无穷,有的回味悠长。

《阅读与欣赏》集中体现了文学作品有声语言创作的规范、舒展、大气、优美,在语言创作上达到并保持了很高的艺术水准,对文艺播音、朗诵、小说演播等艺术语言创作带来了有益借鉴和大量启示。目前,《阅读与欣赏》节目的文字版和有声版均已出版发行,成为语言文学爱好者的学习典范和珍藏作品。同时,《阅读与欣赏》对于中国传统文化、主流文化、先进文化的传承发扬也发挥了作用,无论是对"有形"诗词歌赋、文献典籍等的传播,还是对"无形"的民族精神、民族思想精髓的弘扬都作出了积极的贡献。

三、《为您服务》

《为您服务》第一次播出是在1979年8月12日。1982年,中央电视台决定将其改编为一个固定时间播出的栏目。1983年1月1日,《为您服务》正式开播,在每周一19点45分固定播出,每次20分钟。《为您服务》是我国第一个固定名称、播出时间、主持人的专题节目,也是我国第一个亮相荧屏的电视生活服务类节目。《为您服务》以介绍、普及生活常识为主要内容,开办之初,主要是介绍烹饪、衣着、养花等家庭生活知识。1983年以后,节目增加了老年保健、幼儿养育、家用电器知识、摄影咨询、集邮知识、答观众问和调查产品质量等十几个项目,内容涉及衣食住行、商品消费、家庭教育、文明礼仪、环境美化等方面,服务内容大大增加,迅速受到广大观众的喜爱,引起巨大反响。仅1983年,节目就收到观众来信4万多封。从80年代到新世纪,《为您服务》始终本着"全心全意、为您服务"的朴实理念,坚持贴近人民群众、服务百姓生活的原则,实现了思想性、可看性、艺术性、服务性的完美统一,当之无愧地成为我国广播电视的经典节目,也成了那一代人对电视的集体记忆。另一方面,作为我国电视史上第一位真正意义上的主持人,沈力的主持给人们来带了前所未有的亲切感,仿佛一股清风吹拂心灵,为严肃的电视屏幕增添了一抹亮色,她亲切自然的主持风格感染了无数观众,树立了服务类节目主持的典范。尽管在90年代以后,《为您服务》受到了一定冲击,一度被其他同类型节目所取代,几度停播又复播,影响力逐渐变小,但是《为您服务》开创的贴近受众、亲切自然的主持方式对后来的电视节目主持产生了深远的影响,其浓浓的家常味和亲切感以及强烈的实用性都深深地留在了一代人的心中,成为我国生活服务类节目的典范。

(一)突出服务理念

《为您服务》的核心创作理念体现在节目名称中"服务"二字上,服务是一种行动、一种过程、一种结果,必须要明确服务对象,以满足别人的期望和需求为目的,而服务理念则是一种发自内心的观念和愿望。服务理念决定着传播内容,也决定着传播样式。《为您服务》节目把目光投向普通百姓,内容丰富实用,态度真诚平易,始终体现出强烈的服务意识。沈力是《为您服务》的第一位主持人,也是节目的负责人,统领整个栏目,集采访、编辑、主持于一身,在节目中发挥了巨大的作用,选题、审稿甚至节目里的用词她都要认真揣摩,以达到最好的播出效果,这也使我国电视节目主持人发展具有了很高的起点。1989年张悦开始主持该节目,她延续了沈力亲切自然的主持风格。2000年重新开播的《为您服务》由王小骞、肖薇担任主持人,增加了轻松活泼的元素,后来李晓东等人也加入到了主持人的行列,此外还增设了一些小栏目的主持人和外景主持人。不论是谁出现在《为您服务》中,服务的理念都一以贯之,得到了充分体现。

有了服务理念,主持人会非常注意节目内容的交流,贴合实际生活,力求充分体现出服务的实用性;有了服务理念,主持人会非常注意语言上的交流,在节目中放低姿态,以平视的角度、平和的态度为观众服务,把话说到观众的心里;有了服务理念,主持人会非常注意情感上的交流,把对观众的关心真正传到观众的心中。因此,我们在《为您服务》中可以看到换季的时候,主持人嘘寒问暖,提醒观众增减衣服,注意季节多发病;长假到来的时候,主持人侃侃而谈,为观众挑选最佳的旅游地点并进行出行提示;全民理财兴起的时候,主持人和知名理财策划师一起帮观众出谋划策;法律意识开始普及的时候,主持人找来律师为观众进行法律解读,真心诚意地帮观众解决问题……在《为您服务》中处处体现着主持人的良苦用心,他们不仅真诚地为观众服务,还发自内心地愿意为观众服务,笑容亲切、语言贴心。多年以来,《为您服务》节目真正深入到了老百姓的生活当中,始终坚持服务理念,为观众提供着无微不至的实用性服务。

(二)主持自然亲切

工作了一天的人们回到家中,打开电视希望看到轻松自然的节目来放松身心,真诚的笑容、自然的话语当然是吸引观众最大的法宝。《为您服务》的主持自然、温馨扑面,让人倍感亲切。《为您服务》正式开播之前,节目主持人沈力就给自己确定了一个标准,不能端着架子高高在上,态度必须亲切;服装要与老百姓接近;说话不能像念稿子,要用生活中的语言。沈力面对观众拉家常,说的都是贴近受众的实实在在的话题,这种平易近人的温暖感,改变了以往电视节目居高临下的宣传姿态,令节目一下子深入人心。

自然风格是亲切的态度,主持人在节目中面对观众就好像和挚友聊天,不拘束、不局促、不呆板,善解人意,乐于助人,让人产生亲近感和信任感;自然风格是质朴的语言,不说套话、空话,不是命令的口吻,而是友好地提醒和嘱咐,不说冗长的句子和艰涩的词语,而是简单明了,一语中的;自然风格是本色的个体,不做作、不拿捏,敞开心扉,让观众看到一个真正的人,一个好人。延安陕北时期的播音员、曾担任中央电视台台长的孟启予说:"主持人的面前是亿万观众,他们注视着你的每一个细微的动作、表情、服饰、体态,倾听着你的每一个字音、言词、语调。你活泼、风趣过头了,就会流于油滑或轻浮;你严肃过头了,就会显得呆板或冷漠;你亲切过分了,就会使人觉得做作;你和被访问者对话时,若提问过于简单,就会使人觉得知识浅薄;你要是显示自己的学识,又会使人觉得你急于表现自我、喧宾夺主⋯⋯总之,难就难在掌握一个'度'。"[①]以沈力为代表的几代《为您服务》主持人都准确地把握了这个度,充分认识到了主持人在节目中的身份和职责,保持了《为您服务》一贯的自然亲切风格。

"可以说节目定位的成功和主持人定位的成功造就了《为您服务》的辉煌,而主持人也成为名副其实的节目形象。这一方面是因为主持人的自然条件与《为您服务》有着一种天然的贴切,另一方面是因为主持人对这个形

---

① 徐敏:《升华历史 推动实践——沈力主持艺术研讨会综述》,《电视研究》1998年第11期。

象进行了由内而外、又由外而内的反复揣摩,细致把握。"①《为您服务》的前两位主持人沈力和张悦风格比较接近,沈力开始主持《为您服务》的时候已经50岁了,张悦开始主持的时候也已经38岁了,她们走的都是谦和平易、质朴典雅、端庄大方的路子,不是明艳华丽之美,而是气质内在之美,"既有知识女性的知书达理、善解人意,又有中国传统女性的善良淳朴、端庄大方……是一个既懂生活又会生活又有修养的女性,是有浓浓的东方味、中国味的知识女性。"②以王小骞为代表的第三代主持人更年轻化,在延续沈力、张悦亲切自然、真诚质朴的主持风格的基础上,她们结合了自身的特点和时代的特色,增添了轻松、时尚的元素,并且突出了主持人的个性化。时代变化了,年轻主持人给《为您服务》注入了新的活力,也用不同的方式不断诠释着"自然亲切"的风格。

《为您服务》在我国的广播电视发展史上具有重要的历史地位,它不仅是我国第一档固定的生活服务类节目,更诞生了我国第一位固定电视节目主持人,它整整影响了一代电视人,其"全心全意、为您服务"的节目理念以及亲切自然、平易近人、真诚面对受众的主持风格不仅对生活服务类节目主持有重要的指导意义,也影响到了整个广播电视节目播音主持的创作方式,其中的主持状态和语言感觉被广泛学习借鉴。以《为您服务》为样板,全国各地推出了各种各样的服务类节目,开启了广播电视服务大众、贴近生活的新时代。

四、《春节联欢晚会》

1956年,中央新闻纪录电影制片厂拍摄了《春节大联欢》,当时中央人民广播电台对联欢进行了直播。晚会由张骏祥任总执导,谢晋、林农、岑范、王映东任导演,越剧大师徐玉兰和王文娟、评剧大师新凤霞、京剧大师梅兰芳、相声大师侯宝林、人民艺术家老舍和巴金、表演艺术家赵丹等人都有精彩的表演。这次联欢会虽然不是以节目样态出现,但被很多学者认为是《春节联

---

① 翁佳:《润物细无声——张悦访谈录》,《对面——著名播音员主持人访谈录》,中国经济出版社2003年版,第114页。
② 同上。

欢晚会》的最早雏形。60年代初期,北京电视台曾经演播了三次《笑的晚会》,这标志着电视台开始有了文艺晚会,为后来举办《春节联欢晚会》奠定了基础。1978年春节,中央电视台举办了《迎春晚会》,这是粉碎"四人帮"以后第一次举办晚会,内容有郭沫若为晚会写的春联,杨沫、李苦禅等知名人士和观众见面等。从1978年开始,中央电视台每年春节都举办综合性的文艺晚会,从内容到形式年年都有新变化。1983年中央电视台首届《春节联欢晚会》在演播室现场直播,晚会邀请著名演员袁世海、李谷一、胡松华、马季、姜昆、斯琴高娃、潘虹等参加表演,观众可以临时点播,还有有奖猜谜,节目内容丰富、形式活泼,具有比较强的娱乐性。首届《春节联欢晚会》开创了很多先例,比如设立节目主持人、实况直播、开设热线电话等,晚会播出后取得了巨大的成功,《春节联欢晚会》从此诞生。节目固定在每年农历除夕北京时间晚20点①开始在中央电视台播出,各地方台进行转播,节目时间持续4小时10分至5小时左右,直到凌晨1点。《春节联欢晚会》最初在中央电视台直播,后来央视中文国际频道、央视英语国际频道、央视西班牙语频道和央视法语频道开始同步直播,高清频道、央视网等网络新媒体也进行转播。《春节联欢晚会》很快产生了强大的影响力,其节目内容丰富,形式灵活,富有节日的欢乐气氛,改变了中国人过年的习俗,用一种新的方式把家庭、社会连接在一起,成为人们欢度佳节的一部分,在中国人的精神生活中占有不可或缺的地位。《春节联欢晚会》经历了八十年代发展初期的辉煌,走过了九十年代成长期的壮大,到新世纪尽管人们多少对春晚有些审美疲劳,但其无疑已经成为非常成熟稳定的综合文艺节目,成为中国电视界的王牌节目。其植根于民俗文化和民族文化的土壤,承载了广大人民群众的美好愿望和最高期望,规模之大、观众之多、观赏之集中、影响之深远,堪称世界晚会之最。

  一台综艺晚会,尤其是像《春节联欢晚会》这样万众瞩目的大型综艺晚会,从酝酿到播出要经历复杂的过程,前期大量的策划、创意、排练、合成等准备工作都将最终以现场直播的方式呈现在观众面前,直播成为晚会的关键。直播中,演员、灯光、音响、舞美、道具、摄像……每一位工作人员的工作表现都会直接影响晚会的成败与效果,而节目主持人作为晚会节目的串联

---

① 早期曾经在20点之前开始播出。

者、晚会文化诉求的直接代言人,具有重要的作用。在我国的文艺节目中,我们比较熟悉的串联方式是由报幕员逐一预告下面的节目。首届《春节联欢晚会》总导演黄一鹤在中国电视综艺晚会中第一次引入了"节目主持人"概念,笑星和电影演员姜昆、马季、王景愚、刘晓庆组成主持人组合,亲切、风趣、幽默,分工合作、珠联璧合,奠定了中国综艺节目主持之后十多年的风格基调。80年代的春晚主持人以笑星、演员为主,主要进行节目串场并兼有表演,甚至没有集体亮相;90年代,电视台春晚有了专门的主持人队伍,但由于春晚节目时间宝贵,主持人并没有太多的发挥空间;90年代中后期,主持人的作用被重新思考和定位,主持人被当作节目中重要的组成部分"融入"节目当中。"在经历了充分依靠演艺界人士客串主持,充分依赖主持人的初期'强化'阶段,经历了着意淡化主持人作用,强调节目自身张力,以节目欣赏为主,突出其观赏性的探索'淡化'阶段之后,《春节联欢晚会》对于主持人的使用进入了一个理性的,也是更加符合电视艺术规律的时期,即强化主持人表意作用,强调主持人个性发挥,运用主持人完成节目点睛之笔的现阶段。"[①]《春节联欢晚会》中走出了很多大家熟悉的文艺节目主持人,比如赵忠祥、倪萍、周涛、朱军、董卿等。

(一)烘托气氛,把握语言的社会功能

春节作为中华民族最重要的节日之一,有着悠久的历史和丰富的文化内涵,对于中国人来说具有非同一般的意义,伦理情感、民族文化、审美趣味都凝聚其中。《春节联欢晚会》异彩纷呈、千姿百态、包罗万象,备受几十亿观众的瞩目,几十年来已经成为了中国人的心理定势和收视习惯,成为了节日的一部分。在中国人心中,春节象征亲情回归,团圆祝福,而《春节联欢晚会》本身也有自己的文化诉求,它致力于弘扬中华民族的传统文化、传统美德,始终贯穿着中国人的世界观、价值观,敬天地、敬祖先,孝敬老人、爱护晚辈,家庭和睦、邻里和谐,社会稳定……这些民族传统、道德规范都在春节晚会中得到体现。因此,营造节日气氛、弘扬民族文化成为《春节联欢晚会》最主要的社会功能,主持人在节目过程中很重要的一项职责就是把握晚会的整体基调,烘托晚会的现场气氛。

---

① 周涛:《〈春节联欢晚会〉节目主持人的角色定位及传播理念》,2008年中国艺术研究院硕士论文。

基调是指语言表达总的思想感情色彩和分量,以及态度倾向,体现着创作者对节目的整体认识和感受。《春节联欢晚会》的主持人在语言表达中必须把握节目的整体基调。每年的《春节联欢晚会》都有不同的主题宗旨,比如1983年的主题是"举国除夕万家欢,共品春晚头道餐",1987年的主题是"团结、向上、喜庆、红火",1993年的主题是"欢乐、祥和、自豪、向上",1996年的主题是"欢乐、祥和、凝聚、振奋、辉煌",2002年的主题是"祖国颂、社会主义颂、改革开放颂",2007年的主题是"欢乐和谐中国年",2011年的主题是"欢天喜地,创新美好生活;欢歌笑语,共享阖家幸福",2015年的主题是"家和万事兴"……虽然每年都有些变化,但团结、奋进、欢乐、祥和始终是历届《春节联欢晚会》的宗旨和总体基调,《春节联欢晚会》的首要目的是让观众高高兴兴过大年、团团圆圆迎新春,营造良好的节日气氛。春晚的主持人以团圆、欢乐、希望为心理依据,展现积极兴奋的状态和健康向上的心态,充满普天同庆、举国同欢、与民同乐、幸福美满的情绪,其一举手一投足、一言一行都体现出了《春节联欢晚会》的总体基调,给人营造出节日喜庆热烈的氛围。《春节联欢晚会》从诞生起就不是以单纯的播出文艺节目、娱乐受众为目的的,它是烘托春节欢乐气氛的一个特殊文化符号,它承载着坚持宣传导向、凝聚人心、传承民俗等诸多重任,而能将这些内涵与晚会的文艺节目融会贯通的就是主持人。

(二)强化交流,凸显语言的情感功能

首届春节晚会的总导演黄一鹤这样理解春节晚会:"观众绝不把春节晚会当作一台简单的综艺晚会来看待。春节晚会凝聚了广大观众特殊的期待和情感。"[①]《春节联欢晚会》是情感的载体,充满着浓浓的团圆之情,对过去一年的留念感怀,对新的一年的希望奋进,不论是亲情、友情、爱情,还是激情、深情、真情,《春节联欢晚会》总能点燃人们的某种情绪,留下深深的回味。主持人在节目中与观众语言交流,传递情感、抒发情感、渲染情感,满足了受众的情感诉求,产生了强大的"情感效应",完成了晚会的传情达意。

《春节联欢晚会》的主题非常鲜明,形式非常多样,主持人作为晚会的代言人,要在不同的环节以不同的方式表达,有时候他们直抒胸臆,激情澎湃,

---

① 周涛:《〈春节联欢晚会〉节目主持人的角色定位及传播理念》,2008年中国艺术研究院硕士论文。

用语言完成主题的深化和点睛、情感的渲染和升华；有时候他们则是温婉含蓄，情意绵绵，在与观众的交流中，倾听他们的故事，感染现场的每一位观众。《春节联欢晚会》的内容非常丰富，主持人要根据不同的内容提炼出其中的情感共鸣点，亲情的浓烈、爱情的甜蜜、对国家大爱的激情抒发、对凡人真爱的细腻传递，无不打动观众的心。在节目中，我们记住了倪萍，她真诚的眼泪感动了现场和电视机前的观众；在节目中，我们记住了赵忠祥，他庄重的语言震撼着每一个人的心；在节目中，我们记住了周涛，她甜美的笑容让我们看到了人间的温情……《春节联欢晚会》的主持人是节目情感表达的一个最直接最有效的元素，是节目进行中的情感催化剂。春晚不同于一般的艺术作品，它不能用完整的篇幅来讲述故事，编导之所以能将单个、零散的节目凝聚在一起是因为编导抓住了情感的脉络和线索，而其中的推进展开、流动向前则通过主持人的语言来实现。同时，主持人既和现场的观众进行情感交流又和电视机前的观众进行情感交流，有反馈有互动，真诚自然，使观众在语言交流中获得情感体验。"从整台节目来看，主持人就像是一艘船的导航员，引领观众在不同节目和不同艺术样式中穿行，并且完成节目由感性层面到理性层面的过渡与提升。"①

(三)赏心悦目，追求语言的审美功能

《春节联欢晚会》是电视综艺节目的典型类型，是集新闻性、文学性、戏剧性、艺术性为一身的大型综合文艺晚会，它不仅舞台开阔、布景华美、音响逼真、灯光绚烂、音乐大气、舞蹈优美，而且现场调度科学，镜头剪辑讲究，还在晚会中展现热门新闻话题、热点人物，烘托年节氛围，内容丰富多样、形式灵活创新；尤其是数字技术的广泛运用，化妆、服装、道具的不断改进，使春晚现场美轮美奂，给观众提供了文化娱乐和审美享受。主持人是春晚这场文化传播活动中的重要元素，"展现端庄从容的大国风范、体现沟通交流的亲和质朴、能够活跃气氛的机智幽默、令人赏心悦目的仪态仪表是受众对于主持人的综合要求，也是统领节目主持人的传播诉求。"②在此基础上，主持人充分调动情感，使用有声语言和副语言，以艺术的方式来完成对于传播诉

---

① 周涛：《〈春节联欢晚会〉节目主持人的角色定位及传播理念》，2008年中国艺术研究院硕士论文。
② 同上。

求的外化,给人以美的享受。

在声音运用上,《春节联欢晚会》的主持人声音通透、音色纯正、舒展悠扬、语言规范、悦耳动听,他们的表达以真情真意为核心,亲切自然、大气流畅。《春节联欢晚会》中很多串词都采用了诗歌体的写法,尤其是在开头和结尾,工整对仗,排比推进,主持人需要用朗诵的表达样式将其演绎出来,烘托渲染喜庆的节日气氛和大气的民族气质。也有很多串词采用了叙述的写法,主持人则需要深情款款、娓娓道来,把大家带到节目的意境中。还有的时候,串场由几位主持人一起完成,你一言我一语,在自然的交谈中将晚会带入下一个环节。春晚的主持人由于年龄阅历、音色音质、语言习惯的差异,分别形成了各自不同的语言表述风格,比如赵忠祥音色浑厚、感情深沉、节奏舒缓,犹如谦谦长者;倪萍亲切热情、质朴真诚、细腻委婉,犹如邻家闺女;朱军善于控场、大气沉稳、情绪饱满,犹如兄弟亲朋;董卿气质优雅、谈吐亲和、甜美温婉,犹如好友知己……他们的语言表达都给人留下了深刻的印象。此外,春节晚会的舞台对主持人的整体形象气质和化妆造型也非常讲究,要求突出大气舒展、自然得体,体现"国之大典"的隆重。在春晚上我们看到,主持人舒眉浅笑,表情自然,双眼炯炯有神,流露出真诚和友善;站姿优雅挺拔、手势得体到位,体现出大气庄重;服装精美新颖,展现出节日喜庆和民族审美情趣。主持人由内而外散发出的内在气质和文化魅力,令观众悦耳悦目、悦心悦志、悦神悦意。

从电视发展来看,《春节联欢晚会》开创了电视综艺节目的先河,并且引发了中国电视传媒表达内容和表达方式等方面的重大变革。经过多年的积累和发展,《春节联欢晚会》成为中国文艺节目中不可或缺的重要内容,而以其为蓝本,又衍生出了很多类似的文艺节目,比如除《春节联欢晚会》以外的《春节戏曲晚会》《春节歌舞晚会》《春节相声小品晚会》等,日常播出的《综艺大观》《正大综艺》《曲苑杂坛》《同一首歌》《中华情》《欢乐中国行》《我要上春晚》等节目,以及每逢国庆、五一、元宵、中秋等节日播出的庆祝晚会。各地方电视台也广泛借鉴中央电视台的经验创办文艺节目,并根据当地特色和受众需求不断大胆创新。另一方面,《春节联欢晚会》是中国特色电视文艺的重要标志和代表,不同于一般的文艺节目,它有独特的情感诉求和审美取向,所以春晚主持人在主持风格、话语表述上都具有特殊性和典型性。春晚的艺术表现形式为中国电视综艺节目的发展提供了最基本的模式和蓝本,也开创了中国综艺节目主持风格。经过多年的发展,综艺舞台上不仅有赵忠祥、倪萍、周涛、张政、朱军、董卿等我们熟悉的身影,何炅、李湘、汪涵、朱丹、华少等新生代综艺娱乐节目主持人也脱颖而出,综艺娱乐节目主持方式更加新鲜多元。

五、《动物世界》

1981年12月31日,中央电视台开播了一档以介绍大自然中动植物为主的节目《动物世界》,使观众足不出户就可以了解和认识世界各地生存的各种生命,认识自然对人类的影响。节目除了内容丰富、画面优美、故事感人吸引大量观众以外,富有韵味的解说也让人记忆深刻。

(一)充满人文情怀

《动物世界》节目通过对动植物世界的探索与展现,传达着人和自然界的万物生灵应该和谐相处,人和自然万物是平等的,动物是人类的好朋友的理念。我国第一位电视新闻男播音员赵忠祥担任了《动物世界》节目的解说。赵忠祥的解说情感充沛、投入细腻,充满对大自然的热爱和向往,渗透着一种深深感动和美好期待,他不断地被动物世界中的生机勃勃、趣味盎然的故事触动着,无论是介绍动物知识,还是描述生态环境,都透出浓浓的人文情怀,解说词在他口中时而是动物间生动的对话,时而是和大自然的深情交流,时而是富有哲理意味的感慨,时而又变成了优美的抒情诗词,充满艺术感染力。"当我坐在播音室里展开一叠稿件,看到那些珍贵的镜头,会感到一种创作的冲动,那别具一格的拟人化的解说词为我开阔了思路。我喜欢'动物世界',这不仅是一项工作,同时也是一种享受。"①赵忠祥的创作热情,使他从内心激发出强烈的创作愿望,调动起所有的情绪,从而透过文字语言挖掘出深层的意境,投入地进行有声语言的创作,正因为如此,他的语言才能够引发人们美好的联想和想象,意境深远、回味无穷。

《动物世界》拍摄的画面非常美,四季变化、风雷雨雪、日升月落、花开花落、嬉戏觅食、奔跑飞翔……都在画面中呈现,而有声语言的解说是对画面

---

① 赵忠祥:《我播"动物世界"》,《中国电视报》,1992年1月7日。

语言的补充,与画面交织融合,烘托画面的意境。赵忠祥说:"在录节目时,我总是尝试让自己尽量保持平静,尽量接近自然,过滤掉所有尘世的烦恼。尽量还原那些动物在大自然中随意的、无拘无束的状态"①。曾经和赵忠祥一起录制过《动物世界》的卢静回忆,每次配音时他都极其投入,甚至是"连比划带说",面部表情非常丰富,并且跟随着片子的情节变化手舞足蹈。正是因为这种专注和投入,在文字语言和电视画面的共同刺激下,赵忠祥的有声语言表达更加生动丰满,充满极强的画面感,让人将看到的和听到的结合起来,触发更丰富的联想。生机勃勃的绿色草原,一望无际的黄土沙漠,开阔深邃的蔚蓝大海,神秘莫测的浓密丛林,飞奔的猎豹、翱翔的雄鹰、漫步的北极熊……这一幕幕生动的画面都通过有声语言表达出来,草丰物美、绿树红花,让人感受到生命的欢畅,万物的灵性。

(二)语言灵动多变

赵忠祥是播新闻出身的,播音风格硬朗昂扬,经过多年的摸索,他在《动物世界》中的解说变得细腻抒情、舒展飘逸,形成了自己独具一格的解说风格。赵忠祥在《动物世界》中的解说音色运用非常独特,厚重又不失松弛,沉稳又不失变化,虚实结合、有声有色,尤其是"气声"的运用,更是独具特色,让人印象深刻。由于在"文革"时期长期过度用声,赵忠祥的声带出现了问题,尽管花了很大力气,他的嗓音也没有恢复到原来的样子。从新闻播音岗位退下来以后,他不断调整自己的音色,结合《动物世界》节目内容的特点,扬长避短,终于在解说中找到了自己新的用声状态。降低音高,把声音位置调整到低声区,使用偏虚的气声来讲述故事、抒情感怀,尤其是在句尾的时候声音逐渐变轻直到完全成为气声,创造出意犹未尽的感觉,既可以表达细腻的情感,深沉饱满,又可以结合精美的画面烘托节目的气氛。赵忠祥的气声不是刻意、随意的,而是建立在"以情带声"的基础之上的,他的处理变化有充分的心理依据,语言融汇着丰富细腻的感情,有很强的叙事、描写、抒情能力。

赵忠祥《动物世界》的解说之所以妙不可言、回味无穷,在于他语言处理

---

① 冯德松:《电视纪录片解说中的情感把握和运用——以赵忠祥解说的〈动物世界〉和〈人与自然〉为例》,《新闻世界》2013 年第 4 期。

上的灵活多变，尤其是他那让人意想不到的大胆的停顿和连接，让语言韵味十足。他突破了文字标点符号的束缚，一切从意思情感表达出发，打破了常规的停连处理，转而从语感语势、意境营造入手，改变了四平八稳的节奏，使语言起伏流淌、灵动轻盈。从某种程度上来讲，赵忠祥的解说已经超越了播音技巧层面的束缚，进入到了有声语言创作的境界中，他的身心完全没有负担，心中只有内容和情感，不循规蹈矩，也不是随心所欲，让人听起来自然潇洒，品起来丝丝入扣。同时，赵忠祥的解说善于用对比的方式来体现变化、推进语势，松紧开合、轻重缓急、抑扬顿挫，用这样独特的声音形式，将静态的文字语言融汇于充满鲜活的画面和动感的有声语言中，使解说灵活明快、多姿多彩，充满了节奏变化、跌宕起伏的美感。赵忠祥对《动物世界》节目的总体艺术构思有着深刻的理解，对文字、画面、音乐、音响都有整体的把握，使有声语言贴合画面，不过分突出，也不轻描淡写，二者错落有致、相得益彰、风格统一、浑然一体。

对赵忠祥个人来说，为《动物世界》成功配音，实现了业务上的一次成功超越，树立了个人的独特风格，开创了又一个新的业务领域，迎来了事业新的高峰。就播音创作实践来说，《动物世界》中赵忠祥的解说开启了我国的纪录片解说的新阶段，体现出了很高的艺术性，成为纪录片解说创作中的经典系列，至今让人难以忘怀。同时，解说中渗透的创作理念、声音运用的方式、情感表达的技巧也为后来纪录片解说的发展和创新打下了基础，很多优秀的纪录片配音人员都是从研究《动物世界》的配音开始学习和创作的。

第三节　播音主持创作特征

80年代，是改革开放的第一个十年，社会主旋律是思想解放、追求科学与民主，经济转型、关注变革与创新，广播电视自身便在这一背景中不断调整、重新定位。在发挥舆论宣传功能的同时，广播电视的服务功能得到加强，节目创作开始越来越重视人民群众的实际需求，语言表达也逐渐"放下架子"，变得更加亲民，更加贴近生活，形成了庄重大方、清晰流畅、平易亲和、真诚质朴的创作特征。

一、庄重大方、清晰流畅

在战争年代和夺取政权的斗争中,立场坚定、爱憎分明是播音创作的总体基调。新的历史时期,阶级被消灭了,阶级斗争已经不是主要矛盾,广播电视播音工作者开始思考新时期应该创造什么样的播音风格,树立什么样的传播形象。1981年召开的全国播音经验交流会提出了"大胆创新,百花齐放"的口号,1982年3月,中央人民广播电台台长左漠野指出,我们的新闻播音"缺乏中兴时期的活力"[①],必须改进新闻播音,要加快节奏,每条新闻之间要衔接紧凑,反映新的历史时期的活力,他提出播音要"清晰、活泼、朴实、流畅"[②]。1983年,广播电视部部长吴冷西在第十一次全国广播电视工作会议上的报告中说:"除了发布政令、宣读重要报告、讲话,广播要像知心朋友一样同听众亲切谈话。亲切不等于轻浮,庄重不等于古板。播音的速度要根据时代的节奏加以合理调整。"[③]这些话都给改进播音工作提出了明确的要求,对于播音风格的确立有指导性的意义。

改革开放以来,中国新闻传播事业发生的最大变化首先体现在新闻传播观念的变化上。从摒弃"阶级斗争工具论"到继承发展"喉舌论",中国新闻工作者逐渐认识到新闻媒介是党、政府、人民的耳目喉舌,要上情下达、下情上达、下情互达,不仅要坚持党性原则,还要坚持人民性、群众性原则,对党和人民负责。广播电视应该是人民群众的知心朋友,播音员主持人应该是受众的知音。从时代风格上讲,与战争年代和新中国成立初期不一样,庄重大方、清晰流畅成为改革开放以来播音创作的重要特点。作为党和政府的喉舌,播音员主持人应该保持庄重,不能轻浮;作为人民的宣传员,播音员主持人要真诚、朴实,不能有虚情假意;作为听众的知心朋友,播音员主持人要平等待人,娓娓而谈,亲切感人,不能居高临下教训人,不能装腔作势;作为民族语言的示范者,播音员主持人的语言表达要规范准确、清晰流畅。

庄重大方、清晰流畅不仅是对语言风格的概括,还是对播音员主持人整

---

① 杨波主编:《中央人民广播电台简史》,北京广播学院出版社2000年版,第315页。
② 同上。
③ 左漠野主编:《当代中国的广播电视》(上),中国社会科学出版社1987年版,第344页。

体形象的概括。在视听结合、声画同步、神形兼备的电视媒体中,播音员主持人的屏幕形象也体现着这个风格。在节目中,播音员主持人不仅是媒体、频道、所在节目的代言人,更是国家形象的代言人,其形象塑造尤其需要注意,不能过分张扬随意,要把握好度,不用浓妆艳抹来过分修饰自己、不穿奇装异服来吸引眼球、不穿金戴银来胡乱点缀,要在观众面前展现健康热情的形象,而这更容易让人产生亲切感。庄重大方、清晰流畅的风格普遍存在于各种内容、各种形式、各种类型的广播电视节目中,成为新时期播音创作风格的基础。

二、平易亲和、真诚质朴

80年代,广播电视事业逐渐向贴近群众求实效转变,大家发现,人民群众最关心的就是身边事儿,越是贴近生活、贴近实际的内容越受到老百姓的欢迎。因此,广播电视工作在保证新闻宣传的基础上,在服务性、引导性、文艺性上下工夫,尽可能地和人民群众拉近距离,播出老百姓生活中急需的、实用的信息,方便大家的日常生活;介绍科学、文化、艺术等方面的知识,丰富大家的精神生活;编播大家喜欢的音乐、曲艺、影视节目,增添生活的情趣;把听众、观众邀请到节目中畅所欲言、真诚交流,排解大家生活中的苦闷……节目内容实实在在,语言表达真诚质朴,交流态度平易亲和,使广大人民群众对广播电视越来越有亲切感和认同感。

播音主持创作的平易亲和、真诚质朴来源于与生活的紧密联系,与人民的水乳交融,可以说在创作风格的演进过程中,群众需求一直是重要的影响因素之一。深入生活、联系群众一直是我党优良的传统和作风。以1942年5月23日毛泽东《在延安文艺座谈会上的讲话》为标志,中国共产党领导的新文化运动成为全民抗战、救亡图存的重要战线之一。从此,我们的文化、文学在20世纪20年代以来反对帝国主义文化、反对封建礼教文化的基础上,自觉地迈开阔步走向人民大众,开创了中国现代文艺的新局面。从抗日战争到解放战争,从新中国成立初期到社会主义建设时期,《讲话》一直是指导我国先进文化和革命文艺发展的理论基础。1980年7月26日,《人民日报》发表题为《文艺为人民服务,为社会主义服务》的社论,根据新的历史形势和任务,提出了新的文艺工作的口号,取代"文艺从属于政治""文艺为政

治服务"的口号。"二为"方向不仅完整地反映出社会主义时代对文艺的历史要求,而且更符合文艺的客观规律,成为指导文艺创作的重要理论思想。

播音员主持人必须深刻洞悉时代的本质,把自己的创作活动融入人民创造历史的伟大实践中去,把自己的情感活动融入人民追求民族解放、民族复兴的渴望中去,只有这样才能获得源源不断的创作灵感与创作激情。语言表达技巧仅仅是一个外在的辅助工具,播音主持创作歌颂的是真善美,代表的是大多数人民的心声,要想成为一名优秀的广播电视工作者就必须要时时刻刻关心你所处的时代,深入生活,从群众中来,到群众中去。热爱祖国、热爱人民、热爱生活,不仅仅是一个口号,而是一种真实的、由衷的、强烈的情感。

第五章　发展(1990年～1999年)

1989年,广播电视改革放缓了脚步,大家针对党对新闻工作的领导问题、新闻工作的党性原则,以及新闻真实性、新闻纪律性等问题总结经验教训,不断加强学习。以正面宣传为主要方针,以"团结、稳定、鼓劲"为基调,取得了显著成绩。1992年初,邓小平视察了我国南方并发表重要讲话,指出要坚定不移地贯彻执行党的基本路线,坚持走有中国特色的社会主义道路,抓住有利时机,加快改革开放步伐,集中精力把经济建设搞上去等一系列重大问题。1992年10月,中国共产党召开了第十四次全国代表大会,确立了邓小平建设有中国特色社会主义理论在全党的指导地位,正式确立了我国经济体制改革的目标是建立社会主义市场经济体制,强调必须抓住机遇,加快我国经济、社会的发展。从此,改革开放和社会主义现代化建设进入了一个新的发展阶段。1994年1月24日到29日,全国宣传思想工作会议在北京召开,江泽民在会上讲话,阐述了新时期加强宣传思想工作的重要性、宣传思想工作的根本指针和主要任务以及加强和改善党对宣传思想工作的领导的问题,首次明确提出了"我们的宣传思想工作,必须以科学的理论武装人,以正确的舆论引导人,以高尚的精神塑造人,以优秀的作品鼓舞人"的重要思想。1994年3月召开的八届人大二次会议提出,以邓小平建设有中国特色社会主义的理论和党的基本路线为指导,全面贯彻党的十四大和十四届三中全会精神,加快建立社会主义市场经济体制,保持国民经济持续、快速、健康发展,维护政治稳定,促进社会全面进步。中共中央强调指出,抓住机遇,深化改革,扩大开放,促进发展,保持稳定,是全党和全国工作的大局,在各项工作中都要服从和服务于这个大局,认真处理好改革、发展、稳定三者之间的关系。1994年,互联网开通,中国逐渐成为全球最大、最开放、最活跃的新媒体市场。

90年代是改革开放的第二个十年,社会和平稳定,市场经济体制逐步建立和完善,中国的经济发展驶入快车道,国家日新月异,变化翻天覆地。同时,中国加强了文化开放,促进了和世界的跨文化交流,构建了大众文化发展的新语境。广播电视事业以邓小平建设有中国特色社会主义理论为根本指导方针,坚持党性和正确舆论导向,深化改革、扩宽思路,出现了活泼生动的局面,进入了一个高速发展的阶段。

第一节 播音主持创作发展概况

90年代,数字压缩技术异军突起,并且迅速促成了通讯卫星结构与功能的深刻变革,各种与广播电视传输相关的技术,如微电子技术、通讯技术、数字技术快速发展,使广播电视的覆盖率、影响力不断扩大。1995年12月5日,新华社宣布:"我国广播电视受众人口和电视机、收录机、收音机拥有量均居世界前列。"[1]1995年,我国的收音机和收录机社会拥有量达5亿台(只),电视机社会拥有量达2.5亿台,[2]全国已形成了比较完整的广播电视节目传送网和覆盖网。广播电视技术装备也逐渐向国际先进水平靠拢,引进了先进的采、录、编、播技术设备,大量采用数字电视技术,播出系统由模拟改为数字播出,播出方式由半自动转变为全自动播出。从1995年到2000年,广播电视的人口覆盖率分别从77.4%、88.3%增长到92.74%、93.65%,覆盖人口达十亿左右。[3] 广播电视作为一种现代媒介,已经深入了人们的日常生活,影响着人们的生活方式、价值观念甚至思维方式。

1985年,我国就开始租用国际通讯卫星传送广播电视节目,到1993年开辟了11条电视卫星通道,包括12套电视节目和30套广播节目。卫星电视地面站从1986年的1599座发展到了1993年的54084座,节目覆盖率和

---

[1] 《人民日报》,1995年12月6日。
[2] 赵玉明主编:《中国广播电视通史》,北京广播学院出版社2004年版,第404页。
[3] 同上,第424页。

传送质量都得到了很大提高。① 最初,中央电视台负责向全国传送广播电视节目,它的几套节目都利用卫星传送节目,为的是扩大在全国的覆盖。各省级台负责向本省观众提供广播电视节目,但由于一些地方地形复杂,覆盖有困难,因此省级台也开始通过卫星传送节目,有效地扩大了本省范围内的覆盖。地方电视台陆续"上星",打破了广播电视传播界限,再加上90年代行政区域性有线电视以空前迅猛的速度发展起来,卫星电视节目通过有线电视的传播大大地扩大了覆盖面,越来越多的省级电视台开播卫视频道并面向全国播出。1992年10月,中央电视台第四套节目成为中国第一个国际卫星电视频道,覆盖80多个国家和地区;1996年,中央电视台全部节目已能通过卫星传播覆盖全国;1999年,全国已有约30个省级电视台采用卫星传送节目。上星频道越来越多,打破了中央电视台一家面向全国播出的局面,使国内电视节目的竞争态势愈加明显,各台都努力制作观众喜爱的节目以获得最大的收视率。当然,各地方台制作能力参差不齐,节目质量、创作水平一目了然,湖南、江苏、浙江等地方台逐渐发展成为其中的佼佼者。

1992年6月,中共中央国务院发布了《关于加快发展第三产业的决定》,《决定》把广播电视列入第三产业,并指出:"以产业为方向,建立充满活力的第三产业自我发展机制。大多数第三产业机构应办成经济实体或实行企业化经营,做到自主经营、自负盈亏。现有的大部分福利型、公益型和事业型第三产业单位要逐步向经营型转变,实行企业化管理。"广播电视产业属性的明确,为广播电视产业经营创造了良好的条件。但由于担心产业属性会削弱党的喉舌作用,以及政府财政拨款减少会影响发展,九十年代前半期里,广播电视产业经营基本上局限于以广告业务为主的多种经营领域,规模还比较小。在发展策略上,广播电影电视部坚持"广播电视并举,内宣外宣并举,联合起来,发挥系统优势"的主张,做到不顾此失彼,重视广播在国内国外的特殊作用和地位。同时为实现广播电视并重,广播电影电视部也提出了相关的技术政策,坚持统一规划,采取卫星、有线、无线综合覆盖,采取广播电视共星传输共站接收,扩大覆盖面,以实现广播电视事业的协调发

---

① 刘习良:《九十年代广播电视的新发展向节目主持人提出的新要求——在广播电视"百优双十佳"节目主持人金话筒奖观摩研讨会上的发言(1994年6月17日)》,《中国广播电视年鉴1995》,北京广播学院出版社1995年版,第61页。

展。广播电视在促进改革发展、维护社会稳定、创造良好的舆论环境、丰富人民群众日益增长的精神文化需求等方面,发挥着愈来愈重要的作用。

90年代后半期,我国的广播电视网络传播悄然兴起。中央电视台"国际因特网站"建立于1996年,是国内最早成立的提供中文信息服务的著名网站之一。2000年12月20日,该网站正式命名为"央视国际"。中央人民广播电台网站于1998年8月开通,2000年9月,中央人民广播电台网站注册了"中国广播网""中央新闻网"和"中广在线"3个站点名称。中国国际广播电台网站于1998年12月26日正式开通,实现了汉语普通话、广州话、英语、德语和西班牙语5种广播节目文字和声音的在线阅读和收听。在地方台中,广东珠江经济广播电台于1996年12月15日即开通了网上实时广播。上海人民广播电台于1997年年底开始尝试网上直播。据2001年的统计,全国已有120多家各级广播电台上网,省级电视台上网的已有20多家,全国已知有电视台(含有线台)网站、网络电视及其他视频网站145家。① 网络新媒体逐渐成为广播电视宣传的一支生力军。

90年代,广播电视齐头并进,节目上星、产业化经营、网络传播等新方式的出现推动了广播电视的大发展,给播音事业发展提供了良好的环境和肥沃的土壤,播音创作突破创新、百花齐放、异彩纷呈。

一、播音主持创作内容

(一)贴近性

在广播电视的实践创作中,广播电视工作者发现凭自己的感觉想当然地认为某个内容好就制作成节目给观众看,不管观众喜不喜欢,能不能接受,这样的传播效果并不好。大家意识到,只有在了解受众需要的基础上制作出来的节目,才能得到广大受众的喜爱。这种传播理念的改变,促使广播电视工作者打开视野,更多地关注老百姓的实际生活,贴近老百姓的需要,提供给受众想知道、急于了解的知识信息,并且关注他们的生活状况和精神世界,知识性、趣味性、服务性、教育性的内容得到了极大的增强。在经历了

---

① 赵玉明主编:《中国广播电视通史》,北京广播学院出版社2004年版,第441页。

"想当然"到贴近群众求实效的转变过程后,广播电视传播内容越来越贴近生活、贴近实践,这实际上是一种人文精神的回归和体现,这种贴近性带来的是受众的心理共鸣以及传播效果的提升。与人民群众生活息息相关的社会热点、难点、焦点问题,关乎民生、民情、民意的社会动向,以及便民、利民、惠民的政策举措都成为了广播电视关注的内容,节目调动、激发了老百姓的主体意识和参与意识,受到了人民群众的热烈欢迎。追踪新闻事件发展、评论社会热点话题,用事实说话的深度报道和批评报道让人民群众拍手称快;介绍各种生活小常识、小窍门儿的生活服务类节目广受喜爱;思想性、艺术性和观赏性相统一,亲切自然、生动活泼的文艺节目引人入胜;普及法律常识、增强全民遵纪守法意识的法制宣传报道节目空前活跃;宣传社会主义市场经济、维护消费者权益的经济类节目备受好评;发布科技信息、反对伪科学、反对封建迷信的科普节目越来越多……此外,为了迎合市场分众化的要求,以特定人群为对象而制作的对象性节目,如老年节目、青年节目、儿童节目、妇女节目等丰富多彩;在内容方面也有了进一步细分,时尚类、旅游类、科教类、美食类等更具专业性的节目越来越多——从特定人群的具体情况出发,提供专业性的内容,满足了受众更多层次的需要,贴近人心、服务到人。

"文化"同时也是"人化"的过程,随着创作理念的开放、务实、积极,广播电视的传播内容越来越趋于平民化,力求雅俗共赏,它既不同于精英文化,又不同于大众文化,追求简单、和谐。如果说广播电视传播的广泛内容打开了受众的视野,那么传播内容的贴近性则是把受众带回到了周围生活的世界,因为这里的点点滴滴才是他们最关注的,也才是最能让他们感同身受、引起共鸣的。

(二)多元化

90年代,广播电视节目受众不仅在数量上快速增长,并且其鉴赏水平也在逐渐提高,受众的收视心态在不知不觉中发生着变化。有节目听、有节目看已经不能满足受众的多元化需求,人们在时间、空间和方式这3个层面都对广播电视提出了更高的要求,要求广播电视做到求新求快、求真求实、求深求广。因此,社会生活中的方方面面都成为广播电视创作的素材,播音创作内容变得丰富多彩,无所不包,涉及政治、经济、文化、历史、艺术、教育、绘画、体育、音乐、军事、农业、科技、戏曲等诸多方面。从节目的类型和功能的角度来讲,广播电视主要涉及新闻、娱乐、社教、服务、体育、经济等,不同的节目类型对播音员主持人提出了不同的要求。

新闻类节目是广播电视节目主要类型之一,在新闻节目中,播音员主持人或以播报为主,或以评论为主,或以采访报道为主,要求具备较高的新闻素质,了解新闻事件的来龙去脉,并且有较强的分析能力、挖掘能力和语言组织能力。

娱乐类节目是非常受欢迎的节目类型,主持人除了要播报娱乐新闻、访谈演艺明星、组织现场互动,有时候还需要亲自演唱或者表演、参与游戏等。娱乐类节目主持人需要形象气质出众,多才多艺,具备一定的艺术修养,并且还要能释放自己,搞活现场气氛,带领大家一起欢乐。

社教类节目主要涉及科学、文化、法律等几种类型,需要主持人对节目内容有一定研究,体现专业性,越来越多的社教类节目开始邀请具有一定专业知识的专家来担任嘉宾,有的嘉宾由此走上了主持岗位,成为了真正的主持人。

体育类节目由于其节目内容专业,具有一定的特殊性,除了体育新闻播报以外,多数是体育比赛现场解说和评论,要求主持人拥有丰富的相关专业知识,反应迅速,介绍与评点相结合,表述能力强,有很多专业运动员利用自己的专业优势加入到体育节目主持中。

服务类节目包括美食、美容、交通、家居等各个方面,贴近百姓生活,具有很强的指导性和实用性,广受观众欢迎。主持人在节目中的亲切自然是第一要素,轻松时尚的风格也广受欢迎。

经济类节目在我国广播电视节目中占有相当一部分比重,这是由经济在现实生活中的作用而决定的。主持人在节目中的服务功能非常明显,不论是经济新闻播报还是其他的如证券分析、市场行情等内容,都需要主持人具有一定的专业知识。

还有一部分内容是依据不同对象而设立的,一般称为对象性节目,如少儿节目、老年节目、青年节目、农业节目、军事节目……在这些节目中,主持人要有准确的定位,并抓住不同传播对象的收视特点,确立语言表达方式。

此外,广播电视除了固定栏目之外,会根据实际情况定期或不定期地推出特别节目,如各种节庆晚会、大型专题节目、特别报道等等,这时候多启用台里比较成熟的、能力全面的主持人承担播出任务,以达到特别的传播效果。

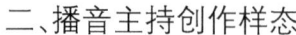

二、播音主持创作样态

90年代,随着广播电视节目内容的不断扩展,节目类型日益丰富,互动更加频繁灵活,分工愈发细致,播音员主持人与节目之间的依附关系越来越突出,不同类型的节目要求播音员主持人具备不同的素质,不同的节目内容对播音员主持人的语言表达提出了新的要求。这期间,播音创作话语样式伴随着节目形态、节目内容的变革变得更加灵活、不断丰富,为传播节目内容和精神实质服务。

(一)直播提速

延安陕北时期和新中国成立初期,广播电视播出的节目都是采用直播的方式,电视在刚刚开始播出时也采用直播的方式,画面、解说、音响不经过合成直接播出。之所以采取这种方式,是因为技术条件所限,当时的录音、录像技术都不能够完全满足播出的需要。1965年以后,随着技术的进步和发展,中央人民广播电台除对某些重大政治活动和体育比赛仍进行实况转播外,其他节目都采用录音播出。80年代初期,全国范围内基本实现了由黑白电视到彩色电视的过渡,1978年电视节目开始采用录像设备,录像技术在两三年内在各电视台推广开来,大部分节目都采用录制播出。不论是广播还是电视,录播都具有一定的优势:第一,可以避免现场失误;第二,录音录像的素材可以加工处理,有利于提高节目质量;第三,便于掌握节目时间,控制播出流程;第四,可以保留重播;第五,便于国内媒体之间以及和国外媒体之间的节目交流;第六,演播人员可以看到自己的播出作品,便于提高改进。但是录播同样也存在一定的问题,由于其需要一定的制作周期,在新闻资讯的时效性上尤其显得力不从心。很长一段时间以来,我国的广播电视无法摆脱对报纸的依赖和办报方法的影响,广播电视的优势没有得到充分发挥。改革开放之前,广播电视一直是以和报纸出版周期一样的频率播发新闻,大有通讯社的"喇叭筒"、报纸的"有声版"的感觉。尤其是在"文革"期间,广播电视更是成了"读报台""抄报台",留下了"少、慢、长、空"的弊病。"文革"以后虽然有了一些改进,但还是存在新鲜感不足、时效性不强、条数少、字数多、稿源少、重播多、内容枯燥乏味、节目编排呆板等问题。

第五章 发展（1990年～1999年）

进入90年代，随着生活节奏不断加快，人们希望能更及时、更直接、更生动地了解身边、全国乃至全世界正在发生的新闻事件，社会信息需求量不断增加，广播电视工作者的传播时效性理念也随之不断增强，广播电视播发"刚刚收到的消息"从80年代初期的一年几十次，逐步发展成为节目的一种常态，并且从"快"入手，新闻呈现出"短""新""多"的新面貌。与此同时，电子传播技术的飞速发展，为广播电视进一步"提速"提供了技术保障，多方面的综合因素使直播节目开始越来越多地出现在广播电视中，及时、准确、真实、迅速的直播节目不仅能提高广播电视的接收率，同时也能收到良好的社会效益和经济效益。新闻节目直播直击事件现场、播发实时动态，快捷高效，成为人民群众了解"此时此刻身边事"的最佳选择；文艺节目直播还原节目场景、呈现现场氛围，新鲜热烈，一些重要的节庆晚会、颁奖典礼等直播都获得了很高的收视率；体育节目直播跟随赛事发展、牵动受众心弦，紧张刺激，国内外各类型体育赛事以及综合性体育盛会的直播吸引着大量受众……90年代，直播节目的增多大大提升了各类型广播电视节目的时效性，尤其是在新闻节目中效果更加明显，而新闻节目也成了直播改革的切入点。

1993年初，中宣部部长丁关根在一次电视宣传工作座谈会上强调："要从群众的需要出发，开辟新的栏目，在形式上有所创新；要增大信息量，增加新闻播出次数。"[①]为适应新时期需要，中央电视台决定加大新闻改革力度。1993年3月1日，中央电视台第一套节目打破每天只有《早间新闻》《午间新闻》《新闻联播》《晚间新闻》4档新闻节目的格局，将新闻播出由4次增加到13次（包括体育新闻），实现了整点播出、新闻直播和重要新闻滚动播出。1996年1月1日，中央电视台王牌新闻节目《新闻联播》实现直播，随后几年，各地方台的新闻节目陆续实现直播，广播电视犹如插上了神奇的翅膀，传播速度大大加快。1996年度全国电视新闻工作会议指出："90年代初的海湾战争不光震动了军事领域，也令新闻传播界大开眼界。它不光是因为'爱国者'和'飞毛腿'的较量，对于后者，更是因为CNN的独家直播。令人吃惊的不是CNN的财力，而是给我们带来的对传统的电视新闻的操作方式及价值观念的冲击。"电视新闻的趋势是"重大新闻事件的现场同步直播；电

[①] 徐光春主编：《中华人民共和国广播电视简史（1949～2000）》，中国广播电视出版社2003年版，第381页。

视新闻较深介入社会经济生活,在相对时间较为集中、连续地报道某一事件或某一现象;新闻节目成为电视台节目的重中之重"①。1997年3月9日,中央电视台播出了由康辉主持的多点现场直播报道《日全食——彗星天象奇观》,由此拉开了新闻类节目直播的大幕。这一年,中央电视台对香港回归进行了直播报道,"72小时直播观众占有率达89.9%,以至少高出其他媒介66个百分点的优势,无可争议地占据了主体媒介的地位"②。虽然收视率很高,但这次中央电视台大规模直播报道的处女秀还不是很理想,出现了一些问题,留下了一些遗憾,当然也积累了宝贵的经验。之后,中央电视台大刀阔斧地进行直播,成功制作了中共十五大召开、长江三峡胜利实现大江截流等一系列直播报道,将宏大新闻事件场景同步呈现在受众面前,取得了良好的传播效果。1997年也由此被称为中国电视直播年。1998年,中央电视台记者赴伊拉克现场报道,实现了重大国际新闻报道的突破,也逐渐体现出较高的水平。

广播界以整点新闻为特征的新闻改革早于电视界。中央人民广播电台从1988年起在第一套节目开始设置整点新闻,及时跟踪报道最新发生的信息。进入90年代,广播电台在增加信息量方面作出了新的努力,"1994年,中央电台充实完善整点新闻滚动播出机制,第一套、第二套设有的纯新闻节目,由80年代中期的16次增加到21次,其中11次发新稿,10次部分更新,平均日发稿量130余条。到1998年,综合性新闻节目增加到24次,此外设有信息节目12次。"③节目采用直播的方法,实行采编播流水作业,稿子随来随编随播,截稿时间和播出时间非常接近,这种工作方法和运行机制大大提高了工作效率,当天发生的国内国际重大新闻,一般都能及时地向听众播报,平均一天发稿近两百条,不少重大新闻在各新闻媒体中创下了首发纪录。同时,新闻越来越短,时政新闻中过去那种七八十人的大名单都要播报的情况不见了,单位播出时间包容的信息量越来越多。地方广播电台大都也开办了整点新闻,最新消息随时播出,不少电台增加了直播节目,当日新闻剧增,广州电台甚至提出了"消灭昨日新闻"的口号。在注重开办整点新

---

① 杨伟光等主编:《新闻联播20年》,生活·读书·新知三联书店1999年版,第276页。
② 同上,第262页。
③ 徐光春主编:《中华人民共和国广播电视简史(1949～2000)》,中国广播电视出版社2003年版,第383页。

闻、提高新闻时效的同时,各电台还增加了事件性新闻、批评性报道以及与群众生活密切相关的社会新闻,充实、新鲜、有趣,非常吸引听众。

早期的直播节目,播报类直播居多,事件类直播较少,但几乎都是"有稿"的,播音员主持人播出的内容必须按照审核好的稿件进行,需要尽量做到一字不差,话语权比较小。正因如此,1997年,中央电视台直播香港回归过程中的冷场和尴尬至今让人印象深刻。直播节目中常有突发情况无法事先安排,这就要求主持人必须要有临场应变和发挥。1999年,中央电视台直播澳门回归过程中,吸取了香港回归直播的经验教训,除了事先一些政策性的交代以外,节目赋予了主持人和嘉宾较为宽松的话语权,甚至还邀请了两位境外人士作为直播演播室的嘉宾。事实证明,主持人和嘉宾的交流串场,在澳门回归报道中起到了至关重要的作用,使报道连贯自然。节目播出形态的变化给播音员主持人提出了全新的要求。录播节目制作更精致、报道更深入,但在时效性和现场感方面有所不足,因此这就对播音员主持人的播出状态和语言表达的要求比较高,需要充分调动积极的话筒前状态,使语言表达鲜活灵动。一些专题类和文艺类的节目为了保证节目质量,大多采用录播方式。直播节目快捷、新鲜,保证了内容的时效性,但由于准备时间上的限制和播出时的各种突发情况难以预料,所以直播节目容易出现差错。播音员主持人必须具备较高的政治素质、新闻素质和心理调控能力,并且平时时刻进行广义备稿,培养快速反应能力和较好的语言播报及组织能力,直播前做充分准备,直播时随机应变,时刻准备应对突发状况。

(二)评论深挖

90年代,广播电视在速度上下功夫的同时,也丝毫没有放松对传播内容深度和广度的挖掘,不仅全面还原事件现场、跟踪事件进程,还提供大量的背景资料、外围信息及专家点评、观点交锋等,使受众全方位立体地感受事件全貌。尤其在新闻节目中,广播电视的舆论监督作用通过社会评论性节目得到了充分体现。

1994年10月1日,中央人民广播电台推出了新闻评论性节目《新闻纵横》,对重要新闻事件和社会热点问题进行深度拓展和延伸报道,以打击假恶丑为主要内容。《新闻纵横》的主题栏目《今日观察》,以新闻事件为依托,采用夹叙夹议的形式实现报道和评论的两个效果。与此同时,《新闻纵横》

还十分注重讴歌时代精神、弘扬民族正义、宣传英雄楷模的正面报道，在《新闻纵横》中播出的选题中有三分之一属于正面报道。《新闻纵横》开播以后，形成自己独特的风格，得到社会普遍认可。

1993年5月1日，中央电视台大型综合性杂志型新闻节目《东方时空》问世，被誉为"开创了中国电视改革的先河"；1994年4月1日，中央电视台新闻评论类节目《焦点访谈》开播；1996年5月17日，中央电视台深度报道节目《新闻调查》开播，三档节目完成了电视新闻报道改革的三部曲，也成为我国广播电视传播中的标志性事件。这些节目主要对重要新闻事件、社会热点进行深度拓展和延伸报道，包括对重大事件的深入报道和背景分析，对国家重大方针政策详细阐述，对热点问题的跟踪连续报道，播发大型、系列、专题性重要报道，配合党和国家的中心工作，对社会生活的各种不和谐现象进行舆论监督。

中央人民广播电台和中央电视台的《新闻纵横》《焦点访谈》《新闻调查》等新闻评论性节目在舆论监督方面获得了巨大成功，新闻深度报道、新闻评述性节目、新闻杂志型板块栏目、纪实风格的采访，成为各地电台电视台从业人员追求的目标，各地电视台涌现出了一大批类似节目。北京电视台的《北京特快》《今日话题》，上海电视台的《新闻观察》，上海东方电视台的《东视广角》，江苏电视台的《大写真》，浙江电视台的《黄金时间》，广东电视台的《社会纵横》等节目也取得较好的社会反响。各级电台电视台加强或开办新闻评论性节目标志着电视新闻改革走向深入。

广播电视中出现的这一类比较有深度的评论节目催生了一批思辨能力强、文化内涵深、综合素质高的思想型节目主持人，他们大多有从事编辑、记者的工作经历，能够全面参与到事件的采访报道中，对新闻事件以及社会热点有自己的认识，在话筒前、镜头前的表达也不同于一般的节目主持人或者播音员，"他们不再是传声筒，不再是编导控制的播报工具，不再是假的具有表演性的所谓主持人，他们以记者身份登台，慢慢以他们对社会个性化的观察开始走向主持人这个岗位。"[①]中央电视台的著名主持人白岩松、水均益、崔永元就是其中的典型代表。他们以清晰鲜明的褒贬态度、犀利尖锐的评论话语、直接泼辣的表达风格，记录问题、评说是非、鞭挞不良事件和违法乱

---

① 白岩松：《我们能走多远》，《现代传播》1996年第1期。

纪行为,反映民声、呼唤正义,赢得社会广泛赞许,对推动党风和社会风气的好转发挥了重要作用。"思想型主持人的道路注定要比以往司仪型主持人的发展道路坎坷得多,也漫长得多,这种道路注定是由记者转向主持人然后过渡到评论员,也就是真正的思想型主持人。他们应当拥有一定的人权和财权,关心社会的角度极具个性化,有社会责任感,在主持技巧上无懈可击,他们的思想是超前的,感觉是敏锐的。"①

(三)谈话互动

从"珠江模式"开始,大板块综合式的节目形态越来越多地出现在广播电视节目当中,这种呈现方式根据节目的特定要求,将各种相关内容集于一身,分成不同的板块组合到一个节目中,每个小板块在形式上有所区别但又统一于一个大的完整的节目形式,具有综合性的特点,内容丰富,可选择性强,方便受众各取所需。这种形式用于报道性、知识性、教育性等节目中时,我们常称之为"杂志型"。《东方时空》就是典型的"杂志型"节目,《东方之子》《生活空间》《时空报道》等板块都让人印象深刻,节目内容贴近生活、贴近群众,尤其是《生活空间》小板块,以"讲述老百姓自己的故事"为切入点,以表现普通人的生活状态和人生体验为主要内容,使普通人获得情感上的共鸣,大获成功。1996年1月27日,《东方时空》改版,集新闻、报道、评论、专题于一体,取消各子栏目主持人,由总主持人统一串联,加强了栏目的整体风格。

更为重要的是,珠江模式引入了"互动"的理念,让受众参与到节目中,这对于广播电视节目形态的变化起到了重要的推动作用,也使广播电视的交流方式更灵活,语言样态更多样。

90年代,中央人民广播电台大幅度调整节目设置,加强了听众的参与意识,出现了直播节目、热线电话、现场报道、听众参与、板块节目等形式,主持人与听众的交流互动越来越频繁,主持人的播报方式越来越接近谈话聊天,节目更加贴近生活、贴近受众。同时,广播中出现了许多优秀的谈话节目,在全国产生了一定影响。1992年10月,上海电台开办了直播新闻类谈话节目《市民与社会》,节目每次选择一个市民关注的话题,邀请党政领导、专家

---

① 白岩松:《我们能走多远》,《现代传播》1996年第1期。

学者到电台直播室当嘉宾,同打进电话来的市民和收音机旁的广大听众对话、讨论。节目在市民与政府、市民与社会、市民与市民之间架起了一座沟通的桥梁,时任上海市市长、副市长、市委书记、副书记、各区区长、县长、政府各部委办局的负责人都曾经走进直播室和市民交流,在社会上产生了很大反响。1993年,北京电台推出《人生热线》节目,主持人苏京平和专家学者一起,就婚恋家庭、心理健康、人际交往、生活烦恼、社会公德等话题,与听众探讨人生哲理,并开通热线电话,开展咨询服务,获得巨大成功。全国各地电台开设的类似谈话互动节目也都获得听众的欢迎。现场直播报道、听众即时反馈的参与性节目、直播访谈类节目等逐渐成为了广播中常见的节目形态,播音员主持人不仅要有较强的语言表达能力、倾听理解能力、分析综合能力,还需要熟练地驾驭各种语言表达样式。

1996年3月16日,中央电视台新闻评论部经过反复研讨改进,播出了首期《实话实说》节目,并在4月28日正式定期开播。《实话实说》借鉴了国外被称为"脱口秀"(Talk Show)的节目形式,由主持人、嘉宾、观众的共同参与,直接对话,讨论社会生活中的热点话题,分享各自的人生体验。节目坚持走"平民化"路线,选题贴近百姓、贴近生活,紧跟时代步伐,通过小事透视社会大环境,通过热点引发人们的思考,并且给了普通老百姓一定的媒体话语权,摆脱了过去的说教模式,有交谈有论辩,气氛生动活泼。《实话实说》最大的亮点还来自于与众不同的主持人崔永元。没有华丽的服装,不背诵现成的稿子,不站在远离观众的舞台,不自己滔滔不绝地讲话,崔永元游走在现场观众中,衣着朴素、相貌平平、态度平和、言语直白,在和嘉宾、观众的交流沟通中穿针引线、因势利导、机智幽默,营造出和谐的话场,让大家能够敞开心扉、各抒己见、畅所欲言,建立起了良好的互动。崔永元成为了节目成功的保证,尤其是他风趣幽默的语言、机智巧妙的转场以及并不俊朗的外表,都改变着人们对电视节目主持人的固有印象,从此电视屏幕上的主持人类型更加丰富,个性更加鲜明。在《实话实说》节目开办前后,全国电视屏幕上也出现了很多以谈话为主要形式的节目,如北京电视台的《荧屏连着你和我》《谁在说》,辽宁电视台的《北方直播室》,湖南电视台的《有话好说》,河北电视台的《大众话题》,重庆电视台的《龙门阵》,上海东方电视台的《东方直播室》等,节目通过现场观众各自观点的叙述、交流、碰撞,都达到了很好的传播效果。

无论是重大新闻的连续报道,知识性节目的循序渐进还是科教类节目的层层深入,谈话交流、积极互动的理念在广播电视节目中都不断渗透体现,播音员主持人需要明确节目的核心主题以及各个板块、环节的内容设置,把握好串联感和整体感,使各个板块各有特色又在整体风格上统一,播说结合、轻松灵活,在谈话互动中体现出交流感,实现和受众真正意义上的平等及真诚对话,展现语言表达的层级性和丰富性。从这个层面上来说,主持人的语态发生了明显变化。谈话的形式越来越多,将人与人之间的一种交流状态呈现在受众面前,让人们在一种愉悦、兴奋、互动的状态下去接受节目内容,通过人际传播来达到大众传播目的。这不仅要求主持人有整体驾驭能力、节目控制能力、内容整合能力、细节分析能力,还强调主持人"倾听"的能力。作为主持人,能说固然重要,会听更是难能可贵。普通的受众在各种各样的访谈中表达了他们的思想和看法,在这个过程中,嘉宾和观众之所以会侃侃而谈、各抒己见,就是因为有主持人在倾听和思考。听说之间,相辅相成,动静结合,相得益彰,主持人良好的倾听,使谈话对象畅所欲言,形成积极的沟通交流,营造良好的现场气氛,形成良性传播。

三、播音主持理论建设

90年代,广播电视播音主持业务实践如火如荼,为理论研究提供了丰富的素材,一大批实践总结、业务探讨、训练指导的书籍相继出版。同时,伴随着广播电视事业的发展,播音主持教育事业也蓬勃发展,相关的教材和理论著述不断涌现。播音主持理论愈发丰厚扎实,播音主持学科建设更上一层楼。理论从实践中来又到实践中去,对播音事业、播音创作的理论研究、规律性总结对业务实践产生了很大的推动力,播音主持事业更加生机勃勃。

1990年,张颂、乔实出版了论文集《论播音主持艺术》,从理论到实践全面记述了播音的发展历程,对播音基本规律、表达技巧作了精辟论述,剖析了时代赋予播音的特殊性,解释了播音未来的光明前景。同年,王璐、白龙出版了《语言艺术发声概论》,围绕声音产生、气息控制、共鸣调节、发声机理等问题进行了论述。1992年,李越出版了《播音导论》,对播音工作的性质、地位、作用等观念性问题进行了梳理研究。同年,祁芃出版了《播音心理学》,阐释了播音创作主体心理和受众接受心理的呼应及各自的心理过程、心理变化及其规律。姚喜双出版了《播音风格探》,对播音风格的含义、特征、体现、成因等问题进行了研究。1994年,张颂出版了《播音语言通论——危机与对策》,对播音学科的地位与作用、播音语言的性质与特点等问题进行了论证,着重从语言文化的视角,以播音主持艺术为重点,论述了播音语言的内涵与外延,阐述了广播电视语言传播的传统继承、当下状况、未来走向。同年10月,由张颂主编的《中国播音学》出版,这本书汇集了我国播音学研究领域的专家、学者的研究成果,包括"导论""发声""创作""表达""业务"等内容,近70万字。这本书不仅明确了播音学本身的学科定位,而且在理论、方法、指导思想和实践性等方面都具有较高的起点,初步建立起了中国播音学理论的严整体系,是中国播音学理论体系形成并开始走向成熟的重要标志,也宣告了一个新学科的诞生。同年,张颂主编的《中国播音大全》出版。

《中国播音学》出版以后,我国对播音理论的研究进一步深化,并拓展了研究的领域。1995年,姚喜双出版了《走进播音朗诵主持艺术殿堂》,1996年,张颂出版了《广播电视语言规范化文集》,同年,罗莉出版了《文艺作品演播》,对诗歌、散文、寓言、童话、小说、广播剧和影视配音的语言表达技巧进行了总结。1998年,姚喜双出版了《播音学概论》,从性质、创作、风格、发展几方面对播音学科进行了系统、全面的阐述。此外,1998年,王璐编著了《播音员主持人训练手册:语音发声》,1999年,李晓华出版了《广播电视语言传播发声艺术概要》,祁芃出版了《播音主持心理学》……这些著作都从不同角度对播音主持理论研究进行了一定程度的拓展。90年代,主持人节目蓬勃发展,节目主持艺术理论研究得到加强,主持人研究日益受到关注,主持人研究的文章数量总体呈上升趋势。有学者以《中国广播电视学刊》和《现代传播》两本专业刊物为样本,对研究主持人的文章进行分析统计发现,文章数"在1995~1999这一时间段达到了顶峰,这五年期间的文章总数为68篇,所占比重为32.1%"[①]。1997年,吴郁出版了《节目主持艺术探》,1999年,又出版了《主持人的语言艺术》,对节目主持艺术进行了系统、深入的研究,书

---

① 高贵武、邓燕玲:《三十年来广播电视节目主持人研究发展分析——以〈中国广播电视学刊〉和〈现代传播〉为样本来源》,《国际新闻界》2012年第12期。

中对节目主持人的语境、语用规则、语言功力、语言风格和主持人节目的语体特征等问题作了比较全面的阐述,对不同类型主持人节目的语言表达艺术也进行了分类研究,为节目主持人研究作出了重要的理论贡献。关于主持人的书籍还有白谦诚主编的《主持人》、陆锡初等出版的《节目主持艺术通论》等。这些书籍和论文对节目主持及主持人的研究对主持艺术的发展起到了积极作用。

另外,一些成名的播音员主持人根据自己的经历撰写的个人传记也开始出版。1995年,赵忠祥出版了《岁月随想》;1997年,倪萍出版了《日子》,宋世雄出版了《宋世雄自述——我的体育世界与荧屏春秋》;1998年,敬一丹出版了《声音——一个电视人与观众的对话》,水均益出版了《前沿故事》;1999年吕大渝出版了《走进往事:一位共和国第一代女播音员的自述》,杨澜出版了《我问故我在》,刘元元出版了《元元说话》等著作。这些书记录了当事人从事播音主持工作的点点滴滴,有经验有教训,有感悟有体会,内容丰富有趣,文笔轻松流畅,为播音主持理论研究提供了大量生动细节和感性素材。此外,1998年,扬沙林、姚喜双主编了《把声音献给祖国——齐越的播音生涯》;1999年,齐越夫人扬沙林出版了《用生命播音的人——齐越》,中央电视台研究室、主持人节目研究委员会编辑出版了《中国荧屏第一人——沈力》……这些对播音主持名家的专项研究使播音主持创作研究更加深入,从不同角度丰富着播音主持基础理论。

经过"文革"之后20多年的理论研究和积累,中国播音学建构了以"播音学概论""普通话水平测试研究""播音发声学""播音创作基础理论""广播节目播音主持""电视节目播音主持"为主干的理论框架体系,完成了从内容准备到实际播出这个过程中的基础性理论问题的研究,如播音主持语言创作的基本规律、原则、方法,有稿播音和无稿播音,播音历史及风格流派等,使播音学科理论更加科学合理、规范扎实。

四、播音主持人才培养

(一)专业培养、多方选拔

北京广播学院是国家培养广播电视播音主持专门人才的高等院校,在经历了"文革"期间被迫停止办学的破坏之后,1973年重新开始招生。学校从中央台和地方台陆续调来一批有经验的播音员担任播音教师,师资队伍进一步加强,中国播音学开始有了自己的教授、副教授和讲师。1996年,北京广播学院在原播音系的基础上成立了播音主持艺术学院,1998年,国家进行普通高等院校学科调整,将原属新闻学类的播音专业,调整到艺术学类,并改名为播音与主持艺术专业,同时修订并颁布了普通高等学校播音与主持艺术专业规范。1999年,北京广播学院播音与主持艺术专业作为广播电视艺术学博士点的"广播电视语言艺术"方向,开始招收博士研究生。从1963年开始,播音系培养出了专科生、本科生、双学位、硕士研究生、博士研究生等一大批不同层次的播音主持高级专门人才,还成立了播音员、节目主持人培训中心,培养轮训了大量的在职播音员主持人。从新闻系下属的一个专业到成立系再到成立学院,从招收大专生到培养播音主持专业的博士生,播音主持艺术学院人才培养层次逐渐丰富,满足了高速发展的广播电视事业的不同层次的人才需求。北京广播学院播音系的发展折射出整个播音专业教育前所未有的跨越式的发展状况。改革开放20年,广播电视事业发展迅猛,专业的播音与主持艺术专业人才一直比较短缺,北京广播学院和浙江广播电视专科学校作为专门培养广播电视语言传播人才的基地,所培养的语言传播人才的数量已远远满足不了社会的需要,播音专业毕业生供不应求,国内一些高校看准这一时机,相继开办了同类专业,播音与主持艺术专业人才培养逐渐加强。

俗话说"英雄不问出处",由于广播电视飞速发展,节目类型、节目样态推陈出新,广播电视对播音主持人才不仅有量的需求还对其提出了多样化的要求,一些非专业出身的播音员主持人也有了用武之地。记者、编辑参与节目采访编辑,对广播电视比较了解,对节目流程比较熟悉,他们在制作节目中对播音主持环节接触比较多,触类旁通,比较愿意尝试播音主持工作也比较容易上手,因此,一些人转行当起了播音员主持人。90年代以后,报纸杂志的编辑记者也开始大量参与广播电视工作,不少平面媒体的从业人员走到话筒前、镜头前从事播音主持工作。还有一些从演艺人员转行而来,如演员、歌手,他们熟悉镜头前、话筒前的状态,有一定的语言功底和大量的演出经验,这为他们转行从事播音主持工作提供了条件,这其中的代表人物就是中央电视台的倪萍。此外,还有从事法律、经济、外语、教育、医学等专业的人才加入播音主持队伍,这些人一般都是凭着自己对播音主持行业的喜爱或者是机缘巧合、误打误撞入行,杨澜、鲁豫、张越、撒贝宁等人都属于这种情况。吸收各行各业的人员从事播音主持工作,可以借助他们的学科背景和专业知识,使节目更加深入,专业性更强,很多非专业的播音员主持人凭借着他们对播音主持艺术的热爱以及自己的刻苦努力,在播音主持工作岗位上也做得有声有色,受到了广大受众的喜爱。为了发掘播音主持人才,中央电视台继1988年成功举办"如意杯"主持人大赛之后,又先后举办了"金士明杯""荣事达杯""厦新杯""白象杯""艾诗缇杯"主持人大赛,很多优秀的播音主持人才从大赛中脱颖而出,活跃荧屏。同时,地方台也开始纷纷举办主持人大赛,选拔人才,为当地的广播电视服务,也增强了全国播音员主持人的相互交流。

(二)加强管理、提高素养

随着社会主义商品经济的发展,广播电视事业与经济生活的联系日益密切,行业中开始出现一些形形色色的有偿新闻,采编播人员参与经营活动并从中牟利的行为屡禁不止,引起了广大人民群众和业界的强烈不满。这种行业不正之风不仅腐蚀新闻队伍,而且将愈来愈妨害新闻工作者履行自己的社会职责,违背新闻事业作为党和人民喉舌的根本性质。1991年1月19日,中华全国新闻工作者协会第四届理事会第一次全体会议通过了《中国新闻工作者职业道德准则》,同年4月,中央宣传部向全国各地新闻单位发出通知,要求认真贯彻落实。通知明确提出了对中国新闻工作者职业道德的规范性要求,对加强新闻队伍建设,提高新闻工作者思想、道德素质,推动新闻工作更好地为建设有中国特色的社会主义服务,具有重要意义。通知要求,新闻工作者要全心全意为人民服务,坚持正确舆论导向,遵守宪法、法律和纪律,维护新闻的真实性,保持清正廉洁的作风,发扬团结协作精神。该准则分别于1994年1月、1997年1月和2009年11月进行了三次修订,2019年11月7日再次修订。《中国新闻工作者职业道德准则》的出台,坚持贯彻了新闻工作为社会主义服务、为人民服务的基本方针,对纠正新闻行业的不正之风,大力加强职业道德建设和思想作风建设起到了积极作用。

20世纪90年代,由于事业发展的需要,很多播音员主持人只是经过了基本的培训就走上了工作岗位,从业人员中出现了语言基本功薄弱、语言表达能力欠缺等问题,这给人造成语言传播要求不高的印象,影响了广播电视语言传播审美示范作用的发挥。针对这些情况,根据国家语言文字工作委员会、国家教育委员会、广播电影电视部《关于开展普通话水平测试工作的决定》,国家语委普通话培训测试中心制定了《普通话水平测试实施办法(试行)》,自1994年10月30日开始实施,规定播音主持从业人员必须达到普通话一级甲等水平。1996年9月11日至13日,全国广播影视语言工作会议在北京召开。广播电影电视部人事司就加强播音员、主持人的队伍建设提出了若干意见,并向会议印发了《关于播音员、主持人上岗的暂行规定(征求意见稿)》。会议指出,由于事业发展很快,许多播音员、主持人缺乏系统的、严格的训练,加之外来文化和社会语言文字氛围的影响,使广播影视语言文字工作出现了一些不容忽视的问题,主要有:一些同志忽视、轻视广播电视语言的标准化、规范化,播音员、主持人普通话水准下降;方言土语有所泛滥,有的地方电台、电视台方言播出占的比重大,电影、电视剧滥用方言的现象比较严重;用字不规范,繁体字回潮,滥用已被淘汰了的异体字和不规范的简化字;常有错别字;语言污染有所发展,对青少年产生不良影响。会议认为,语言文字规范化工作意义重大,推动语言文字规范化是广播影视工作者义不容辞的社会责任,应该采取切实有力的措施,加强语言文字管理和播音员主持人队伍建设。在语言文字管理方面,会议明确了以下几个问题:实行播音员、主持人持证上岗制度;无论播音员,还是主持人,只要是专职从事播音主持工作的,包括记者、编辑改做专职播音员和主持人的,都必须达到国家语委、国家教委和广电部规定的普通话一级标准;电台、电视台一般不再增加方言频道的节目;在普通话播音中不准夹杂滥用外语和方言,外来词应当按普通话的译音读;要建立有效的监督机制;要重视播音、主持工作的业务研究;各级领导必须充分认识播音、主持工作的重要地位,给予播音员、主持人多方面的关心与爱护,既要从政治素质、职业道德、文化素养、业务技能上对他们严格要求,加强管理和教育,又要为他们提供学习提高、充实自己的机会,提供深入生活、向群众学习的机会。这次会议统一了思想、提高了认识,对广播影视语言文字工作有着深刻重要的意义,为加强播音员主持人队伍建设与管理指出了明确的目标。之后,播音员主持人持证上岗工作稳步开展,制度逐步完善规范。

1993年,中国广播电视学会主持人研究委员会举办全国广播电视"百优双十佳"节目主持人金话筒奖评选活动,100位节目主持人获奖,其中20位被评为"双十佳",荣获金话筒奖。1993年到2003年间,金话筒评奖每两年举行一次,从2006年开始每年举行一次,评选出全国优秀的广播电视播音员主持人。金话筒奖的设立,进一步明确了播音与主持艺术专业的行业要求和行业规范,树立了行业标杆和典范,使全国的播音员主持人有了更加明确的创作方向,起到了业界引领作用。

第二节 播音主持创作分析

经济体制的转变带来了社会、政治、经济、文化的巨大变化,人们交往沟通的方式、了解社会的方式、观察世界的方式都发生着深刻的改变,广播电视以关注国家发展、反映时代变化、报道社会生活为工作核心,创作思路和观念不断更新,新闻理念、大众传播理念、文化理念也迅速变革,中国全面进入媒介社会。

1992年上海东方广播电台建立,广播体制改革浮出水面。1993年被新闻界称为"广播年",这是改革开放之后广播迎来的第二次改革高潮,传统广播模式有了根本性的转变。随后专业台与系列台大量出现,热线直播节目、板块综合类节目丰富多彩,广播的受众越来越细分化,广播节目也越来越专业化,服务意识越来越突出,广播向"窄播"演变。到1998年底,一个以中央人民广播电台为中心、各省级台为依托,遍及全国的广播宣传网逐步形成。另一方面,随着电视机越来越普及,电视作为新兴媒体迅速发展起来,它凭借技术革新和声画传播的优势逐渐超过传统媒体广播,成为拥有受众规模最大的媒体,并且在一段时间形成热潮,保持着迅猛发展的势头,迎来了黄金时期。90年代,电视改革涉及节目内容、节目形式和管理工作等多方面,是全方位配套的改革,中央电视台就是我国电视改革的缩影。1993年初,中央电视台制定了新的发展战略,提出要把中央电视台建设成同中国大国地位相称的、具有世界先进水平的电视台的奋斗目标。为此,中央电视台在节目内容的改革中不断创新,对新闻节目进行了大幅度、深层次的改革,重点加强了新闻报道的力度。为满足不同层次、不同需求的观众收看电视的需要,中央电视台和地方电视台及时增设新的播出频道,迈开了频道专业化的步伐。在完成了对电视观众和市场的初步分化之后,按照节目内容的不同,1992年至1995年中央电视台增加了5个频道:国际频道、体育频道、文艺频道、电影频道、少儿·军事·科技·农业综合频道。到2000年,已由原来的三套节目增加到九套节目,各套节目经过多次调整,已逐步由只办综合频道向既办综合频道又办专业频道转变,由只办对内频道向既办对内频道又办对外频道转变,在可能的条件下,努力满足观众的需求。

由于市场机制的引入,作为信息传播媒介,以广播电视为代表的电子媒介与以报纸杂志为代表的纸质媒介的竞争越来越激烈,同时,广播与电视之间也展开了一场市场争夺战,各地电台、电视台八仙过海,各显神通。媒体的激烈竞争,成为广播电视加速发展的又一助推力。90年代,广播电视事业加快建设调整节目结构,提高广播电视的整体宣传水平,坚持正确舆论导向,走精品路线,提高广播电视节目制作能力和质量,涌现出了大量深受老百姓喜爱的优秀的知名品牌节目、栏目以及播音员主持人,为国家的政治体制改革、市场经济发展服务,成为人民群众日常生活中不可或缺的精神食粮。

一、《新闻联播》

中央电视台的《新闻联播》是全国最著名的电视节目之一,每天晚19点至19点30分播送国内外要闻,通过全国微波干线和通信卫星传送覆盖全国,各省、自治区、直辖市,以及地、县级电视台同时转播。《新闻联播》的前身是1976年7月1日试办的《全国电视台新闻节目联播》,每晚19点播出,所用的新闻由中央电视台记者采编和全国省级电视台航送,均为国内新闻,播出时间15分钟。1978年1月1日,《新闻联播》正式开播,使用电影胶片直播,每次长20分钟。1980年4月1日,中央电视台开始通过国际通信卫星收录世界上两家最大的电视新闻社——英国维斯新闻社(Visnews)和美英合资的合众独立电视新闻社(UPITN)的国际新闻,并且采用新华社每天专为中央电视台编发的国际要闻简讯,丰富了国际新闻的内容,新闻时效性明显提高:世界上发生的新闻事件,中国电视观众在第二天就能看到。在具备了这一条件之后,中央电视台把原来的《国际新闻》专栏并入《新闻联播》,使《新闻联播》成为包括国内和国际新闻,既有形象报道又有口播新闻的较为充实完整的新闻节目,每次节目时长由15分钟增加到30分钟。1980年7月,中央电视台全部节目开始使用录像带录制播出。1981年7月1日,《新闻联播》把过去按形式分段的国内新闻(影片、录像)、口播新闻、国际新闻(录像)改为按新闻的内容进行统一编排,分为国内和国际两大部分,既考虑到内容的主次,又注意层次分明。口播新闻也尽可能配上照片、地图、影片、幻灯、字幕等形象资料。同时,《新闻联播》开始播报中央气象台发布的天气预报。1982年,中央电视台成为独立的新闻发布机构,许多重大事件,特别是发生在首都的重大事件都能在当天的《新闻联播》节目中播出。此后,中央授权《新闻联播》增加了有关香港、澳门、台湾地区的报道,并和亚广联A、B、C区的国家、地区交换新闻,加强了有关第三世界的报道。1984年,《新闻联播》在每条新闻的画面上打上标题字幕,使新闻内容表达得更加清楚。1986年,《新闻联播》开辟了"简讯""报摘""一句话新闻"等口播栏目。1991年9月1日,《新闻联播》通过国际卫星频道走向世界,覆盖全球。1996年1月1日,《新闻联播》由录像播出改为直播,提高了新闻时效性。经过近四十年的发展,《新闻联播》赢得了广泛的观众群,已成为全国人民获得新闻信息的最主要的渠道之一,每天晚上19点收看《新闻联播》几乎成为每个中国家庭的习惯。据统计,节目收视率达45%-50%,观众达5亿人左右,是世界上收视率最高、观众最多、影响最广的新闻节目,在国际上有着重要影响。

《新闻联播》的主要功能是发布新闻、传达政令、宣传政策、指导工作,反映人民群众的生存状况与要求,表达人民群众的愿望与呼声,介绍各条战线的新成就、新发明、新创造,宣传各地涌现的先进人物和创造的先进经验,报道发生在世界各地的重大新闻事件,中央和地方各级领导以及各界群众经常通过收看它来了解国内外动态。随着新闻改革的不断深化,《新闻联播》报道面不断扩大,节目内容逐渐丰富,新闻信息量明显增加,时效性越来越强。同时《新闻联播》为了发挥电视新闻形声兼备、视听结合的优势,在节目中加强了现场报道,使观众看到了新闻事件发生现场的真情实景。《新闻联播》见证了国家由贫到富、由弱到强,见证了中国人民在中国共产党领导下改革开放、创建新生活的每一个历史时刻,是一部生动的影像历史。

《新闻联播》最早的播音员包括刘佳、李娟、赵忠祥、邢质斌等,80年代初,来自北京广播学院恢复高考后的前三届毕业生杜宪、薛飞、张宏民、卢静、罗京、李瑞英陆续加入了《新闻联播》的队伍,为当时的电视新闻事业注入了新鲜血液,也为电视新闻播音事业的发展奠定了基础。从 90 年代初开始,随着电视传播技术的进步,电视新闻节目也日渐成熟,《新闻联播》的播音员也进行了进一步调整,除了邢质斌、张宏民、罗京、李瑞英外,又加入了李修平、王宁,并逐渐固定由以上六人来播音。一直到 2007 年底,本着"只增不减、培养新人、以老带新、新老并进"的原则,康辉、海霞、郭志坚、李梓萌四位青年播音员正式加入到了《新闻联播》的行列,2011 年 9 月,又增加了郎永淳和欧阳夏丹。作为全国历史悠久、受众最多的新闻节目,《新闻联播》的历任播音员都是家喻户晓的人物,《新闻联播》的播音语言风格也是由这些播音员不断继承创新、共同打造的。中央电视台《新闻联播》的播音创作风格深受中央人民广播电台《新闻和报纸摘要》和《各地人民广播电台联播》播音风格的影响,继承和延续了新中国成立以来新闻播音的精华,端庄大气、权威厚重、沉稳典雅,引领着全国电视新闻节目的播音创作。

(一)睿智沉稳、真实可信,展现权威发布

"《新闻联播》不仅仅是中央电视台的,而是全国电视台新闻系统一起办的,其关注的不只是新闻事件,更重视新闻价值和国家利益。"①1981 年 4 月 13 日至 21 日,中央电视台在青岛召开了全国电视新闻工作座谈会,会议明确提出,力争在一个不太长的时间内(比如两三年),把《新闻联播》节目办成一个比较完整、系统地对国内、国际的重要事件及时进行形象化报道的节目,使它成为电视观众获得新闻的重要途径之一。会议同时做出两项规定:各省、自治区、直辖市电视台都是中央电视台的集体记者,有责任有义务向中央电视台提供新闻;各省、自治区、直辖市电视台(包括各地市台)必须转播《新闻联播》节目。从 1982 年 9 月 1 日,中国共产党第十二次全国代表大会召开,中央领导明确规定,将重大新闻的发布时间从原来的 20 点②提前到《新闻联播》的播出时间 19 点。重要新闻首先在中央电视台《新闻联播》中发布,标志着中央电视台已经成为了一个独立的新闻发布机构,已从早期作为广播报纸的补充,发展成了一个具有一定权威性的要闻总汇节目。自此,《新闻联播》成为了全国拥有最丰厚新闻资源和最具政治权威性的电视新闻

---

① 何思翀:《〈新闻联播〉与改革开放 30 年》,《中国广播电视学刊》2008 年第 10 期。
② 之前重要新闻在每晚 20 点由中央人民广播电台《各地人民广播电台联播》节目播出。

节目,它也因此超越了新闻节目的一般意义。

《新闻联播》播发的新闻信息真实可信是播音员体现出权威性的基础,可信度的高低决定影响力的有无,权威性的多少决定影响力的大小,作为国家重要新闻的发布平台,《新闻联播》的播音体现出了极高的可信度和权威性。"权威性"是有声语言创作者在传播过程中所散发出来的一种使人信服的力量和威望,一般来说,权威性受到创作者地位、资历、职务、名望、专业知识、技能、经验等多方面因素的影响。权威性并不是一味地板起面孔,故作严肃,它是播音员身份职能把握、内容理解、语言处理、宣传意识融会贯通之后一种由内而外的气质和状态。在文字语言到有声语言的转换过程中,播音员通过心理调整、创作技巧将权威真实的感觉通过有声语言和整体播报状态传递给受众。

《新闻联播》在内容上以时政新闻、政策宣传为主。2002年,中国人民大学新闻学院周小普教授带领研究生对《新闻联播》的各类新闻条数作了统计,结果显示,"在播出的所有新闻条数中,时政新闻占41.6%,而在新闻时长上,时政新闻更是占到50%以上。至于每类新闻的平均时长,占前三位的分别是领导人活动(157.8秒)、宣传重点(129秒)、会议新闻(93.2秒)。"①这些内容在指导国家建设、改善人民生活方面意义重大。作为如此重要新闻的发布者,播音员首先要在心理定位上有明确的导向意识和坚定的信念,充满使命感和责任感,同时在业务上精益求精。《新闻联播》的播音员在吐字发声上非常讲究,吐字圆润饱满,用声结实沉稳,语气坚定平和,语速适中、重点突出。《新闻联播》的播音员都是经过严格挑选的,他们具有丰富的工作经验,镜头前状态自如,无论面对怎样的突发情况,都能沉着冷静地应对。在形象塑造上,《新闻联播》的播音员可谓是"洗尽铅华显真淳",作为国家形象代言人,他们的化妆、服装都比较质朴,以突出成熟稳重、端庄大气的气质。从心理定位、语言表达、形象气质等方面,《新闻联播》的播音员都显得睿智沉稳、真实可信,展现出了极强的权威感。

---

① 戴璐:《康辉 李梓萌亮相〈新闻联播〉两张新面孔引来大话题》,http://media.people.com.cn/GB/40606/4529662.html。

(二)庄重大方、稳健自信,尽显国家气度

经过一系列的探索和改革,《新闻联播》的风格和传播样式逐渐确定下来,宣传党和政府的声音、传播天下大事成为了栏目的宗旨。三十年来,《新闻联播》认真宣传党的方针、路线、政策,正确引导舆论,准确报道国内外重大新闻,成为了党和政府联系人民群众的桥梁和纽带,成为了中国政治生活的一面镜子,一个晴雨表,具有强烈的官方色彩。《新闻联播》能保持其节目形式和内容,能保持高收视率,能保持对政治生活的影响力,是由中国国情所决定的。"央视《新闻联播》作为国内最权威、收视率最高的名牌栏目,是人民群众了解国家大事的重要渠道,也是国际社会了解中国改革开放的重要窗口之一。从某种意义上说,《新闻联播》的播音员具有国家新闻发言人的性质,代表着国家的整体形象。"① "中央电视台的《新闻联播》,不会有谁以为只是中央电视台办给自己一人看的,大家无形中都会意识到全国正有千家万户也在收看这个节目。正是通过这样一种仪式,互不相识的陌生人才共同构建了一种统一的民族国家认同感。"② 一直以来,《新闻联播》被视为"对内代表党和政府,对外代表中华民族",《新闻联播》的播音员更是被视为"国家名片",这是其区别于其他新闻栏目的重要标志。我国是历史悠久的文明古国,中华民族创造了五千年灿烂的文化,自古以来就是礼仪之邦,有高尚的道德准则、完整的礼仪规范,改革开放以来更是展现出了开放的胸襟和豁达的气度。《新闻联播》的播音员从某种意义上说成为了一种符号,一种高于文化、新闻意义的政治符号,是国家形象的代表,他们需要展示出国家的风采和气度,代表党和人民的声音,这就在客观上需要他们言谈举止庄重大方、稳健自信,散发出一种使人信服的力量和威望,以体现国家风范和气度。

从传播的功能和传播的效果来看,庄重大方、稳健自信反映着真实的客观现实生活和真实的主观评价,不夸张不渲染,是尊重受众、还原事实的表现。在《新闻联播》中,播音员追求的并不是个人风格的凸显,而是国家、民族形象的塑造。作为党和政府的喉舌、人民的宣传员,《新闻联播》的播音要

---

① 叶宏明:《让〈新闻联播〉换换人》,2006年3月,两会提案。
② 李彬:《中国新闻社会史》,上海交通大学出版社2007年版,第35页。

庄重大方，不轻浮、不呆板，真诚朴实，没有虚情假意更没有虚张声势，播音员要举止端庄、不拘束，言语可信、不随意，态度真诚、不做作，形象朴实无华，这些正是对庄重大气的国家气度的最佳诠释。

(三)规范流畅、高雅丰满，散发语言魅力

多年以来，《新闻联播》在播音创作上体现出了极高的水平，字正腔圆、规范流畅，在为人民群众传播信息的同时，树立了普通话语言表达典范，给人以语言美感的享受。

《新闻联播》的播音吐字清晰，内容准确，基调妥帖，分寸恰当，实现直播之后也几乎是"零差错"，体现出了很高的创作水平，这与播音员们的政治素养和自身业务能力是分不开的。播音员们深知《新闻联播》的重要性，分量越重、责任越大，作为党和政府的喉舌，要保证真实权威，不允许出错。在全国，《新闻联播》拥有数亿观众，影响力非常大，出不得错。"泱泱大国、堂堂大台。八亿人的眼睛都盯着他们，他们肩上的压力可想而知。"[1]播音员们在节目中对自己高标准严要求，播前认真准备稿件，一丝不苟，播时精力高度集中，精益求精。平时他们更是不断加强业务训练，"拳不离手曲不离口"。《新闻联播》的播音员个个都经过了严格的筛选，观众熟悉的罗京、李瑞英、张宏民、李修平、王宁、康辉、海霞、李梓萌、郭志坚、郎永淳、欧阳夏丹都毕业于中国传媒大学播音主持艺术学院（原北京广播学院播音系），是专业科班出身。他们入学时在声音、形象、语感方面都具备了良好的先天条件，经过学校四年的刻苦学习，他们打下了过硬的业务基本功，工作之后又经过了较长时间一线实践的磨炼，声音控制、语言表达、心理调控等各方面的能力都不断提高、逐渐成熟。此外，《新闻联播》的制度管理非常严格，节目长期坚持业务考试制度，"字音播报等业务80分以下成绩的都需要补考"[2]。正是因为这样，我们才能在节目中看到播音员大段精准流畅的播音。

《新闻联播》的播音同时又是高雅丰满、类型多样的，在播音时同样需要根据内容调整表达方式。除了播发新闻以外，《新闻联播》从80年代末期开

---

[1] 彭苏：《邢质斌，〈新闻联播〉里的小钢炮》，《半月选读》2007年第4期。
[2] 朱学东、吕岩梅主编：《中国百名电视主持人访谈录》（上），中国广播电视出版社2005年版，第13页。

始对一些典型事件、典型人物进行重点宣传,播出了大量系列报道。1987年播出了《改革在你身边》,1989年播出了《弹指一挥间》,1990年播出了《看今朝》,1991年播出了《祖国大家庭》,1992年播出了《长治久安之路》,1994年播出了《中国质量万里行》,2005年播出了《永远的丰碑》,2008年播出了《经典中国——辉煌30年》和《我的亲历》,2012年播出了《走基层》……这些系列报道与新闻口播和配音不同,是类似于短通讯的稿件,需要有一定的情节渲染和情绪抒发,令人振奋,让人动容。同时,《新闻联播》还播出类似《人民日报》评论员文章的评论性稿件,这时又需要播音员们态度鲜明、分寸恰当、逻辑清晰。在《新闻联播》中还会经常播发国务院文件、主席令,或者播出贺词、贺电、讣告等,这又需要播音员掌握宣读的语言样式,做到清晰准确、态度得体。此外,《新闻联播》的播音员还会跟随国家领导人进行重要的国事访问,从现场发回报道,这则要求播音员们在语言表达中体现新闻的现场感。目前,《新闻联播》中已经出现了播音员与前方记者进行实时连线采访报道的内容,这对播音员的语言组织能力、采访能力、语态转换能力都提出了全面的要求。可以看出,《新闻联播》的播音涵盖了新闻、评论、通讯、现场报道、采访等多种样式,展现出语言多样化的魅力。

　　《新闻联播》的播音因为其规范流畅、高雅丰满,成为了新闻播报的典范,专业院校的学生把《新闻联播》作为业务学习的必修课,想学习普通话的人把《新闻联播》当成语言课堂,外国朋友则从《新闻联播》中领略汉语的韵味和魅力。

　　近几年来,也有人对《新闻联播》的播音提出了质疑,浙江籍全国政协委员叶宏明在2006年两会期间提交提案《让〈新闻联播〉换换人》,指出"《新闻联播》主持人老化、建议换人",把《新闻联播》推到了舆论的中心,引来业内外人士以及普通百姓的热议。有人说《新闻联播》的播音照本宣科,缺乏创造性;有人说《新闻联播》的播音严肃有余,活泼不够,稳重有余,创新不够……实际上,这些年来《新闻联播》的消息采写、内容编排等各个方面都发生了很大的变化,《新闻联播》的播音也在与时俱进,其对内容的分寸拿捏更加准确,对时代氛围的把握更加鲜明,改变是有目共睹的。在国家大事上、在有限的文本中、在万众瞩目下,准确、清晰、权威、大气的播报更需要创造性,需要播音员具备从政治觉悟到业务水平全方位的素质,而播音员们郑重规整、仪态端庄、客观传达政府方针政策的风格也更能为人们所信赖、信服。

不管我们从收视惯性的角度来看,还是在新的时代背景中重新审视,《新闻联播》的播音创作都显示出深厚的语言功力和丰富的内蕴,体现出了国家的庄重与大气。事实证明,经过近四十年的磨炼和积累,这种所谓的"一成不变"已经成为了《新闻联播》标志性的特色。

《新闻联播》与改革开放同岁,成为中国改革开放的忠实记录者,成为中国电视新闻的领军者。自开播以来,《新闻联播》忠诚地发挥着党、政府和人民的喉舌功能,同时也不断适应时代的脚步。作为全国性的新闻联播节目,《新闻联播》每天保持了高度集成的国内外新闻大事和相对稳定的编排模式,在观众心中构建了一个独一无二的权威形象。同时,《新闻联播》也在不断地深化改革、调整思路,加强时效,从编排方式、内容选材上加以创新,努力做到宣传性和新闻性的统一。新一代年轻播音员为《新闻联播》注入了新的活力,使其更贴近实际、贴近生活、贴近群众。以《新闻联播》为典范,各省、市、自治区、直辖市都有了自己《新闻联播》,各地也都出现了自己的"罗京""李修平",有了自己的城市名片,这些节目是对《新闻联播》播音风格的延续。另一方面,在《新闻联播》的基础上,很多其他类型的新闻节目不断出现,按时段分包括早间、午间、晚间、整点等,按内容分包括经济、法制、体育、社会、民生等,因为不同的播出时间、不同的新闻内容,播音员主持人们在播报方式上作出了相应的调整,更符合新闻传播规律和受众接受心态,这是对《新闻联播》播音特色的扩展和丰富。

二、《焦点访谈》

中央电视台于1980年7月12日开播了专题节目《观察与思考》,拉开了我国电视评论节目的序幕,而真正使电视评论节目走向成熟,在全国产生巨大社会影响,给我国的政治民主生活带来深刻变化的则是中央电视台的新闻评论类节目《焦点访谈》。1994年4月1日,中央电视台新闻评论部制作的《焦点访谈》正式在中央电视台播出,每期节目13分钟,从此每晚19点38分,中国老百姓又多了一个探讨社会热点、了解政治动向的平台。《焦点访谈》是以深度报道为主、以舆论监督见长的电视新闻评论性节目,在内容上选择"政府重视、群众关心、普遍存在"的话题,坚持"用事实说话"的方针,反映和推动解决了大量社会进步与发展过程中存在的问题,《焦点访谈》的许多报道成为有关方面工作的决策依据和参考,受到了党和国家领导人以及老百姓们的广泛关注和重视。《焦点访谈》的收视率稳定在30%左右,每晚收看这个栏目的观众约有3亿,每天有上千名观众给栏目打电话、写信、发传真和电子邮件,反映他们的收视意见,提供大量的报道线索。2004年,《焦点访谈》开始更加注重对突发事件的报道并且数量逐年增加,在矿难、爆炸、火灾、洪水、地震等各种突发事件的现场有了越来越多的《焦点访谈》记者的身影。

《焦点访谈》最大亮点在于舆论监督,经过多年实践,《焦点访谈》形成了一套适合中国国情的舆论监督理念:用深入细致的调查、典型生动的个案、鞭辟入里的评论,给滥用职权者以威慑,给权益受害者以公正,形象直观地普及社会主义民主和法制观念;引导干部群众以理性、合法的形式表达利益诉求,化解利益矛盾,维护改革发展稳定的大局;着力解决不同社会群体的思想疑虑和实际问题,消除不和谐因素,增加和谐因素。"在舆论监督方面,《焦点访谈》始终坚持建设性立场,确保舆论导向正确,坚持用事实说话,确保监督全面客观,讲究监督方式、把握监督时机、注重监督效果,坚持'服务中心,服务大局,反映民生,贴近民意'的要求,努力把体现党的意志同反映人民群众的心声统一起来,高度关注党和国家的大政方针,并且注重节目播出的社会效果,跟踪报道处理结果并及时反馈给观众。"[①]二十年来,《焦点访谈》节目所进行的舆论监督推动了中国的改革开放和民主法治的进程。由于《焦点访谈》取得了巨大的社会效应,节目得到三任国家总理的题词和赠言。1997年12月29日,李鹏视察中央电视台时题词"焦点访谈,表扬先进,批评落后,伸张正义";1998年10月7日,朱镕基专程来到中央电视台,与《焦点访谈》的编辑、记者座谈,并郑重赠言"舆论监督,群众喉舌,政府镜鉴,改革尖兵";2003年8月26日,温家宝视察中央电视台,在《焦点访谈》演播室赠言"与祖国同在,与人民同行,与世界同步,与时代同进"。

(一)横看成岭侧成峰——记者视角的魅力

在节目制作方面,《焦点访谈》一直保持着较高的水平,节目率先采用制

---

① 闫玉清:《〈焦点访谈〉:为营造和谐的舆论环境——访中央电视台〈焦点访谈〉栏目组》,《求是》2005年第24期。

片人制进行管理,面向社会,广纳贤才,引入竞争机制,保证节目质量。节目形态上采用"演播室主持＋外景短片＋演播室主持"的结构方式,将主持人评论与现场采访报道相结合,叙议交错、述评集合、相得益彰。主持人评论在电视评论节目中起到"提示说明、引发兴趣;归纳总结、升华主题;评价表态、引导舆论;提醒补充、建议号召"的作用。[1] 由于《焦点访谈》特殊的结构,节目的评论力度和深度是通过开头和结尾演播室主持人的评论体现出来的,主持人点评的好坏直接影响着整个节目的质量。《焦点访谈》打破了以往电视节目播音员主持人的常规概念,推出"记者型主持人"。这批主持人来自采编第一线,拥有丰富的实践经验,既有较强的语言表达能力,又具备了一定的新闻评论能力,他们亲自参与采访、编辑了《焦点访谈》中的很多节目,在他们的评述中既有记者调查的真实,也有专家评点的犀利,体现出较高的新闻工作素质和理论素养,具有很高的可信度和说服力。

在主持中,记者视角使叙事更可信。《焦点访谈》主持人亲力亲为参与报道新闻事件、采访制作节目,对事件来龙去脉有较全面的了解,有较高的发言权,他们的叙述体现出清晰的条理性和细腻的观察力,同时由于记者参与采编新闻,观众会很直接地把新闻来源和记者主持人联系起来,节目也就有了更高的可信度。在主持中,记者视角使论理更深入。评论节目的点评强调思辨力,有了在一线的采访经历,主持人看问题的角度更丰富,对问题的认识更深入,体现出主观到客观的概括,感性到理性的升华。节目主持人作为事件报道参与者"我",有亲身经历和真切体会,不是单纯作为节目主持人进行观点转述,报道清晰、自然、朴实,又多了几分客观与冷静,显得张弛有度,其语言表述中强烈的事件体验性、社会责任感非常容易引起受众共鸣。从《焦点访谈》走出的一批名记者、名主持人如敬一丹、白岩松、水均益、崔永元、张羽、柏杨、翟树杰、董倩、王志、杨春、李小萌等都成为观众认可的主持人。

(二)言有尽而意无穷——词约意丰的回味

演播室的主持人点评在《焦点访谈》节目中具有很重要的战略地位,节目的魅力很大一部分来自于主持人开头和结尾的点评,但是这部分的内容

---

[1] 高海英:《电视述评主持人的点评艺术》,2006年河北大学硕士论文。

加起来只有大约在三分钟左右,在这么短的时间内要做到准确、深刻、精彩,难度极大。《焦点访谈》在节目开头和结尾亮明态度和立场,观点鲜明、见解精辟、以理服人,取得了良好的"首尾效应"。短小精悍、言简意赅却发人深省是《焦点访谈》主持人语言的最大特点。

俗话说"万事开头难",《焦点访谈》的开篇——"龙头"破题,开门见山,总能给人耳目一新的感觉,时而拉拉家常,时而讲讲故事,时而又设置悬念,三言两语却既能点明关注的内容,又能引发观众的收视兴趣,留下良好的"第一印象"。《焦点访谈》的结尾——"豹尾"点睛,首尾呼应,主持人在新闻事实的基础之上有感而发,或直抒胸臆,或真情流露,或深刻反问,或发人深省,酣畅淋漓,画龙点睛,是节目的精华所在,体现出节目的深度、力度和舆论影响力。《焦点访谈》的主持人评论不流于表面,而是冷静分析,指出问题症结所在,寻求解决问题的途径,一语道破,切中要害,既为人民群众"排忧",也为政府部门"解惑",可谓"四两拨千斤"。

有时候,《焦点访谈》的点评在字面上并没有明显褒贬的词语,但态度却非常鲜明,主持人要运用语言技巧挖掘出语句的内在语,将语句关系和语句本质表达出来,达到警示、劝谏的目的。比如,主持人经常使用虚拟、假设等方式,"如果""应该""我们希望"等词语,表面上是减轻了语言的批评度,但却能引导人们深入思考从而作出自己的是非判断。还有一种情况,节目摆出争执双方的观点而不予裁断,但指出症结所在;或者有时使用对比的手法,让观众从对比中得出自己的结论;再或者有时借他人之口或引用文件或上级主管部门的结论作为评论依据……总之,其态度非常鲜明,这种"无声胜有声"的评论方式让人拍案叫绝、回味无穷。

(三)点到为止引思考——分寸尺度的艺术

广播电视除了宣传成绩、表扬优点,发现问题、批评缺点也是重要的职能,而展开批评性报道、进行舆论监督正是《焦点访谈》的魅力所在。节目在党的工作重点、群众关注的热点、各级政府部门着力解决的难点之间寻找报道的结合点,其中对违法违规行为的监督,对党和政府的方针政策落实情况的监督,对党纪政纪执行情况的监督,对侵害群众利益行为的监督,对社会丑恶现象、不道德行为和不良风气的监督,一直是报道的重点。揭露社会丑恶现象时,很多人都希望能听到主持人的批评和鞭挞,但《焦点访谈》的评论并没有简单满足观众的这种心理需求,其舆论监督建立在客观公正的基础之上,对真假、美丑、善恶的定论都用事实说话,所以《焦点访谈》的评论往往是点到为止,留给观众自己思索、评判的空间。主持人表述事实、给予评论时始终保持冷静的态度,尺度把握得很好。评论节目特别讲究分寸、尺度,这种把握是以鲜明的观点和态度为基础的,是体现评论主旨、导向的根本。

开展舆论监督的根本目的不是单纯消极地揭露和批判,而是通过对问题的报道,说出老百姓的心里话,帮助有关部门及时认识问题,从而纠正错误,改进工作。节目报道从内容上讲要实事求是,从态度上讲要与人为善。《焦点访谈》主持人的点评既说问题,更重建设,有理有利有节,内敛含蓄却又力度十足,不是板起面孔,而是言辞中肯,方法适当,不是厉声厉语,而是用语讲究,意味深长,既报道问题,又不抹杀成绩,既批评错误,又不打击积极性,既入木三分,又留有余地,让人心服口服。

《焦点访谈》开播之后,关注国际国内热点、重点、难点问题的评论类节目在广播电视宣传中越来越多。主持人的独立评说,邀嘉宾的访谈剖析,带观众的集体讨论……评论节目在制作样式上不断创新;对新闻背景的挖掘展现,对新闻事件的深度论说,对新闻当事人的细致刻画,评论节目在传播内容上不断拓展,在舆论监督、政策导向、社会规范中发挥着巨大的作用。如果说《新闻联播》的播音员是"国家名片",那《焦点访谈》的主持人则当之无愧成为"舆论尖兵"。"记者型主持人"的出现,丰富了电视荧屏、打开了创作思路、拓展了播音主持的语言样态。同时,电视评论节目主持人也正在由"主持人"向中国第一代电视新闻评论员一步步迈进。

三、《新闻纵横》

中央人民广播电台的《新闻纵横》诞生于1994年10月1日,早七点、晚七点各一次,每次20分钟,在第一套节目播出。《新闻纵横》主要是配合《新闻和报纸摘要》和《各地人民广播电台联播》节目,对重要新闻事件、社会热点进行深度拓展和延伸报道,其主要职能是:"对重要新闻事件作深入报道和背景分析,揭示来龙去脉、前因后果;对国家的重大方针政策详加阐释,释疑解惑;发表一事一议、短小精悍的言论;对热点问题作跟踪连续报道,播发大型、系列、专题性重要报道。"①《新闻纵横》一经推出就获得热烈反响。2008年,《新闻纵横》首次改版,2009年1月再次改版,由原来的二十分钟增加到六十分钟,节目形态也由录播变为直播,聚焦昨日热点新闻,提示今日重要事件,采访新闻事件当事人,直击新闻事件核心,并继续保留舆论监督功能。2009年11月,《新闻纵横》再次进行改版,播出时间变为两个小时,方便上班族移动收听,信息量变大、时效性更强。2011年10月,全新的《新闻纵横》再次出现在听众面前:早上七点到八点,主要回顾昨日的重要事件并为今天事件作铺垫,八点以后则把重点放在了今日新闻事件上,并对未来最可能发生的事件进行趋势分析,更能满足听众选择收听时段的需要。二十多年间,经过多次改版,《新闻纵横》成为早上七点至九点黄金高峰时间直播播出的综合新闻节目,成为全国知名的新闻名牌节目,享有"中国新闻名专栏"的荣誉。周强、郭静、长悦、何方、冯雅、朝旭、则华、张蕾等都曾担任过《新闻纵横》的主持人,目前节目采用男女对播的形式进行,主持人林溪、刘蕾、成亚、杨昶、智鹏、陈亮,几乎都是年轻人,使得节目更富朝气和锐气。

(一)有稿似无稿——亲和流畅

《新闻纵横》关注民生,进行舆论监督,针砭时弊,涉及的内容广泛,对政治、经济、民生、国际、文体等都有涉猎,从整体上来说是比较严肃的新闻节目,要求播报准确、分析透彻,因此节目有比较完整成形的文字稿件,内容严谨、结构清晰,主持人自我发挥的余地并不是很大,这对主持人的有稿播报的能力要求比较高。90年代,广播电视语言更趋向于鲜活明快,尽管新闻节目几乎都是有稿的,但主持人只是死板地、机械地念稿子已经不能适应听众对节目的要求,主持人需要理解、熟悉所播报的内容,自然、流畅、真实、平和地传达给听众,尽管有稿,却要有"无稿"的胸有成竹、侃侃而谈之感。《新闻纵横》集新闻、评论、专题于一身,属于综合性新闻报道节目,其节目内容信息量大、有深度,具有广泛性和多样性的特点,除了对新闻事实的准确播报以外,《新闻纵横》还会主要针对焦点、热点新闻事件,进行深度拓展和延伸报道,这对主持人的专题、评论播音,采访、谈话能力都有比较高的要求,同时还要求主持人在播报新闻、讲述背景、展开评论、连线记者等几种语态中

---

① 赵玉明主编:《中国广播电视通史》,北京广播学院出版社2004年版,第406页。

自如切换,串联起每一个板块,体现节目的完整性。

为了使《新闻纵横》的语言听起来更有亲和力和说服力,主持人有稿播音时作了口语化的调整,尽量摆脱说教、宣传、做作的态度,把听众当成朋友,更真实、更客观、更坦诚地摆事实、讲道理、说问题,引起听众兴趣,使听众从被动接受变成主动收听。当然口语化的表达并不是在原有稿件中加入"这""那""哼""哈"等口语词,停顿随意、语气松散,而是将稿件内化,真正理解意思,融入自己的感受,加入自己的思维反应,把内容"讲述"出来,让新闻更生动鲜活地流入听众的耳朵。为了更好地融入节目、掌握新闻内容,《新闻纵横》的主持人们不仅要完成早间的直播,还要参与夜间的编稿,口头功夫要好,笔头功夫也不能差。节目中有很多稿子都是主持人们自己采访、编辑、创作完成的,这样播报起来也就更加可以有感而发,真切自然、亲和流畅。

(二)无稿似有稿——沉稳大气

尽管《新闻纵横》大部分内容是有稿的,但是在进行记者连线、互动交流、突发事件播报、板块过渡等内容时也需要主持人有一定的发挥。尤其是当天发生的焦点事件和突发事件,主持人要快速掌握相关情况,连线前方记者或者焦点人物的时候,语言要精练到位、言之有物、切中要害,同时还要注意节目时长、把握节奏、疏导情绪,呈现较好的直播效果。《新闻纵横》是中央人民广播电台节目改革后推出的一个重点新闻板块节目,在内容和形式上都有创新,更加贴近实际、贴近生活、贴近群众,加强了时效性和现场感,追求深度和权威形象,因此,主持人的播报要体现出国家媒体的庄重大气和权威可信,即使是即兴发挥时也要体现出稳健和大气。《新闻纵横》受关注程度非常高,内容比较严谨,有些部分适合主持人即兴发挥,有些部分不太适合主持人即兴发挥。在节目中,主持人们能够清醒地把握住哪些地方适合、需要即兴发挥,哪些地方要尊重稿件、推进节目流程,这都源自主持人平时的学习积累。在记者连线环节,主持人需要抓住记者在报道过程中的细节展开追问,既提纲挈领又承上启下,同时也需要适时打断记者,插入自己的想法和观点与记者进行沟通,以加深听众对新闻事件的认识;在"新闻地图"等板块,节目内容比较轻松,主持人的自由度相对比较大,其即兴表达更注重趣味性和气氛调节,能够体现出主持人自己的个性特点。而对有些内容,主持人的即兴点评则比较谨慎,以稳健为前提,主持人在对内容没有深入了解和绝对把握的情况下绝不会洋洋洒洒、信口开河。另一方面,改版后的《新闻纵横》以"追"和"问"来串联整个新闻板块,主持人在语气上分寸的拿捏比较到位,既能突出对问题的高度关注、深入探究、质疑解析,又不咄咄逼人,有时候疑问,有时候追问,有时候质问,有时候反问,让语言有了力度,有了层次。

有稿播音锦上添花、无稿播音胸有成竹,作为中央人民广播电台王牌新闻评论类节目,《新闻纵横》中的有稿播报准确流畅,即兴表达沉稳大气,凸显出节目庄重亲切、稳健大气的整体风格。《新闻纵横》的语言格调在高雅庄重的基础之上作出了口语化的调整,加强了讲述和评论的语气,增加了与当事人、记者的交流对话,改变了以往新闻节目比较严肃及模式化的气息,亲和自然、视角独特,为新闻语言的把握提供了新的方向。

四、《人生热线》

《人生热线》节目创办于1993年3月1日,是北京人民广播电台新闻广播开办的一档热线直播夜间谈话节目,每周播出3次,从晚上10点到11点,主持人苏京平和特邀的专家学者,通过热线电话和听众讨论各种话题:从伦理道德到科学真理,从生活常识到人生价值,并展开包罗人生万象的心理交流、理性思辨、咨询服务,呈现不同的精彩人生,引发听众的思考。"该节目一贯坚持倡导正确的人生观、世界观、价值观,通过对生与死、苦与乐、爱与恨、贫与富等人生最基本的问题的探讨,触及社会心理、大众意识、道德伦理、文化修养、人际交往、价值观念、人口素质、生存状态等诸多人生层面中的是非曲直、利弊得失,架设精神文明的心灵沟通之桥。"[①]节目主持人苏京平原为记者出身,后来成为了北京人民广播电台最早的主持人之一,他的音色略带沙哑,语音也不是字正腔圆,但是却充满魅力,这种魅力来自于他的节目给人提供了丰富的精神食粮,走进了人的内心世界。"十年来,主持人一直以其强烈的社会责任感、新闻敏感度、人生感悟力以及相应的导向意

---

① 《北京人民广播电台十佳主持人小传:苏京平》,http://beijing.qianlong.com/3825/2003/11/16/178@1712447.htm。

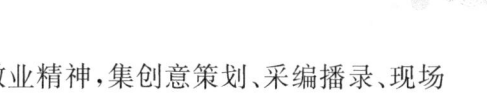

识、交往能力、志趣爱好、专业特长和敬业精神,集创意策划、采编播录、现场交流于一身,在把握正确导向中追求与众不同,在强化命运感、社会性、生活化、人情味、时代特色的同步思辨中贴近听众、贴近实际、贴近生活,广开言路,集思广益,给人以入耳、入心、入情、入理的教益与享受。"①

(一)引领话题内容

《人生热线》是典型的谈话类节目,主持人在节目中的主要任务首先要从宏观上整体驾驭节目,对节目整体效果负责任;同时,还要善于在适当的时候提出问题、点明问题、把话题引向深入;此外,还要在多个谈话参与者之间组织话轮转换,既让嘉宾能对谈论话题进行专业性的、提炼性的、指导性的回答,又让打进电话的听众有充分的表达观点的机会;同时,还要能找准时机,自然合理又不失礼貌地打断不切题的热线或者不合适的说法。这对主持人的思维能力、判断能力、语言技巧都有很高的要求。多年的记者和编辑工作,使苏京平具备了全方位的能力,他不仅能出色地完成节目的编采,还可以在主持过程中有效地组织多方嘉宾和听众进行有机交流,鲜明地提出问题,敏锐地捕捉热点,逻辑严谨地推进议题的发展和深入,引领谈话走向,始终掌控着整个节目的全局,引发听众的积极参与和强烈共鸣。

苏京平既是《人生热线》节目的主持人,还是节目的策划、记者、编辑,身兼数职,是90年代为数不多的优秀的"采编播合一"的主持人。他对节目话题的选择非常敏锐,热点问题、敏感问题、争议问题、跨界问题都是他关注的内容。90年代社会处在转型期,很多人也处在一个心理困惑期,人们站在人生的十字路口,不知何去何从,对现实、对人生有焦虑有迷茫也充满思考,《人生热线》成为了这个时期很多人抒发自我、解决困惑、寻找出路的平台。苏京平在很长一段时间里扮演了心理咨询师的角色,帮助听众解决心理问题,普及心理知识,和他们探讨人生的选择,成为了听众的知音。《人生热线》的节目触角不断扩展到社会生活的方方面面,内容不断变化充实,从"专家咨询"到"热线大展播"到"午夜新闻发布会"到"今晚公开道歉"再到对听众进行热线调查……节目内容紧扣时代脉搏,新鲜有创意,不断地吸引着新

---

① 《北京人民广播电台十佳主持人小传:苏京平》,http://beijing.qianlong.com/3825/2003/11/16/178@1712447.htm。

的听众。在讨论到诸如"性问题""同性恋"等比较敏感的问题时,苏京平请来了性学专家,谈话的态度大方、话语准确,既能把事情介绍清楚,也不会尴尬小气;在探讨历史文化、人文传统等问题时,苏京平请来不同领域的专家,从不同角度提问,和听众们一起学习领悟;在探讨人情世故、人生价值等问题时,苏京平结合自己的经历和大家分享体会,引导大家热烈讨论……在节目中,苏京平展现出了丰富的知识储备,做到了在专家面前不外行,在听众面前基本能当个内行,使节目不仅有感性的体会,更有理性的思索和认识。当然,在节目中主持人也不能太随心所欲,还需要对听众进行适当的引导,苏京平除了鼓励听众积极参与、踊跃发言、百家争鸣,也没有忘记媒体的舆论引导作用,保证着节目的导向不出问题。

(二)多元交流模式

《人生热线》节目中听众的参与是节目的核心,听众才是真正的主角,节目的主要时间都留给了听众,希望能有更多的人打进热线电话来参与讨论,交流分享他们的思想,主持人更多的是倾听者、服务者、引导者。节目中观众可以畅所欲言,发表不同观点,通过主持人的穿针引线、提问引导,和嘉宾以及其他打进电话的听众讨论,有时甚至是展开辩论,气氛民主、热烈、和谐。《人生热线》节目利用热线电话,让听众直接参与到节目中,在主持人、嘉宾、打进电话的听众、收音机前的听众之间建立起了多元的交流模式,直播间直接面对面的交流、通过电话的声音交流、通过收音机的间接交流,打破了主持人向收音机前听众传播的单一、单向的模式,形成了多方位、开放性的信息交流场,信息量大、反应速度快、交流鲜活真实。这种交流模式有利于吸引听众的注意力,每一次谈话对象角色的转换、声音腔调的变化、内容观点的变化都能激发听众新的兴奋点,保持对节目的关注度。同时,这样的模式也可以使听众了解到来自专家、学者、主持人、普通人的各种看法,增加节目的信息量。

多元的交流模式中,交流各方的交流方式是有所不同的。苏京平与演播室嘉宾的交流,与打进热线电话的听众之间的交流,嘉宾之间的交流以及嘉宾与打进热线电话听众之间的交流都是真实的人际交流,非常直接,除了语言外,大家还可以通过彼此的表情或者声音里透出的语气直接捕捉到对方的回馈。但是直播间里的交流并不是节目的最终目的,节目的最终目的是让收音机前更多的听众产生共鸣,在思想上参与谈话。因此,直播间里的热烈讨论是为了更好地吸引收音机前的听众,和他们进行交流。在这个过程中,主持人不能只顾了眼前的听众,而忘了看不见的更多的听众,要不断调整自己与听众、嘉宾与听众、自己和嘉宾之间的关系。苏京平不仅做到了了解听众的兴趣点所在,还事先和嘉宾沟通,熟悉他们的理论和观点,同时也能时刻考虑到收音机前观众的反应和回馈,站在他们的角度来提问、追问,引领他们思考问题,带动他们参与节目,营造出和谐热烈的谈话氛围,听众也被他的智慧、自然、坦诚、宽容、理解、真诚深深打动。

《人生热线》节目是90年代大量热线直播节目中的优秀代表,主持人在节目中放低姿态、以"说"为主、掌控节目、连线访谈、交流互动、融入听众,对主持人的沟通模式、话语样态均做出了新的尝试和有益探索,这种多点沟通、真诚对话、自然流畅的主持人语言表达方式,为日后主持人和受众之间更加频繁的,甚至实时的互动交流打下了良好基础。

五、《综艺大观》

《综艺大观》的前身是《文艺天地》,于1990年3月14日开播,每两周一期,每期播出50分钟,是当时中央电视台唯一在黄金时间现场直播的、综合了各个艺术门类的综艺性电视文娱节目。《综艺大观》由若干小板块组成,每期播出其中部分内容,包括《开心一刻》《音乐星空》《请你参加》《新起点》《艺海春秋》《海外飞鸿》《天南地北》《东方奇观》《综艺快车》《综艺传真》、综艺系列剧《咱们的居委会》等。《综艺大观》高举"综艺性、娱乐性、观赏性"的大旗,定位于各层次、各年龄段的电视观众,尤以家庭观看为主,成为了区别于其他文娱类别的有自己独特属性的综艺性娱乐节目。节目在90年代广受好评,最初开播的一段时间,收视率一直居全国各类综艺节目之首,在海外及世界华人地区也有着广泛的影响,被业内人士称呼为"小春晚"。1999年,根据观众的需求,节目进行改版,《表情》替换了《综艺大观》。2004年10月,节目因收视率不断走低而被"末位淘汰",走过了14年风雨历程的中央电视台老牌娱乐节目悄然落幕。尽管如此,《综艺大观》以及从节目中走出来的主持人们依然构成了90年代中国人关于综艺节目的集体回忆。

曾经担任过《综艺大观》节目主持人的有成方圆、王刚、倪萍、周涛、曹颖等,他们都受到了极大的关注,几乎是一上节目就反响热烈。倪萍调入中央电视台的第21天就开始直播,在第18期《综艺大观》节目中接替成方圆和王刚正式登台,几乎是一炮而红,三个月后就获得了星光奖最佳主持人称号,成功地从一名演员转型为主持人,并从此成为了90年代中国综艺舞台上的当家花旦。1995年,科班毕业的周涛开始主持《综艺大观》,成为了继倪萍之后又一位通过《综艺大观》成长起来的全国知名的主持人,活跃在各种综艺晚会的舞台上。2000年之后,陆续担任《综艺大观》节目主持人的曹颖、王玲玲等,也因为主持这个节目被广大观众熟悉,但由于节目本身的受关注程度不断下降,她们并没有像倪萍和周涛一样,在全国引起巨大反响。倪萍和周涛赶上了《综艺大观》节目整个90年代的黄金时期,可以说《综艺大观》成就了倪萍和周涛,她们的主持特点在主持《综艺大观》的过程中逐渐形成,并获得广大观众的认可,而倪萍和周涛也通过在节目中的出色表现和个人魅力使节目本身增色不少。倪萍和周涛成为了从《综艺大观》走出来的两位著名的主持人,也是中国早期综艺节目主持中最成功的两位。

(一)默契配合、交流互动、轻松愉悦

《综艺大观》以活泼多样的艺术风格和明星频频亮相的娱乐模式开创了娱乐节目的一种新形态,引发了中国屏幕上第一次娱乐热潮。节目融合了歌舞、小品、杂技、魔术等多种舞台表演类文艺节目,内容短小精悍、编排简洁轻快、表现手法精巧,塑造了热闹靓丽的荧屏景象,堪称微型春节联欢晚会,是平时老百姓的文化大餐。《综艺大观》采用了现场直播的方式吸引观众参与,每一期都有一位或者几位嘉宾主持,这也需要主持人与嘉宾密切配合,才能保证直播顺利进行。倪萍在每期《综艺大观》播出之前,都要花费相当的时间与嘉宾主持接触,彼此了解兴趣爱好、语言习惯等,尽量寻求默契,如果直播中真的出现问题,大家也都临场发挥、尽量补救,用一句感叹或者点评化解冷场和尴尬,保证节目顺利进行。

主持人在直播中既要和嘉宾主持交流,又要和现场观众交流,还要和电视机前的观众交流,体现出很强的交流互动能力、现场把控能力和气氛调节能力。《综艺大观》的嘉宾主持多由大家所熟悉的小品、相声演员担任,他们的诙谐幽默与主持人的端庄大方相得益彰,多点的交流互动,活泼轻松,营造出了欢快愉悦的现场气氛。现场观众看节目时最真实的反应增强了节目的现场感,也感染着电视机前的观众。节目后来还增设了热线电话、综艺寻呼等板块,以强化节目的参与感,使节目更加贴近生活、贴近观众。

(二)端庄大气、亲和朴实、寓教于乐

中国人对女性有着传统的审美追求,即容貌秀丽、气质端庄、大方得体、通情达理,《综艺大观》的几位固定主持人都是女性,她们身上都体现出了这种中国老百姓喜爱的传统女性的气质,即端庄大气、亲和质朴。倪萍28岁才开始主持《综艺大观》,稳重、贤淑、质朴,让人倍感亲切,演员出身的她易动感情,并且非常善于运用观众的情感诉求营造现场氛围,又让人感觉真诚实在。倪萍主持《综艺大观》的5年,正是节目不断走向成熟,影响力不断扩大的时期,倪萍的个人主持风格与节目紧密地结合在一起,影响着《综艺大观》的整体风格,在这一过程中,《综艺大观》逐渐形成了"欢乐、轻松、健康、温馨"的节目风格。周涛之前在北京电视台主持新闻和一些专题性节目,她开始主持《综艺大观》的时候正是节目最红火的时候,作为一个不太成熟的综艺节目主持人,要主持一档非常成熟的综艺节目,并且对之前的主持人观众已经非常认可,早已有"先入为主"的印象,周涛一开始的压力非常大。因为节目整体创作和风格统一的需求,周涛的主持风格基本上是倪萍风格的延续,但她并没有刻意地模仿倪萍的煽情,而是突出了自己清新、自然、真诚的特色,观众也逐渐喜欢上了这个敢蹦极、会吹口琴、会打鼓的勇敢热情、多才多艺的姑娘。

《综艺大观》作为国家级媒体推出的电视综艺娱乐节目,是由电视台主办,不是市场化的运作模式,比较注重审美品位和价值取向。作为早期的电视综艺节目,《综艺大观》的内容以主流文化艺术为特征,以歌舞、小品、相声等为主导,节目在营造快乐的同时,更注重弘扬社会主旋律、歌颂人间真善美。《综艺大观》作为栏目化的小型晚会,虽然节目娱乐性、趣味性较浓,但其主要目的还是寓教于乐,"娱人"的同时还要达到"育人"的目的。主持人通过自己的话语和气质去引导观众,传播社会主流价值观,构建出电视综艺节目主流大气的端庄形象。

《综艺大观》在我国综艺节目发展史上有着重要的地位,它创造的辉煌收视在电视节目发展史上留下了浓墨重彩的一笔,同时,它从兴盛到没落的发展过程为我们带来了很多思考和启示,也为今后的综艺娱乐节目发展提供了经验教训。广播电视分众化、专业化越来越明显,综艺节目的受众定位要更加准确,期望可以把老中青一家人都聚到电视前观看的"大锅烩"节目往往容易显得不痛不痒,到头来谁也抓不住。同时,综艺节目的市场化运作趋势越来越明显,观众的参与程度越来越高,他们更希望从节目中获得纯粹的欢乐,并且不再满足于看到气质特征相似、笑容满面、中规中矩的主持人,而是对主持人的个性化要求越来越突出。《综艺大观》开播之后带动了全国各地综艺娱乐节目的大发展,1997年7月11日湖南卫视的《快乐大本营》开播,掀起了一股"快乐旋风",主持人李湘、何炅迅速被广大观众接受并喜爱。1998年,中央电视台经济频道开播了一档益智性互动游戏节目《幸运52》,节目打破娱乐类、知识竞赛类的节目界限,有机地将游戏与知识普及融为一体,充分调动起了观众的参与热情,主持人李咏凭借夸张的外形和轻松幽默的主持风格,成为了深受全国电视观众喜爱的娱乐节目主持人。此后福建台的《开心100》、北京台的《欢乐总动员》、安徽台的《超级大赢家》等娱乐节目也在全国异军突起,一批时尚、活泼、有个性的娱乐节目主持人出现。《综艺大观》是时代发展和变化的产物,它的兴衰变迁体现了我国电视行业的快速发展态势,综艺娱乐节目最需要贴近生活,而且发展变化的速度非常快,紧跟时代的步伐、把握受众需求、内容准确定位、形式灵活多变才是生存的秘诀。

第三节 播音主持创作特征

90年代,广播电视传输技术、制作方式、经营模式都发生了巨大的变化,上星频道的发展、广播电视产业化经营、频道专业化推进都使媒体竞争日益激烈,广播电视更加重视面向市场、面向社会、面向群众、面向生活来提升节目质量,创办品牌节目。同时,在发挥舆论宣传功能的同时,广播电视的服务娱乐功能得到了加强,重视受众需求、重视服务引导,节目内容包罗万象,节目形式推陈出新,让人们眼花缭乱、目不暇接。播音主持创作风格特征是与社会生活状态、广播电视传播发展、传播理念变化紧密结合在一起的,播音主持语言在庄重大方、真诚朴实的基础上更加贴近生活、亲切自然、鲜活明快,具有强烈的时代气息。

第五章 发展(1990年~1999年)

一、贴近生活、生动自然

在播音创作历史上一直有联系群众,把受众当朋友,与受众真诚交流的传统,但由于较长时间以来,政治宣传色彩都比较浓,内容又都围绕政治斗争或者经济建设展开,节目难免还是和广大人民群众有些距离。90年代,广播电视节目越来越多地关注人民群众的需求,注重取材于人民群众的生活实际,内容丰富实用,形式轻松新颖,拉近了播音员主持人与受众的心理距离,同时受众越来越多地参与到广播电视节目制作当中,平民百姓被请进演播室,与昔日隔着电波和屏幕的主持人真正地面对面谈话、交流,直接参与节目的制作,亲密互动,改变了播音员主持人与受众的交流形态。距离近了,方式变了,使播音员主持人能更轻松自然地面对受众,对象感更明确、交流感更强烈,语言表达更加清新流畅。生活化、口语化的表达越来越多地出现在节目当中,这种方式"不仅吸收了播讲方式的吐字准确、规整,富于音乐性的长处,也吸收了口语中的亲切自然和机敏灵活等长处。这种播音语言流畅,语句松紧变化较多,吐字力度不大,但颗粒较清晰,轻巧灵活"[①]。经历了粉碎"四人帮"之后的"降调",广播电视语言进一步和人民群众"亲密接触",表达亲切生动、灵活自然、交流感强的播音语言样态在各种访谈节目、现场报道以及主持人节目中得到广泛运用。对于受众来说,这种表达方式比较容易产生亲近感,朴实自然好沟通,使受众在有来有往的沟通交流中,不知不觉接收传播内容。与此同时,一向在人们印象中不苟言笑的新闻类节目语态也开始改变。1998年3月5日,语言犀利、针砭时弊的新闻栏目《元元说话》在北京电视台开播,主持人元元独有的带有京腔京韵的语言、热情热心的朴实形象,受到了老百姓的喜爱。在此基础之上,1999年4月4日,北京电视台创办了大型新闻述评节目《第7日》,节目植根于普通百姓的生活,体现着对老百姓生活的关注,表达着对普通人生活的关心,把话说到了人们的心坎里,节目迅速为广大电视观众所接受,引来全国各地电视台纷纷效仿跟进。人们更加明确地认识到,播音员主持人贴近生活、亲切自然的播音风格才能更加深入人心——赢得了老百姓的心,就是赢得了收视率,也

[①] 赵玉明、王福顺主编:《中外广播电视百科全书》,中国广播电视出版社1994年版,第211页。

就赢得了市场。

轻松是表达的状态,态度和善、充满关切,自然是呈现的效果,不虚假、不做作。在广播电视有声语言传播中,播音员主持人要传递给受众一种平等、真切、容易接近的心理感受,使受众在愉悦、轻松、积极的状态下接收信息。贴近生活、轻松自然是传受之间平等关系的体现,要和受众有共同语言,产生"共鸣",必须建立在平等的基础之上,唯有尊重、友善,才能推心置腹。贴近生活、轻松自然是一种内心感受的真实流露,不迎合也不献媚,更不虚假,是播音员主持人真心实意想和受众交流、实实在在想为受众服务的态度的体现。贴近生活、轻松自然更是一种平易谦虚的态度,主持人不过度表现自我,不以教育者自居,不装腔作势,也不屈己尊人、哗众取宠,使受众容易产生好感。作为党的宣传员、人民的代言人,主持人要体现庄重、真实、质朴、诚挚的品格,不卑不亢,落落大方。

值得注意的是,贴近生活、轻松自然不等于完全的生活化,也不等于完全展现原生态,语言表达还要有一定的思想性和趣味性,它从生活实践中来,又要高于生活,要把握好"度"。语言规范、准确清晰是广播电视语言表达的基础,也是一种优良传统。改革开放以后,谈话节目、娱乐节目蓬勃发展,"自然谈话""说自己的话"一时间备受推崇,"口语至上"倾向明显。一些人认为"语言规范"单调生硬,"字正腔圆"过时保守,这使得方言土语、港台腔调大有泛滥之势,很多人把沙哑、底气不足、含糊不清的声音当成特色,把港腔洋调当成时髦,把打磕巴、读错字当成贴近生活,这导致节目中出现了抛弃语言传统、轻视语言功力、否认创作规律的现象。其实,追求贴近生活、轻松自然语言表达的出发点是好的,但如果把握不当,则会忽略广播电视传播规律和广播电视的舆论导向与喉舌功能,轻视语言功力对于语言表达的重要性,从而造成对"大众化""生活化""口语化"的误读,结果适得其反。追求语言的贴近生活、轻松自然需要在坚持语言规范性的基础之上,不能一味地追逐"口语化""生活化",流畅的同时要清晰,自然的同时要规整,轻松的同时要大方,这样才能发挥广播电视有声语言在传播信息的同时愉悦大众、审美示范的作用。

二、鲜活明快、播说结合

在经历了80年代的"降调"之后,信息量增大、直播增多、互动频繁的90年代,播音创作开始明显"提速",以新闻播报为例,语速大概在每分钟300字左右,比以前的播音语速明显提高,因内容不同,有的节目语速更快。播音员主持人在节目中声音平和、语调明朗、节奏明快、轻松自如,让受众在获取信息的同时,有平和自然、轻松愉悦的感受。1998年4月1日,凤凰卫视推出早间直播新闻资讯节目《凤凰早班车》,以社会新闻为主,节目内容角度新颖,主持人陈鲁豫采用了站立、基本脱稿的方式播报新闻,这种轻松自然几近平常说话的方式开创了"说新闻"的模式。据陈鲁豫自己介绍,早期之所以采用"说新闻"的播报方式,首先是因为她不是播音专业出身,所以没有办法像传统播音员那样说话;其次,凤凰卫视是一个纯商业操作的电视台,节目讲究"轻操作",人员配备尽可能精干,《凤凰早班车》连编带播仅3个人,又因为是早新闻,时间上根本不允许仔细看一遍当天的新闻,然后摘抄整理,最后再照稿宣读,所以只能粗略浏览以后,将新闻要素作简单记录,然后直接在镜头前将刚刚读到的新闻"说出来",于是就有了"说新闻"。陈鲁豫的"说新闻"和传统的"播新闻"形成了鲜明对比,使观众耳目一新。很快,"说新闻"在全国各地的新闻节目中纷纷涌现、遍地开花,北京电视台《晚间新闻报道》、湖南卫视《晚间新闻》、河南卫视《新闻60分》、陕西卫视《新闻末班车》、江苏卫视《新闻早餐》、上海电视台《新闻夜线》、黑龙江卫视《新闻夜航》等节目为"说新闻"浪潮助力,广播电视播音主持开始了一次革命性的变革。采用"说新闻"方式呈现的新闻内容多以社会性新闻、软新闻为主,走大众化道路,关注普通人的生活,内容选择更加贴近生活,同时突出平等交流,将新闻的播报变成了和朋友之间的谈话,娓娓道来、轻松自然。另一方面,"说新闻"给了主持人更多的自由发挥、展示个性的空间,主持人可以不拘泥于文稿,谈论自己对于新闻事件的看法和分析,融入自己的思考与理解,对新闻进行口语化处理,从而更加亲切贴近,鲜活明快。

早在80年代,在播音创作上就有"播"与"说"之争,实际上,影响语言表达方式的根本决定因素是新闻的内容,新闻言简意赅、信息密集,其真正的价值来自于新闻事实本身的吸引力,有的新闻可以"说",有的新闻则必须

"播"。在对"说"新闻的认识和实践中,出现了重"说"轻"播"的现象,有些节目管理过于放松、即兴表达过多,只重形式而忽略内容,对新闻事实的把握、对新闻本质的理解也出现偏差。"说"新闻的播报方式借鉴的是生活当中轻松自如的表述状态,并不是纯粹生活语言的广播电视化,创作者在表述方式、表述内容、表述角色上都与生活中的语言有着根本的区别,不能滥用话语权——"随便说",也不能片面追求形式主义——"为了说而说"。播音创作中,"播"与"说"需要集合起来,在追求松弛自然、鲜活明快的同时,还必须准确把握节目内容、突出政策导向,重视备稿,做到字斟句酌,体现语言的清晰度与规范性,从而凸显广播电视语言传播的新闻属性。

第六章 成型(2000年~2015年)

进入新世纪,经济全球化进一步加快,科学技术突飞猛进,各种思潮相互交错、相互激荡,这些都对我国的思想文化领域产生了深刻影响。广播电视事业一直处于发展上升时期,导向正确、稳扎稳打,圆满完成了各项报道任务,实施精品战略,创作推出了一大批贴近生活、富于时代气息、讴歌社会进步的优秀广播电视节目,这些节目对改革开放和社会主义现代化建设事业起到了积极推动作用,成为新闻宣传工作和思想文化的重要阵地。2000年初,江泽民提出"三个代表"重要思想,指出中国共产党始终代表中国先进生产力的发展要求、中国先进文化的前进方向、中国最广大人民的根本利益,研究、阐述、宣传、落实"三个代表"重要思想成为广播电视宣传工作的重要任务。2003年7月,胡锦涛在讲话中提出要坚持以人为本,树立全面、协调、可持续的科学发展观,强调经济发展归根到底都是为了满足广大人民群众的物质文化需要,保证人的全面发展,人是发展的根本目的。"以人为本"的理念成为思想文化界关注的话题,为人们打开了一个无限开放的思想平台,人们开始进一步思考个人、人类和世界的存在意义,即基本的价值观念,人们开始倡导当代中国人文精神的重建。在文化、教育、宣传等各个领域"以人为本"的思想观念不断深入人心,成为政治发展、经济建设、文化活动的根本指导思想,在民族精神塑造、促进社会和谐与进步、实现中华民族伟大复兴的过程中发挥着重要作用。新世纪,新媒体、互联网蓬勃发展,论坛、博客、播客、贴吧、微博、微信以及新兴的视频网站等,给人们提供了最广阔的交流平台和自我秀场,构成了"自媒体"的主要表达渠道,改变着传统媒体的创作方式和传播方式,犀利的语言、精妙的点评、独特的视角再次冲击着

人们的思想观念,人们的心胸更宽广、眼界更开阔、精神生活更丰富,为传媒事业的迅速发展提供了丰厚的土壤。2012年11月,习近平提出了"中国梦"这一重要指导思想和重要执政理念,指出实现中华民族伟大复兴,就是中华民族近代以来最伟大梦想,这个梦一定能实现。2014年10月15日,习近平在北京主持召开文艺工作座谈会并发表重要讲话,强调坚持以人民为中心的创作导向,创作生产出无愧于我们这个伟大民族、伟大时代的优秀作品,这一讲话为文艺创作、表演、研究、传播等领域的发展指明了方向。同时,习近平非常关心互联网的发展,自2012年以来,围绕建设网络强国、保障网络安全、清净网络环境、创新互联网技术、支持互联网金融发展、重视互联网思维、实现媒体融合发展等问题,习近平多次发表了自己的看法和意见,互联网的发展成果正在越来越多地惠及全国人民,让全人类共享。新世纪、新挑战,广播电视以及整个传媒行业经历着探索与改革,迎来了突破创新、个性鲜明、快速发展的时期,产业规划、市场运行、节目创作更加成熟。可以说,广播电视传媒事业的发展自此迈上了新的台阶。

第一节 播音主持创作发展概况

国际政治多极化的发展趋势、经济全球化的推进、高新技术的运用,为广播电视事业发展提供了很好的外部发展机遇;党中央高度重视、人民群众十分欢迎、社会非常需要,给广播电视事业大发展创造了良好的内部环境。但是另一方面,广播电视的发展也面临着国外大型传媒集团进入和国内报刊、电信、网络等媒体竞争所形成的"内挤外压"的形势,广播电视界也大有"狼来了"的感觉。为了和国际大型传媒集团竞争,90年代中后期,广播电视系统提出做大做强的口号,1999年6月9日,全国第一家广电集团——无锡广播电视集团正式成立,迈开了我国广电集团化的第一步。2000年12月27日,我国首家省级广电集团——湖南广播影视集团挂牌成立,之后陆续有20多家广电集团成立。在这个过程中,问题也随之出现,用行政的手段推进集团化改革,从资产规模来看,确实是大了,但从内部来看,多数集团存在机构重复设置、人浮于事、效率不高、责任不清等问题,各机构之间是简单的物理式叠加,无法产生化学反应。2004年12月,集团化改革在推行五年后宣告终结。"中国广电进入新世纪的前五年,是中国广电历史上最乱的时期。这种'乱'表现在,正如有的专家曾经形容的:产业化的是是非非,集团化的反反复复,有线、无线的恩恩怨怨,局台合一的打打闹闹,网络整合的忽忽悠悠等等。"①尽管集团化改革的尝试并不成功,但这却是一次体制机制改革的宝贵尝试和积极探索,坚定了广播电视人创新发展、做大做强的决心。

在计划经济时期,我国的广播电视一直强调意识形态属性而忽视了产业属性,随着社会主义市场经济体制的逐步建立和完善,广播电视在坚持意识形态属性的前提下,也明确了产业属性,并提出大力发展广播电视产业。2005年之后,广播电视发展逐渐走向稳定,产业化进程进一步推进,整合力量,激发内在的产业、产能、效能,节目内容越来越成熟,经营格局越来越清晰。新世纪,中央级广播电台电视台的绝对优势不断减弱,地方广播电台电视台凭借个性突出的品牌栏目逐鹿中原,广播电视在激烈的竞争中快速发展。

"三网融合"是新世纪的又一个关键词。2001年3月15日通过的十五计划纲要第一次明确提出"三网融合",即促进电信、电视、互联网三网融合。三网融合的提出和试点工作的启动,为广电新媒体发展提供了良好的机遇。2010年1月13日,国务院总理温家宝主持召开国务院常务会议,决定加快推进电信网、广播电视网和互联网三网融合,同时明确了三网融合的时间表。同年6月底,三网融合12个试点城市名单和试点方案正式公布,三网融合终于进入实质性推进阶段。2013年,三网融合进入全面推广阶段。"三网融合通过技术创新,加快广播电视网、电信网、互联网的升级改造,有效地实现各个网络之间在技术层面的互联互通和业务层面的资源共享,不但能开展传统的广电电信业务,而且能不断开发出各种新业务,从而为新媒体发展奠定了坚实的基础,提供了广阔的发展空间。"②

新媒体是一个相对的概念,是继报刊、广播、电视等传统媒体以后发展起来的新的媒体形态,包括网络媒体、手机媒体、数字电视等。"在信息经济和新技术革命的推动下,新媒体的网络化、全球化、全民化、移动化、社会化、

---

① 王云鹏、时统宇、胡智锋:《新十年新起点:中国广播电视的观察与思考——2011年〈现代传播〉年度对话》,《现代传播》2011年第1期(总第174期)。
② 陶世明(国家广电总局传媒机构管理司司长):《三网融合与新媒体发展》,《广播电视信息》2010年第10期。

融合化发展态势更为显见,新媒体用户持续增长,普及程度进一步提高,新媒体应用不断推陈出新、社会化水平日益提升,新媒体在全面而深刻地影响着人类的社会生活,成为推动社会发展的新力量。"[①]新媒体成为一种高度社会化的媒介,不仅进一步变革着大众传播的格局,而且快速向政治、经济、文化等诸多领域渗透。但另一方面,其双刃剑效应进一步凸显,由新媒体所引发的社会问题和危机事件频发,网络安全问题亟待解决。

面对新媒体带来的巨大冲击,传统媒体采取了融合、融入的做法,传统媒体开办新媒体,通过迎接、参与、融合,使自己发展为新的综合媒体。2008年6月20日,胡锦涛视察人民网时指出,必须加强主流媒体建设和新兴媒体建设,以党报、党刊、电台电视台为主,整合都市类媒体、网络媒体等多种宣传资源,努力构建定位明确、特色鲜明、功能互补、覆盖广泛的舆论引导新格局。传统媒体和新媒体互相融合、互相支撑,形成你中有我、我中有你的局面,而且资源更为节约,力量更为集中,覆盖更为广泛,转播更为有效,优势更为明显。《中国广播电影电视发展报告(2014)》显示,截至2013年年底,广播综合人口覆盖率达到97.79%,电视综合人口覆盖率达到98.42%,已经基本形成了无线、有线、卫星、新媒体等多技术、多层次混合覆盖的,世界上覆盖人口最多的现代化广播电视覆盖网,中央电视台卫星传输信号基本实现了全球覆盖。产业发展、三网融合促进了新老媒体融合,加快了广播电视由传统媒体为主向传统媒体与新兴媒体融合发展的方向转变。广播、电视、网络三足鼎立,丰富和延展了播音主持创作的平台及空间,扩大了受众群体,也带来了创作方式的革命性转变,播音主持创作从内容、理念到技法,都有了更凸显媒体特色、更符合传播规律、更贴近大众品位的新内涵,形成了播音主持艺术创作的新风貌。

一、播音主持创作内容

(一)专业化与细分化

20世纪90年代,以各级广电系统的集团化改革以及机构合并为产业基

[①] 尹韵公、刘瑞生:《成长中的新媒体:虚拟和现实社会的冲突与融合》,《新媒体蓝皮书 中国新媒体发展报告(2012)》,社会科学文献出版社2012年版。

础,以1992年上海东方广播电台成立和1995年中央电视台的频道扩充为突出标志,具有中国特色的专业化频道建设拉开序幕。进入新世纪,伴随着数字电视的推广,在90年代发展的基础之上,频道的专业化细分有了显著提高,涌现出一批专业化频道,有按功能定位的、按内容定位的、按对象定位的等,这些频道旨在满足特定受众的特别需求,给不同受众以特色鲜明的节目。中央电视台在提出"频道品牌化"的战略目标下,推进以"频道专业化、栏目个性化、节目精品化"为核心内容的宣传改革。自1999年以来,央视多次对各频道进行改版,强化频道专业特征,优化频道资源配置,其频道制改革在经历了方案提出和试点阶段、经验总结和推进阶段、深化改革和全面实施阶段之后,已经具有相当的规模。2002年1月28日,海南卫视改名为"旅游卫视",深情说出"身未动,心已远";安徽卫视确立了以电视剧为主的节目战略,喊出"剧行天下,爱传万家";湖南卫视确立了娱乐化的发展道路,呼唤"快乐中国";江苏卫视定位为以资讯为核心、以情感为特色的中国情感特色频道,频道宣传语为"幸福中国"……2003年是广播发展年,广电总局提出了实现广播频率专业化的发展目标。中央人民广播电台已经开办中国之声、经济之声、音乐之声、都市之声、中华之声、神州之声、华夏之声、民族之声、文艺之声、老年之声、藏语广播、维吾尔语广播、娱乐广播、香港之声、中国高速公路交通广播、中国乡村之声等16套广播频率。各地方电台电视台也开设了包括新闻、财经、科教、生活、体育、纪实、综艺、音乐、青少等专业化的地面频道,发展非常快。在经历了"节目时代""栏目时代"之后,广播电视传媒行业发展迎来了"频道时代"。

频道专业化带来了受众细分化,也使对象性栏目蓬勃发展起来。中央人民广播电台的《小喇叭》节目是历史悠久、广为人知的对象性节目。1993年10月11日,中央电视台开播《夕阳红》节目,1995年6月1日开播《大风车》,同年9月开播《半边天》,这3个节目成为了中央电视台社教节目向对象性发展的代表性节目。进入新世纪之后,定位清晰、针对性强、风格鲜明的对象性节目不断出现,儿童节目、老年节目、体育节目、军事报道、农业报道、女性报道、职业报道等都有新的发展,中央电视台体育频道的《天下足球》、农业频道的《致富经》,北京电视台的《天下收藏》,北京人民广播电台的《古典也流行》等等,都受到了特定人群的喜爱,创出了自己的品牌。

从创作本身来讲,专业化的频道和细分的受众要求播音员主持人必须准确地抓住受众群体的特点，用恰切的语言表达方式和受众沟通，以达到良好的传播效果。《夕阳红》的主持人陈志峰、黄薇、张悦，主持风格温和亲切、恳切细腻、松弛自然，体现出了对老年朋友的关爱；《大风车》的主持人鞠萍、董浩、刘纯燕，突出了"以儿童为本"的创作思路，主持形式活泼、节奏明快、充满童趣和欢乐，深受广大少年儿童的欢迎；《半边天》的主持人张越身材微胖，朴实大方，散发出独特的平易近人的味道，她的主持充满才气与智慧，表达细腻委婉，态度平和尊重，能够使嘉宾放松，讲出自己的真实人生感受，打动了无数观众；《天下足球》的主持人刘建宏、黄健翔、段暄等都是标准的球迷，他们的节目中有专业的分析，也有球迷的情感，体现出了对足球深深的热爱，感染了很多人。播音员主持人对节目内容的热爱、专注、投入、热情，成为了吸引受众的重要因素。

频道专业化也催生了很多专业型主持人的出现。近些年，主持人素质提升的速度远远落后于数量的激增，也没能跟上广播电视飞速的发展，很多主持人只有语言表达方面的基本技能，文化内涵不足，尤其缺乏与节目内容相关的专业知识，做经济节目说不清专业术语，做音乐节目念错歌手名字，做农业节目五谷不分……很多时候无法摆脱对稿件的依赖，缺乏对节目的整体驾驭。以前，我们常说主持人应该是"杂家"，内容细分化、频道专业化之后，主持人开始慢慢向"专家"靠拢。专业型主持人除了具备较强的语言表达能力之外，还需具有扎实的专业知识，能够提供针对性强、可信度高、权威性大的节目内容。主持人是节目和受众之间的桥梁，在节目内容越来越专业化的情况下，主持人如果对节目内容完全不懂或者知之甚少，只是照本宣科的话，就不可能把节目内容传达好，在解释、采访、互动环节还有可能"露怯"，进而失去受众的信任。目前，财经类、法律类、养生类、时尚类、音乐类、文化类等节目中已经出现了很多优秀的专业型主持人，他们基本掌握了节目学科领域的专业理论、基础知识，了解学科前沿的发展动态和代表性人物，并且能够将枯燥难懂的专业术语转化为适合表达、便于普通观众理解接受的语言，很受欢迎。诞生于1999年的《今日说法》启用了毕业于北京大学法学院的撒贝宁担任主持人，吸引了无数观众，不仅因为节目本身顺应了当时经济发展的需要，满足了老百姓了解法律知识的愿望，也因为这个既懂法又会"解"法、"传"法的主持人。撒贝宁在节目中展现出了扎实、专业的法律知识，说起专业术语来得心应手、如数家珍，分析案件、解释条款通俗易懂、幽默风趣。从《今日说法》中的专业型主持人起步,撒贝宁在专题、谈话、娱乐、晚会等各类型节目中都有突出表现:在《梦想合唱团》中载歌载舞、才情四溢,将文艺特长发挥得淋漓尽致;在《开讲啦》中思维敏捷、青春活力,又呈现出善于思考的智慧的一面,现已成为一名能力全面的优秀节目主持人。能够驾驭跨节目形态和多种内容的主持人非常难得,白岩松也是很有代表性的一位,由于热爱体育,他在主持新闻节目的同时也经常参与体育节目的制作播出,他主持的北京奥运会、世界杯足球赛等节目,以及解说的广州亚运会开幕式、伦敦奥运会闭幕式都给人留下了深刻的印象。当然,并不是所有的主持人都适合像撒贝宁、白岩松一样发展,能够做到"跨领域""跨形态"与主持人自身的兴趣爱好、积累特长息息相关,同时还需要在业务实践中用心揣摩、反复磨炼。在专业型主持人中有像撒贝宁这样学习相关专业出身的,但大多数还是学播音主持或相关专业出身,他们通过自己的学习积累,逐渐成为了某专业领域的"小专家",做节目也是游刃有余。当然专业型主持人并不等于专家,毕竟术业有专攻,很多节目也会邀请真正的专家参与,专业知识还是专家们的解释更有说服力、更权威。专业型主持人拥有一定的专业知识可以增强自己的信心,更好地与专家沟通交流,提问采访不说外行话,使节目更具可看性和专业型。频道专业化和受众细分化的趋势,需要播音员主持人全方位调试自己,以适应广播电视的新挑战。

"频道专业化、栏目个性化、节目精品化"过程中,要求播音员主持人树立和频道风格气质整体一致的品牌形象。播音员主持人由于其在节目中所处的前沿位置以及所起的重要作用而成为关键,鲜活的内容、精妙的设计都需要通过他们来实现,他们的表现直接影响到节目品质和传播效果。播音员主持人在相对固定的频道以及栏目中,经过长时间的努力树立起来的良好形象,能使受众产生美好的情感、留下深刻的印象、形成良好的口碑,从而激发出受众的收视愿望,产生对频道、栏目的收视依赖。优秀的播音员主持人会成为频道、栏目的一种独特的识别标志,成为频道、栏目的品牌形象,具有鲜明的个性和不可替代性。悦耳动听的声音、流利贴切的表达、可爱的相貌、匀称的身材、幽默的谈吐、优雅的气质、翩翩的风度等等都能成为播音员主持人在节目内容引人入胜之外吸引受众的重要因素。因此,当提及某个频道时,我们很容易联想到该频道中最能体现频道特色的播音员主持人,比如中央电视台新闻频道稳健大气的康辉、睿智犀利的白岩松、快人快语的文静等,比如湖南卫视智慧幽默的汪涵、机智灵活的何炅、古灵精怪的谢娜等。广播电视媒体逐渐意识到播音员主持人巨大的品牌效应,也开始采取各种方式打造代表自己频道品牌形象的播音员主持人,如拍摄宣传片、印制宣传品、参与宣传活动等等。但塑造出良好的品牌形象,最重要的还是来自于播音员主持人自身的磨炼和修养,播音员主持人只有具备鲜明的个人标识、深厚的文化魅力、良好的公共信誉、广泛的公众知名度,使自己从形象气质、业务专长、语言表达特点等都与频道整体定位和风格保持一致,才能最终树立富有个人特色的品牌形象。

(二)大众化与娱乐化

新世纪以来,市场经济飞速发展,对外开放不断扩大,精英文化逐渐向大众文化转向,并逐渐发展为主流文化。以大众为主体、依靠大众广泛参与、具有鲜明大众性的节目开始在全国热播,大众化、平民化成为了广播电视的鲜明特点之一。在大众文化背景下,借助商业运作,娱乐元素不断地渗透到各类节目当中,形成了以游戏竞技与服务休闲为核心内容、以广大老百姓为首要消费对象的广播电视形态,节目体现出自由竞争、表达出民间意志、传递着励志能量、充满着人文关怀,满足了广大人民群众日益增长的精神文化生活需要,符合社会转型期的大众普遍心态。广播电视节目娱乐化是大众文化发展到一定阶段的必然产物,综艺娱乐节目已经完全汇入了大众文化的洪流中。

娱乐消遣是广播电视的重要功能之一。90年代初创办的综艺节目虽然也有相当程度的娱乐性,但还是有一定的节制,重点突出节目的知识性、趣味性,有明显的直白的教育意味蕴含其中。正是由于我国广播电视多年来承载了过多的宣传教育功能,不经意弱化了休闲功能,才使得综艺娱乐节目在90年代末和新世纪火爆异常。劳累了一天的人们打开收音机、电视机,欣赏轻松、休闲、逗趣的节目,彻底放松休息、娱乐消遣。广播电视娱乐节目的兴起、发展、流行,标志着媒体的大众娱乐功能得到了前所未有的加强。

1997年,湖南卫视《快乐大本营》火爆荧屏,引得全国各大媒体纷纷效仿,娱乐游戏节目方兴未艾。1998年,湖南卫视《玫瑰之约》的播出又掀起了电视征婚节目的热潮。同年,中央电视台开播的《幸运52》又让老百姓感受到了益智游戏节目的魅力。90年代中后期掀起的这股娱乐化浪潮,在新世纪更加汹涌。2000年7月7日,中央电视台引进国外先进的电视形态,开播了集趣味、益智、知识、紧张、惊险、幽默于一身的《开心辞典》,从老百姓中选拔选手参与知识竞赛,将网络、电视两大媒体紧密结合,实现了真正意义上的与观众互动,用"请听题""恭喜你,答对了"之类的话语,把全国人民的智力竞赛热情燃烧到了新的高度。2003年10月28日,平民选秀节目《非常6+1》开播,电视选秀节目开始走进观众的视野。2004年,湖南卫视开播《超级女声》,东方卫视开播《我型我秀》,拉开了歌唱类真人秀节目的序幕;2005年《超级女声》创造收视奇迹,之后的《快乐男声》继续火爆全国,"超女""快男"让平民选秀节目持续升温。这一时期,中央电视台制作了恢弘大气的《梦想中国》《星光大道》《赢在中国》等节目,上海东方卫视也推出了时尚动感的《我型我秀》《加油!好男儿》《舞林大会》等,还有湖南卫视的《舞动奇迹》《天天向上》,浙江卫视的《我爱记歌词》、江苏卫视的《名师高徒》……各台大显神通,掀起了一轮又一轮的电视娱乐浪潮。这些节目充满竞争与对抗、悬念与刺激,同时又充满温情和关爱,吸引着各个年龄段的观众收看。另一方面,普通老百姓有机会走上舞台,展示才华,让人们感受到"高手在民间"的震撼,很多草根平民几乎一夜爆红,成为明星,选秀成了名副其实的"造星运动",电视成了大众狂欢的娱乐秀场。在游戏益智、娱乐选秀节目异彩纷呈并且有些"饱和"和"审美疲劳"的时候,各地电视媒体借鉴国外的节目样态,翻新花样、各出奇招,延续着娱乐节目的热度。2012年浙江卫视《中国好声音》横空出世,获得巨大成功;2013年湖南卫视《我是歌手》《爸爸去哪儿》相继登场,再创收视佳绩;2014年《奔跑吧,兄弟》《中国好歌曲》《最强大脑》等节目也牢牢吸引了观众的眼球。"真人秀"节目的参与者逐渐从"平民"向"明星"转移,在内容上打出了亲情牌、友情牌,在行走、竞技、探索、体验等过程中,呈现纪实性、游戏性、冲突性,直接展现明星或者普通人真实的一面;在形式上加入了灭灯、转身、推杆、现场打分等戏剧性的情节,让节目充满悬念、高潮迭起。大量"现象级节目"活力四射、趣味盎然,使娱乐风潮继续席卷荧屏,热度不减,主导着受众的视觉消费习惯,再掀收视高潮。十年多年来,电视综艺选秀节目从明星的"唱独角戏"到众人参与的"集体狂欢",参与性、互动性越来越强,大众化程度越来越高。

  90年代,电视的迅速崛起使广播受到巨大冲击,进入新世纪,广播又面临来自网络媒体的挑战,各方面的压力推动着广播媒体全方位创新。在节目模式和表现形态的变革中，娱乐元素被广泛地运用，节目更贴近、更轻松，广播快捷性、伴随性、服务性、趣味性的优势充分体现出来，广播媒体开始逐渐找到自己的位置，与电视媒体、网络媒体三分天下。2001年8月22日，辽宁电台生活娱乐台《娱乐双响炮》正式开播，主持人不光自己说笑，还带动听众结合自己的生活创作笑话，再由主持人即兴诙谐地演绎出来，共同创造快乐、分享快乐，节目幽默风趣，被近70个省市电台购买播出，形成了较大的社会影响力。此后，各地方电台都开设了类似节目，在节目中加入丰富的娱乐元素，轻松、活跃、热闹。2009年1月，北京人民广播电台音乐广播开播《边走边唱》，主持人在直播节目中现场调动听众热情，带领听众随音乐一起欢唱，营造出异常欢乐的氛围，这个全国首档广播随身KTV节目，让广播成为了自娱自乐的新工具。2011年1月，中央人民广播电台文艺之声播出《海阳现场秀》，内容本土化、形式娱乐化，主持人海阳说学逗唱、谈笑风生、互动交流、热烈欢快，在幽默中揭批社会不良现象，在嬉笑中传递正能量，不仅获得听众的喜爱，也得到业界的肯定，屡获大奖。这些消遣娱乐、轻松逗乐的节目让老广播焕发出了新活力。

广播电视节目娱乐化除了表现在娱乐节目数量的快速增长上，还有一个重要的表现就是娱乐元素已经开始向各种节目形态中渗透，不论是新闻、社教，还是专题、谈话等等，娱乐已不仅仅是一种节目类型的概念，还正在成为一种"浸入"和激活节目形态、增强节目表现力的基本元素和创意手段。同时，随着在节目中制造的"平民明星"大批出炉，广播电视已经基本形成了一个庞大的娱乐产业，带来了极为可观的经济效益。媒体大众化和娱乐化的现实情况推动着播音主持创作方式的改变。广播电视节目彻底改变了以前"我播你听""我演你看"的节目形态，邀请普通老百姓参与节目已经成为了常态的方式，"旁观者"变成了"参与者"，受众变成了传者，大众传播的过程回归到了人际传播的本真状态，主持人用老百姓喜欢的方式，说老百姓爱听的话，面对面、心连心。播音主持创作方式在80年代是以"播"为主，90年代"播""说"结合，到了00年代又多了"聊"和"侃"的感觉。"聊"的内容更丰富、更灵活，"聊"的方式更自然、更真切，是新朋友见面时的热情介绍，又是老朋友重逢时的嘘寒问暖，主持人的语态发生了根本的改变。在娱乐化的节目中，主持人非常"活"，现场交流活跃、对答互动灵活、现场气氛快活，他们准确把握住了目标受众群的特点以及节目的风格，找准了自己的角色定位,找到了适合的话语方式,使自己的语音语调、形象气质都能和节目浑然一体。当然,娱乐元素还少不了一个"乐"字,主持人若能机智灵活、幽默风趣,就能更好地烘托出现场气氛和节目话场,突出自己的特点,让受众印象深刻。汪涵、撒贝宁、何炅、华少、海阳、谢娜等等都是这样散发个性魅力的主持人。

娱乐节目空前繁荣、娱乐元素大放异彩,无疑满足了观众的娱乐诉求,提升了媒体的关注度,也带来了可观的市场份额和回报,但是娱乐节目数量愈来愈多,娱乐化倾向愈演愈烈,就连新闻节目中也出现了"恶搞""胡喷"的现象,娱乐"双刃剑"效果开始显现。由于盲目跟风,娱乐节目中"移植""克隆"现象尤其明显,一档节目大受欢迎之后会引发全国跟风,衍生出大量类似节目,有的是"半克隆",有的甚至全盘借鉴,缺乏新意,节目的同质化严重。"选秀风""跳舞风""歌会风""亲子秀""夫妻秀"一个比一个猛烈,受众在"集中轰炸"中产生"审美疲劳",失去对节目的兴趣,很多地方台的娱乐节目成为了质量不高、寿命不长的应景过客。同时,由于过分追求收视率和经济效益,导致尺度把握出现了问题,节目强调娱乐至上,竭尽所能吸引观众眼球,以致出现了一些丢失传统文化内涵、品位不高、内容低俗的节目,造成平庸化、低俗化,娱乐过度现象比较严重,严重影响了观众的精神生活和审美追求,有的甚至影响到了社会道德与社会规范。2011年10月24日,国家广电总局下发《关于进一步加强电视上星综合频道节目管理的意见》,提出从2012年1月1日起,34个电视上星综合频道要提高新闻类节目播出量,同时对部分类型节目播出实施调控,以防止过度娱乐化和低俗倾向,满足广大观众多样化、多层次、高品位的收视需求。2013年10月12日下发的《关于做好2014年电视上星综合频道节目编排和备案工作的通知》,规定每家卫视每年新引进版权模式节目不得超一个,卫视歌唱类节目黄金档最多保留4档。"限娱令"的出台,使广播电视过度娱乐现象有所改善。媒体之所以出现娱乐化泛滥的问题原因有很多,包括受众心理、市场环境、媒体机制及媒体人自身素质等等。而对主持人来说,则必须树立正确的价值取向,引领受众的审美趣味,做到通俗但不能低俗、松弛但不能松懈、亲切但不能诌媚,不盲目追求个性,不哗众取宠,不自我卖弄,积极引导,减少不良影响,构建和谐健康的娱乐氛围。

二、播音主持创作样态

(一)直播常态化

传播迅速是广播电视宣传的特点和优势,作为广播电视媒体来说,从发现新闻事件到制作出节目,谁能够在第一时间进行报道谁就会赢得受众的关注。相反,如果传播不及时,即使是最新的消息,有很强的现实性,也无济于事,最终"新闻"会变成"旧闻"。电子传播技术发展起来之后,广播电视从录播回归到了直播的方式。从 90 年代开始,直播得到了广泛运用和快速发展,广播电视节目中"最近以来""不久以前""昨天"的消息越来越少,"今天""刚刚发生""同步发生"的消息越来越多,在注意"时宜性"的同时,广播电视力争以"时""分""秒"来计算新闻时效。90 年代末新世纪初,直播发展到一个新的阶段,即全方位、多角度同步报道重大新闻事件,不限于一个地点,可以多点异地同时进行,不再是单纯的实况转播,而是除实况外还有现场采访、背景介绍、专家述评等内容,既有记者在事发现场进行报道,又有演播室的主持人串联主持、连线前方记者以及演播室访谈,应变控制、总揽全局。很多重大突发事件、庆典仪式、体育赛事、天文考古等内容为了保证事件的原汁原味都采取了多点现场直播的方式进行报道,直播成为了广播电视一种常态化的播出方式。

以中央人民广播电台为例,2004 年 1 月 1 日,中央人民广播电台第一套新闻综合频率以"中国之声"的呼号全新登场,全天播音 21 小时 30 分,分 8 大节目板块,由频率总主持人和栏目分主持人合作全程直播。从 2007 年 12 月 24 日零点起,中央人民广播电台中国之声开始实现全天 24 小时不间断播出,成为唯一覆盖全国 24 小时播出的广播频率。2008 年 11 月 1 日,中央人民广播电台王牌节目《新闻和报纸摘要》从录播改为直播,并在保证安全播出的前提下,积极采取多种报道方式,努力提升新闻时效。同年 11 月 20 日上午 6 点半的节目就杭州地铁施工现场塌陷事故的最新进展,以记者现场连线的方式进行了同步直播,前方记者介绍了事故抢险现场的最新情况。这是《新闻和报纸摘要》节目直播后首次尝试对新闻事件进行同步直播,实现了重要突破。

自 1997 年以来,电视节目开始越来越多地采用直播的方式,但是从内容上来看,大多还是"任务性的、主题性的、应景性的、成就类的、发布类的和仪式类的直播,事件性的,尤其是突发事件性的现场直播屈指可数"①。2001 年"9·11 事件"发生,在全世界媒体都在密切关注、直播报道的同时,中国的媒体几乎集体失语,这让所有媒体人感受到了危机和压力,"9·11"事件之后,中央电视台才开始了真正意义上的新闻直播。2003 年 3 月 20 日,伊拉克战争爆发,中央电视台第一次大规模直播一场不可预测过程和结局的战争,之后央视的新闻直播慢慢进入了常态化。中央电视台新闻频道 2003 年 5 月 1 日开始试播,7 月 1 日正式开播,以全面化的新闻报道,扩展资讯大视野、强化舆论导向,突出传播党和国家的声音。2009 年,新闻频道实现全天 24 小时播出,以最快的速度向观众提供第一手的国内国际新闻资讯,实现滚动、递进、更新式报道,全天 24 档,突出了时效性和大信息量。

2008 年,广播电视的直播能力经受了巨大考验,在对这一年发生的重大突发事件、重大新闻事件进行报道时,媒体反应速度之快、信息之透明、直播时间之长、传播效果之佳,在中国广播电视发展史上留下了浓墨重彩的一笔。5 月 12 日,汶川大地震发生后 32 分钟,中央电视台及时做了报道;52 分钟后新闻频道推出直播特别节目《关注汶川地震》;当天晚上 19 点,中央人民广播电台中国之声推出全天 24 小时直播节目《汶川紧急救援》;22 点,中央电视台抗震救灾特别报道更名为《抗震救灾 众志成城》,开始在综合频道与新闻频道同步并机直播。灾难发生之后,广播电视始终关注一线动态信息,实时直播,架起了灾区与全国各地即时沟通的桥梁,"截止 6 月 12 日,央视新闻频道覆盖全天的现场直播特别节目'抗震救灾 众志成城'已持续播出 466 小时 49 分,首播新闻 2687 条,专题节目 219 部……注重深度观察和分析的专题节目,与动态信息高密度的播出规模相互补,不仅满足了受众实时的信息需求,也使人们对关注的热点有了更为立体的认识。"②媒体快速、及时、准确的报道使灾区人民和全国人民及时了解灾害情况,对抗震救灾具有直接指导作用,彰显了广播电视媒体在应急突发事件中的作用和社会责任,凸显出了新闻报道的人性化。此后的北京奥运会期间,中央电视台首次实现 9 套

---

① 韩彪:《现场直播 新闻改革的标尺》,当代中国出版社 2007 年版,第 37 页。
② 王晓真:《与时间赛跑》,《中国记者》2008 年第 7 期。

节目、1208小时无延迟直播。8月8日至24日,中央人民广播电台"10个频率累计转播奥运赛事280余场;播出记者现场连线2600多次、奥运新闻约27000条次、专题3106篇,播出总量约2992小时;五套现场直播奥运会开幕式、闭幕式累计2200分钟。中国广播网刊发奥运稿件19000余篇、图片9000余幅、评论800余篇、奥运音频报道498小时、原创视频节目266条,时长约2060分钟,转播央视网视频217条。"①经过多年的突发事件和重大新闻事件的直播经验积累,尤其是2008年的历练,广播电视在现场直播节目的运作方面积累了丰富的经验,各类直播节目的运作日趋专业化、职业化、规范化、常态化、机动化,也建立了音频、视频延时等完备的备播应急技术处理装备,稳健性和可靠性进一步提高,广播电视直播报道水平再上新台阶。

  节目直播常态化、突发事件同步多点现场直播,最大限度地发挥出了广播电视的优势,背景分析、深度解析、动态信息和反馈信息在节目中大量出现,改变了播音员主持人单纯的节目串联功能,"主播"的概念不断树立起来。"主播是直播中直接面对观众的各类信息及各种报道方式的传播者、掌控者"②,他们与节目高度融合,通过参与节目制作的各个环节体现出个人风格,既适应了直播常态化、报道多样化的需求,又体现出个性化传播的趋势。主播们适时驾驭节目、准确捕捉信息、现场多点调度、即兴口语评述、临场突发处理,语言的解释性、分析性、评论性大大加强。在新的传媒形势下,作为主播需要具备以下业务能力:"上乘的新闻播报水准(包括多样化风格);对经过记者编辑之手的新闻成品(文字的、图像的)有敏锐、透彻的理解,对信息的新闻价值有更准确、更深入的把握;谙熟观众接受心理,有方便和吸引观众收视的信息'导航能力',即为了传播的有效性做背景补充、勾连消息的编辑能力;演播室访谈及议论能力;新闻现场的采访报道能力;直播过程中果断成熟地应对各种突发事件或突发情况的现场处置能力。再加上端庄大方、成熟可信的形象气质,及质朴自然、专注投入的镜头前传播状态,这些共同构成了'主播'这个职业称谓的实质内涵。"③白岩松、水均益、崔永元、敬一丹、康辉、欧阳夏丹、赵普、张泉灵、文静、鲁健等一大批主播,以他们精练跳

---

① 王求:《广播见证盛典的精彩——中央人民广播电台北京奥运会报道的实践与思考》,《中国广播电视学刊》2008年第9期。
② 吴郁:《谁来做主播》,《电视研究》,2004年第9期(总178期)。
③ 同上。

脱的语言、快捷深入的报道、机智灵活的反应,出色地完成新闻直播报道,给人留下深刻的印象。

(二)制播现场化

广播电视传播中,事件现场总是最吸引人、最有看点的,制播现场化指的是广播电视不仅仅在播出间、演播室完成节目制作,而是更多地走进现场来进行报道、录制和播出。在强大技术力量的支持下,现场录制、同步直播早已不是难题。在新闻节目中,为了更好地直击现场,各大媒体都纷纷在国内以及国外主要城市设立自己的记者站,新闻事件发生时立刻"连线"现场记者"先声夺人",进行独家新闻报道,尤其是在突发事件的直播报道中,现场报道更是成为了不可或缺的环节。现在的节目中,我们经常都会看到记者或者主持人置身于事件现场,以采访者、目击者或参与者的身份向观众描述现场、叙述事实、采访当事人、分析背景、点评事件,并同时发回现场画面或者音响,不管是电视画面还是广播音响都可以带给受众强烈的现场感和真实感,让人仿佛身临其境、感同身受。第一时间、第一现场的报道让人民群众及时、准确、真切地了解来自世界各地方方面面的新闻资讯,伊拉克战争、"非典"爆发、汶川地震、北京奥运、日本海啸、马航MH370失联、"东方之星"客船翻沉事故、天津滨海新区爆炸……以及神舟系列飞船发射升空,每年两会期间的会场报道、代表采访等,大量的新闻事件中,记者们从现场发回的报道最大限度地还原事件原貌,给人留下了深刻印象。另一方面,有些时效性并不那么强、不需要直播的节目内容,也会采取现场报道方式,展示动态的、较完整的现场情况。在生活服务类、社教类、旅游类、娱乐类等节目中,越来越多地采用了记者、主持人进行现场报道的方式,或演示讲解、或引导参与,主持人当起了学徒、讲师、旅行者、体验者……这种现场的参与,增加了带入感和体验感,使受众同步感受节目内容,更具可看性。

广播电视节目的制播现场化给播音员主持人提出了新要求——即兴口语表达能力。通常播音主持"稿件"大致可以分成三种形式:第一种是完整的文字稿件,即由编辑记者撰写的,或者由播音员主持人参与撰写的,或者就是播音员主持人亲自撰写的待播稿;第二种是"提纲+资料"的不太完整的稿件,即有总体的结构框架、播出要点以及背景资料等,但没有成形的稿件;第三种是播音员主持人现场口头报道或即兴评述的腹稿。以前我们对于播音主持的要求是忠实于原稿,随着媒体传播形态的变化,传播时效性增强,节目信息量加大,大量直播节目、现场报道、评论节目、互动访谈、体验分享节目出现,播音员主持人的话语权得到了加强,有了一定的发挥空间,自由度大了、灵活性强了、责任也更重了。新闻事件,尤其是突发事件的现场报道,对出镜记者、主持人的随机应变能力、即兴口语表达能力、观察分析能力、总结归纳能力、现场控制能力等都提出了更高的要求。生活服务类等节目中的现场报道,同样需要主持人在现场灵活机智,即兴地根据节目当时的情况做一些语言表述,更多地要求主持人具有较强的语言描述讲解能力,如场景描述、情态描述、感受描述、过程讲解、原理分析等等。此外,还要求主持人在表达的过程中轻松、自然、熟练,有些内容的节目甚至需要更夸张的表达,以达到所需要的现场效果。播音员主持人要适应这些新变化、新形态、新要求,必须重视语言功力的培养和提升。"语言功力包括观察力、理解力、思辨力、感受力、表现力、调控力、鉴赏力。语言主体的创作觉悟、语言主体的创作态度、科学的创作观念、正确的创作道路、用气发声、吐字归音、思想感情的运动状态、思想感情的表现方法、语言表达的基本规律、艺术个性的风格特征……都汇聚其中,概莫能外。"[1]除了以上制约语言功力的心理素质,涉及语言心理与表达层面的内容外,语言功力还有语言效果层面的含义,即语言运用的功夫、造诣,主要表现为运用语言时的驾驭水平及客观的反映和评价,同时其还具有语言类型层面的含义,即体现语言功力的范畴类型。从语言功力的"形式范畴"看,主持人语言功力是由写作能力、有声语言表达能力、即兴口语能力构成的符合主持人工作要求的语言基本功和造诣。[2] 在节目形态日益丰富,现场、互动、直播几乎成为常态的情况下,播音员主持人除了要具备良好的语言基本功,表达准确、清晰、流畅、自如以外,还需要具备较强的语言思维能力、谋篇布局能力、现场反应能力、临场调控能力、即兴表达能力等,使节目表达重点更明确、节奏更明快、逻辑更严谨、语言更流畅、报道更鲜活,力争获得最佳的传播效果,让受众满意。因此,语言功力是每一个广播电视有声语言传播者都必须静下心来、持之以恒不断实践、不断锤炼的。

---

[1] 张颂:《语言启蒙行动宣言(代序)》,《现代传播》2001年第6期。
[2] 吴郁:《当代广播电视播音主持》(第二版),复旦大学出版社2014年版,第111~112页。

第六章　成型（2000年～2015年）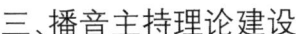

三、播音主持理论建设

新世纪，播音理论建设进一步深化，研究领域进一步拓展，密切结合创作实践领域出现的新现象、新样态、新问题，进行探讨、总结。另一方面，播音主持教学在原有的基础之上，教学理论、教学思路有了新的突破，训练教材不断重新整理编辑，加入了更鲜活、更有时代性和针对性的内容，播音主持理论建设呈现出独创性、多样性和丰富性，与异彩纷呈的广播电视播音主持创作实践交相辉映。

这一时期，播音主持理论研究非常活跃，一大批专业理论书籍相继出版。2000年，鲁景超出版了《广播电视即兴口语表达》，陈京生出版了《电视播音与主持》，付程出版了《播音创作观念论》，曾志华出版了《广告播音艺术》；2005年，王群、徐力编著了《电视体育解说》；2007年，王明军、阎亮出版了《影视配音艺术》，赵琳出版了《双语播音主持艺术》；2008年，宋晓阳出版了《出镜记者现场报道指南》；2011年，鲁景超主编了《用声音传播——人民广播播音70年回顾与展望》；2013年，陈晓鸥出版了《广播电视语境研究》；2014年，赵俐出版了《播音主持语言表达个性化思考》……这些论著拓展了理论视野，丰富了理论内涵，既是对理论知识的探讨，又对实践创作有着很高的指导意义。主持人理论研究方面，2000年，壮春雨出版了《节目主持人教程》，陆澄出版了《节目主持人艺术》；2002年，吴郁出版了《主持人的语言艺术》；2004年，俞虹出版了《节目主持人通论》；2005年，吴郁出版了《当代广播电视播音主持》；2008年，王群、曹可凡主编了《节目主持语言智力》；2010年，应天常、王婷出版了《主持人即兴口语训练》；2012年，高贵武出版了《出镜报道与新闻主持》……这些对主持人以及节目主持技巧的论著，使节目主持理论更加深入和完善。人物研究方面，2000年，姚喜双分别和郎小平、苏海珍出版了《方明谈播音》《话筒前的人生——著名播音艺术家林如和她的播音生涯》；2008年，周迅出版了《大海的一朵浪花——孟启予的广播电视生涯》；2015年，刘卓出版了《方明的播音创作》……这些对老一辈优秀播音前辈播音生涯、播音创作的研究论著，使我们对广播电视播音创作的优秀传统和原则理念有了更深刻的认识，也使广播电视播音主持人物研究进一步深入。还有一些来自一线播音员主持人的论著也极大地丰富了播音主理论研究,如2000年白岩松出版的《痛并快乐着》,2001年崔永元出版的《不过如此》,2004年朱军出版的《时刻准备着》,2010年白岩松出版的《你幸福了吗?》,2015年敬一丹出版的《我遇到你》,白岩松出版的《白说》……书中真诚分享生活体会和业务经验,是对理论研究的感性补充,带给大家很多启发。

2000年以后陆续出版了一些系列丛书,包括"播音员主持人训练手册"系列丛书,"播音主持艺术技巧"系列丛书,"应用主持艺术"系列丛书,"播音主持学术文丛"等,这些书籍内容涉及诗歌朗诵、表达技巧、语音发声、绕口令以及文艺作品演播、主持人表达技巧、主持人思维训练等等,通俗易懂、丰富全面。2002年,北京广播学院播音主持艺术学院组织编写出版的《实用播音教程——普通话语音和播音发声》《实用播音教程——语言表达》《实用播音教程——广播播音与主持》《实用播音教程——电视播音与主持》,这是北京广播学院自1963年创建播音专业以来第一套正式出版的专业训练教材,集理论阐释与训练材料于一体,成为全国各大院校播音主持艺术专业教学的首选教材。2003年,《中国播音学》重新修订出版,对业务部分进行了调整,分为广播播音与主持、电视播音与主持两部分来阐述。2005年,付程编著了《播音主持教学法十二讲》,对播音主持教学法进行了系统总结;2012年,鲁景超主编了《电视口语传播理论与实践:校台合作人才培养模式启示录》,对播音主持人才培养进行了创新性研究,提供了人才培养可供参考的新模式。从1999年开始,由北京广播学院播音主持艺术学院与中国广播电视学会播音学研究委员会编辑出版《播音主持艺术》,截至2015年已出版13辑,文集的内容包括历年的获奖论文,涉及基础理论研究、教学研讨、人物访谈、一线实践等诸多方面,文集的出版,丰富和推动了中国播音学研究。

在理论研究方面,张颂是全国播音理论研究和学科建设带头人。从中央人民广播电台播音员到中国播音学的创始人、教授、全国第一位中国播音学博士生导师,张颂对于播音事业倾注了满腔热情,体现出了很高的理论水平。从1997年开始,张颂在各种刊物上发表了数十篇论文,出版了大量理论著述。2000年,出版了《语言传播文论》;2002年,出版了《语言传播文论》(续集);2003年,出版了《朗读美学》,把对有声语言表达的要求提高到了审美的高度;2004年,出版了《情声和谐启蒙录——张颂自选集》;2006年,出版了《语言传播文论》(第3集);2009年,出版了《播音主持艺术论》。在这些论著中,张颂对中国播音学理论进行了深入的分析和拓展,他提出中国播音学的研究应该以播音为核心,涉及语言学及应用语言学、新闻传播学、哲学、美学等诸多学科和领域,涵盖广播电视语言传播、播音主持理论、大众传播和人际传播关系3个子系统。此外,中国传媒大学播音主持艺术学院成为了全国理论研究的中心阵地,很多对于学科发展至关重要的书籍和教材都由播音主持艺术学院的教师创作出版,带动了全国其他播音院校的理论研究,关于播音事业、播音创作、播音教学的文章、书籍纷纷出版。

"从50年代到1976年,全国仅出版17本播音专业的出版物,2006年,已经正式出版播音主持类图书188本,到2008年应该有250本左右。"[①]从最初的对播音技巧层面的实践总结、经验交流,到现在对播音主持艺术基础理论、语言传播发声学、广播电视播音主持语态等业务领域的理论研究,播音主持艺术理论研究架构更加规范完善,理论研究视野更加复合开阔,理论研究方法更加科学有序。

四、播音主持人才培养

(一)人才培养方向更明确

由于节目内容的细化、节目形态的变革,新世纪的播音主持人才培养有了更清晰的方向。首先,有稿播音经过多年的积累,已经形成了一套科学完整的教学体系,在注重有稿播音的同时,更加重视即兴口语表达能力的培养,"有稿播读"与"即兴评说"并重。经过多年的探索积累,对播音员主持人即兴口语表达能力的培养已经走上正轨,并逐渐形成了一套较为系统和有效的方法。其次,在注重基础能力训练的同时,播音员主持人培养更加重视学生的自主性和创造性的塑造,从"标准化生产"向"个性化生产"转变,突出每个学生的专长、特点,在具备一定的专业基础的前提下,分方向课程教学,扬长避短、突出个性,打破千人一腔、千人一面。最后,在注重本科技能教学,培养实践型人才的基础上,更加重视研究生理论教学,培养实践和理论

[①] 魏民:《时代呼唤语言功力的回归——对三十年来广播播音主持发展的思考》,http://www.ahradio.com.cn/jmyfzx/system/2009/01/04/000088469.shtml。

相结合的人才,提升播音员主持人全面的业务素质。

新世纪播音主持专业人才培养呈现出学历层次丰富、专业方向清晰的特点。从90年代开始,播音主持专业有包括专科生、本科生、双学位、硕士研究生、博士研究生等不同层次的人才培养规格。新世纪之后,两年的高职和续本学历培养层次逐渐取消,本科、双学位、研究生培养不断加强,尤其是研究生的教育培养发展得非常迅速。以中国传媒大学播音主持艺术学院为例,1999年,招收硕士研究生3人,博士研究生1人,2015年,招收全日制硕士研究生66人,博士研究生8人。2001年,播音主持艺术学院语言学与应用语言学博士点开始招收"中国播音学"研究方向的博士研究生,2006年开始招收新闻传播学二级学科"广播电视语言传播"中国播音学方向博士生。目前中国传媒大学播音主持艺术学院招收播音主持艺术学专业博士,下设"中国播音学"及"世界华语传媒"两个方向,招收播音主持艺术学专业学术型硕士(普通话水平测试及语言发声艺术方向、播音主持艺术理论方向、播音主持艺术创作方向、口语传播艺术方向)、广播电视领域专业学位硕士(播音与主持艺术方向)、新闻与传播硕士(口语传播实务方向)。同时,学院已经成功在"新闻传播学"一级学科下,恢复增列语言传播专业(原广播电视语言传播专业,包括语言传播理论方向、语言传播应用方向、口语传播方向)。随着全国各大院校开设的播音主持专业硕士点、博士点不断增多,培养硕士、博士研究生的数量稳步增长,研究方向划分更加细致、科学,播音主持艺术专业研究人才培养规模不断扩大。2004年8月,北京广播学院更名为中国传媒大学,树立起"大传播"的观念,除广播电视外,广泛涉及电影、网络、出版、报刊、新媒体等其他多种媒体教育领域,视野更加开阔,办学规模和办学水平进一步提高。与此同时,浙江传媒学院、河北传媒学院、四川传媒学院等专业型传媒类院校也相继成立,广播电视播音主持人才专业培养更加全面、立体,每年有大批播音主持专业各层次毕业生走上工作岗位,播音主持事业后继有人。

(二)人才培养模式更科学

从播音专业建立以来,人才培养模式既遵循了科学规律,保持了稳定性,又不断与时俱进、调整完善。1963年,实现了从"培训型"到"学历型","应急型"到"计划型"的转变;1977年,实现了从"粗放型"到"集约型",从"计划型"到"自主型"的转变;1998年,实现了从"集约型"到"发散型",从"自主型"到"竞先型"的转变。经过3次转型,播音专业的教学模式日趋成熟完善,形成了一套行之有效的基本体系。[①] 大课理论知识讲授与小课实践技能培训相结合,纲举目张、循序渐进;教师示范启发和学生自我揣摩相结合,因材施教、鼓励创新;学校模拟演练和业界实战真干相结合,明确差距、激发热情。作为一名播音主持专业教师要具备示范能力、讲授能力、科研能力,在教学中以业界为来源、以理论为指导、以学生为主体、以实践为出口,使人才培养更系统、更完整。新世纪以来,播音主持教学为适应媒介传播分众化、小众化的趋势,开始进行类型化、差异化的培养,进行模块化教学、针对性培养,促进了学生的特长发展和个性发挥。中国传媒大学播音主持艺术学院2010年开始进行的校台合作人才培养模式,开启了播音主持专业人才培养实践教学的新路,收效显著。人才培养模式的创新,逐渐改变了以前在岗培训、边学边干、以老带新、快速上手的方式,使学生的专业基础更扎实、文化积淀更充分、业务特长更突出、实践能力更接轨、综合能力更全面,提高了播音员主持人的稳定性和竞争力。

目前,媒体更注重播音员主持人的思辨能力、分析能力、评论能力、反应能力、组织能力、协作能力等,因此,一个走出学校大门的学生还必须经过媒体的再培养才能真正胜任充满挑战的播音主持工作。广播电视媒体从以前的"使用消费"播音员主持人,逐渐转变为"培养开发"播音员主持人,给予播音员主持人成长磨炼的时间,挖掘播音员主持人的内在潜力,引导播音员主持人逐渐形成自身特点风格,不仅延长了播音员主持人的职业生涯,更为媒体自身树立起了充满魅力、具有品牌效应的"台脸""台声"。目前,中央电视台选拔播音员主持人的途径主要分为地方台选调、内部编播人员选拔、主持人大赛3个途径,几乎不再招聘学校刚刚毕业没有媒体从业经验的大学生。播音主持专业的大学生走出校门后,需要到基层媒体接受一线的锻炼和考验,将学校所学的知识消化吸收,转化为工作实践能力,才能真正成为一名合格的播音员主持人,而只有经过了地方媒体平台的磨炼,才有可能在如中央电视台、中央人民广播电台这样的国家级媒体平台上获得工作的机会,开

---

① 张颂:《播音专业教育40年启示录——为庆祝北京广播学院50华诞而作》,《语言传播文论(三)》,北京:中国传媒大学出版社2006年版,第133页。

启全新的职业生涯。

(三)人才培养质量更优化

据统计,2004年,全国在编播音员主持人共计"21656人"[①],2012年,达到了"28164人"[②],这个数字与1990年的"12937人"[③]相比增长了一倍多,可以看出人才培养在数量上增长比较快,已经满足了广播电视发展的需要。但是另一方面,数据显示:"2010年全国播音员主持人高级职称人员共计1649人,中级职称共计6991人,初级职称及以下人员共计17103人"[④],初级和高级的悬殊差距让我们看到播音主持人才培养的质量还需不断提高。

2000年3月31日,国家广播电影电视总局发布《关于进一步加强播音员、主持人管理有关问题的通知》,明确要求建立健全播音员、主持人业务管理机构;加强对播音主持专业的岗位管理;完善播音员、主持人考核办法;重视播音主持人才的选拔和培养;加强播音主持理论建设;关心播音员、主持人的工作和生活。文件对进一步规范广播电视播音主持岗位设置,加强对播音员、主持人队伍的日常管理,完善播音员、主持人持证上岗工作起到了积极作用。2000年10月31日,第九届全国人民代表大会常务委员会第十八次会议通过了《中华人民共和国国家通用语言文字法》,并于同一天发布中华人民共和国主席令第37号,自2001年1月1日起施行。该法第三条明确指出国家推广普通话,推行规范汉字;第十二条规定广播电台、电视台以普通话为基本的播音用语;第十九条规定以普通话作为工作语言的播音员、节目主持人和影视话剧演员、教师、国家机关工作人员的普通话水平,应当分别达到国家规定的等级标准;对尚未达到国家规定的普通话等级标准的,分别视情况进行培训。2001年12月31日,国家广播电影电视总局发布了《播音员主持人持证上岗规定》,进一步规范播音员主持人的岗位管理,提高节目质量。2004年6月18日,国家广播电影电视总局制定了《广播电视编

---

① 《中国广播电视年鉴2005》,中国广播电视年鉴社2005年版,第526页。
② 《2012年全国广播电视从业人员情况(表一)》,《中国广播电视年鉴2013》,中国广播电视年鉴社2013年版,第521页。
③ 《中国广播电视年鉴1991》,北京广播学院出版社1992年版,第525页。
④ 《2010年全国广播电视从业人员情况(表三)》,《中国广播电视年鉴2011》,中国广播电视年鉴社2011年版,第555页。

辑记者、播音员主持人资格管理暂行规定》,2005年8月3日,为贯彻落实规定要求,做好广播电视编辑记者、播音员主持人资格考试工作,广电总局印发了《广播电视编辑记者、播音员主持人资格考试办法(试行)》,对播音员主持人进行资格考试,通过考试的人员才能取得从业资格。该办法对不论是专业院校的学生还是转行从事播音主持工作的人员均一视同仁,都需要参加普通话水平测试和专业资格考试。这些规定规范了播音员主持人的从业资格管理,提高了从业人员的素质,加强了广播电视队伍建设,使播音员主持人的业务水平得到了保证。此外,2004年11月23日,国家广播电影电视总局颁发了《中国广播电视播音员主持人职业道德准则》,2005年9月10日,广电总局批转了中国广播电视协会制定的《中国广播电视播音员主持人自律公约》,2009年11月,第三次修订了《中国新闻工作者职业道德准则》,这些规定加强了对播音主持从业人员职业道德和行为规范的要求,推动播音员主持人素质不断提升。为了鼓励优秀的播音主持作品,国内还逐步建立了播音主持自身的评价体系,举办包括播音优秀作品奖、金话筒奖、论文奖等在内的各种评奖活动,奖励优秀的作品,发掘优秀的播音主持人才。

经过75年的发展壮大,播音工作从业人员从无到有,从少到多,从自学成才到口传身授,从半路出家到专业培养,人民广播电视事业已经建立起了一支人才济济的播音工作队伍,并且逐步向更加规范化、制度化、专业化迈进。

第二节 播音主持创作分析

党的十六大召开以来,党中央提出了"贴近实际、贴近生活、贴近群众"的"三贴近"原则,这其中既凝结着广播电视工作联系群众的优良传统,又体现着新世纪传媒事业求真务实的科学精神,这一时期很多优秀的播音主持作品都充分落实和体现了"三贴近"原则,内容接地气、充满人情味儿、形式有创新,令人耳目一新。

一、《南京零距离》

进入新世纪,"平民视角、平民情感、平民语言"逐渐成为时代潮流,报道百姓身边小事、家长里短的民生新闻开始风靡大江南北。2002年1月1日,江苏省广播电视总台城市频道开播了一档倾力打造的日播类新闻直播栏目《南京零距离》,主要内容由社会新闻、生活资讯、甲方乙方、孟非读报、小璐说天气、新闻调查、现场热线等板块构成。主持人孟非成为节目重要亮点,他以个性鲜明的评论见长,语言表达方式独树一帜。《南京零距离》关注普通百姓的喜怒哀乐,以新颖的编排方式和独特的主持风格,真正实现了与观众的"零距离",成为江苏地区收视率最高的电视新闻节目。节目播出后,不仅在当地受到了广大电视观众的热烈欢迎,也在全国引起了强烈反响,给业界带来了历史性的变革。

(一)本土亲民的定位

民生新闻主持人必须要有准确的自身定位,民生新闻的主体内容,基本上都是与当地老百姓的衣食住行、日常生产生活密切相关的社会新闻,具有极强的贴近性和本地特色。传播内容的平民化决定了主持人的传播视角、播报方式也要平民化,本土、亲民是民生新闻主持人的基本定位和特色。《南京零距离》之所以非常受欢迎,是因为节目无论是传播内容,还是传播方式都非常符合当地老百姓的口味。人际传播方式在节目中得到了应用和强化,互动性强、亲和力明显,并且不断打破受众心中新闻节目、新闻节目主持人的固有印象,拉近了节目与观众之间的距离,让大家深感亲切倍至。

从语言来讲,《南京零距离》主持人孟非与传统的新闻主持人不同,他的普通话并不是字正腔圆,里面还带着地方口音,也常常会在节目中用些方言词汇,老百姓听着熟悉、易懂,有时候还会有逗趣儿的效果。他的表达明白易懂、生动幽默、态度中肯,打破了人们对于新闻主持人中规中矩、不苟言笑的普遍印象,平常人的家长里短、普通人的喜怒哀乐被他津津乐道,老百姓听着心中充满共鸣。作为主持人来说,孟非的形象比较普通,特别是光头出场更是让观众吃惊,这一点再次打破了人们对播音员主持人都要高大帅气的普遍印象,让老百姓觉得非常亲切。孟非在节目中以普通人姿态出现,勇于自嘲,出错了就

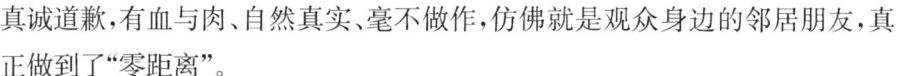

真诚道歉,有血与肉、自然真实、毫不做作,仿佛就是观众身边的邻居朋友,真正做到了"零距离"。

《南京零距离》孟非的出现,使我们对于民生新闻主持人的选拔不仅有声音、形象的要求,还开始注重主持人本身是否具有平民化的气质,语言是否通俗易懂,观点见解是否独到鲜明,知识内涵是否广博丰厚,因为主持人内在的感染力才是真正的魅力所在。孟非之后,全国各地出现了一大批形象特征鲜明、亲和力很强的主持人,民生新闻主播成为了很多城市里最受欢迎的主持人。

(二)个性鲜明的表达

孟非的主持态度鲜明、见解独到、极富个性,再次突破了人们对于新闻主持人只是播报别人稿件的传统印象。主持人孟非有着多年记者和制片人的工作经历,领导给予了他充分的信任,在节目中给了他很大的个人发挥空间。正是如此,孟非在节目中获得了很大的主动权和决定权,他吃透了民生新闻的实质和内涵,将自己的思想融入了节目中。孟非如此个性化色彩鲜明的主持,在很大程度上得益于《南京零距离》的独特运作方式,这给主持人提供了展现个人能力和风格的机会。

《南京零距离》从开播以来一直是直播,直播对于每一位主持人来讲都充满了巨大的压力,同时,节目非常重视对新闻现场的追踪和报道,主持人需要和现场记者及时连线提问,关注事件最新动态,并且很多新闻事件主持人是跟观众同步观看现场报道然后做点评,这对主持人的语言能力和思维能力都有很高的要求。《南京零距离》节目中有一个六到八分钟的读报环节非常受欢迎,主持人每天从报纸中挑选热点进行评论,选择什么样的报纸、评什么样的新闻都由主持人来定,孟非的点评非常个性化,视角多元、方式独特、态度鲜明、用词犀利、妙语连珠,褒奖真善美,喜悦之情溢于言表,批判假恶丑,一针见血、毫不留情。另外,在叙述新闻事件时,孟非的讲述绘声绘色、生动形象,人物矛盾、情节冲突、悬念设置、细节描述等讲故事的方式运用到了节目中,非常吸引人。"孟非的话语方式从形式上看,幽默犀利,率性自然;从语言上看朴素简约,民声民气;从内质上看,思想深邃,内涵颇丰。更为重要的是,孟非经常把自己的生活体验作为评说的论据,这种独有的生活体验与新闻话语相结合,形成他的话语方式,使他的评说更加贴近生活真实,理清据明,因而观众也会欣然接受。"①孟非的语言中,充满了对民生的关注,关心百姓的喜怒哀乐、悲欢离合就像关心自己的家人和朋友一样,出手相助、伸张正义,他在节目中毫不掩饰地表现出的悲悯、焦虑、忧伤、愤慨,充满了对人的尊重,这也是他为广大电视观众所喜爱的最重要的原因。

《南京零距离》是对"三贴近"原则的充分体现,在新世纪中国电视新闻改革浪潮中扮演了领跑者的角色,节目提出的"民生新闻"理念在业界及观众心中得到了广泛认同。孟非树立了民生新闻主持人的亲民形象,其语言表达在继承了90年代末期播说结合特质的基础上,有了更大胆的创新,内容更丰富、直观,态度更鲜明、率真,表达更轻松、生动,使新闻节目播报方式有了新的突破,也开启了新一轮的播音主持创作语态的变革。《南京零距离》之后,各地电视台纷纷效仿,引发了全国民生新闻节目的热潮。

二、《新闻1+1》

2008年初,中央电视台时事新闻直播评论节目《新闻1+1》开播,节目从时事政策、公共话题、突发事件等大型选题中选取当天最新、最热、最快的新闻话题进行评论分析。节目首次引入了"新闻观察员"的全新概念,所谓"1+1",实际上是一位主持人加一位新闻评论员,用谈话的方式来还原新闻全貌、解读事件真相。2011年8月1日起,《新闻1+1》改版,由谈话模式改为由一位主持人承担评论员职能,即"新闻+评论",追踪热点、强调时效,第一时间采访新闻当事人,强化"丰富的信息量"、"明快的报道节奏"与"鲜明的主题性"的融合,突出评论内容的多元化、深入性与媒体性特色,深入解析新闻背后错综复杂的背景脉络,展开舆论监督、维护公众利益、倡导公共理性。《新闻1+1》最初由白岩松担任新闻观察员,和董倩或李小萌搭档主持,改版后主要由白岩松和董倩担纲主持,主持人在节目中体现出的深度、锐度、思考、关切使新闻评论充满人文关怀,提高了节目的品牌效应,扩大了节目的影响力。

---

① 于丹:《孟非:不可复制的民生符号》,《中国广播电视学刊》2008年第10期。

(一)温度和锐度并存

《新闻1+1》主要以国内新闻为主,关注社会民生、追踪突发事件、评析道德问题,采用事件回放、图片影像、电话连线、网络互动等手段,拉近了和老百姓的距离,非常具有贴近性。节目内容涵盖食品、医疗、安全、交通、教育等人民群众关心的话题,评论角度从普通老百姓的利益出发,用群众的眼光分析事件,评论态度爱憎鲜明,说出了老百姓的心声。主持人在对小悦悦事件的评论中,不仅表达对小悦悦遭遇的同情和惋惜,也用另外两个孩子因为他人相助起死回生的故事,告诉人们冷漠无情并不是全部,依然有爱温暖着人间,让大家在悲伤中看到希望;评论老人摔倒无人搀扶窒息死亡事件,不仅有对社会风气、信任危机的反思,更有对见义勇为的呼唤;在谈到扶贫问题时,画面展示了农民们贫苦的真实生活,主持人的话语朴实关切,在充满关爱的气氛中让大家深深地认识到扶贫要深入到位、表里如一;在关注艾滋病患者这群特殊的社会群体时,主持人以细节为切入点,让大家懂得如何平等与宽容地对待他们,呼唤人们用"拥抱"等形式来表达对这个群体的关爱,减少对他们的歧视,话语充满着尊重和爱,非常感人……在批评或者舆论监督内容的节目中,主持人以个案分析折射普遍问题,即使是问责,也渗透着与人为善的态度,尽量站在对方的立场上客观地解读当事人的动机,评论时态度鲜明,但也以唤醒和激励为主,留有余地。正因如此,这一档新闻时事评论类节目充满着浓浓的人文关怀,让人接收到的不仅是新闻事实、评论观点,还有关爱和温度。

从90年代开始,新闻评论节目越来越多,但是很多都是在新闻事件之后附带一段评论,点到即止、不痛不痒,而且评论内容往往经过了多次审查,严谨有余犀利不足,总有"没说透""不解渴"的感觉。经过十几年的发展,新闻评论节目经历了"想说不敢说"到"能说鼓励说"的过程,节目定位越来越精准、评论方式越来越多元、评论力度越来越强劲。《新闻1+1》最初的双人访谈模式中,一问一答,意见有交流更有交锋,尽管白岩松和董倩都会在既定逻辑框架下对新闻事件发表评论,但时常会在某些细节问题上作出不同维度的思考和解读,正是这种不一样的解析,这种思想的交锋,才让观点更加鲜明、准确,评论更加清晰、全面,节目的锐度得到了加强。改为一人主持之后,评论的精准和犀利依然没有改变,除了主持人的话语一针见血以外,通

过现场的电话连线、网络互动,专家和观众的观点也都直观真切地展现在节目中。在上海大火、暴力拆迁、最牛违建等一系列公共事件的问责上,在见义勇为、诚信宽容、善意无私等一系列道德品质的探讨上,主持人都真实地展示了鲜明的态度,或激愤、或忧虑、或迫切、或关爱,新闻人"铁肩担道义"的责任感表现得淋漓尽致。

(二)共性与个性交织

90年代的经典节目《焦点访谈》拉开了我国电视评论节目大发展的序幕,它强烈的时效性、生动的纪实手法、自觉的喉舌意识和丰富的评析手段产生了前所未有的传播效应,使我国电视评论节目迈上了一个新的台阶,开启了我国电视评论节目主持的新样态。《焦点访谈》推出的"记者型主持人"得到了广泛认可和推广,其贵在思辨、重在逻辑、妙在分寸、美在言语的主持风格也深刻地影响了全国各地各台的新闻评论节目。《焦点访谈》培养和成就了一大批"记者型主持人",《新闻1+1》中的白岩松、董倩都曾经是《焦点访谈》的主持人,他们身上有着评论型主持人的共同特点,即视角敏锐、分析深刻、观点鲜明、语言精准、进取创新、舆论监督,聚焦新闻热点、传达政府的声音、反映人民的意愿;同时白岩松、董倩又有着自己的个性和风格。

《新闻1+1》开播时,设置了"新闻观察员"这个角色,这是对传统新闻评论方式的创新。白岩松从以前的主持人到观察员,身份、功能、定位都有了变化,他由串联者、提问者变成了信息解读者、观点提供者,表达空间更宽泛,个性展示更加充分,从《新闻1+1》开始,白岩松也开始由电视评论节目主持人一步步向专业的新闻评论员转型。改版后的节目强化了主持人的评论身份,主持人的符号特点更加鲜明,白岩松的"热评论"和董倩的"冷思考"相得益彰,节目的评论与报道更有个性。白岩松朴实无华的外表下透着一身正气,我们总能从他表情凝重、不苟言笑的脸上感受到强烈的社会责任感,读到对国家对人民真诚的感情,他的真诚和踏实使他天然具有了一定的权威感,让人充满信赖。白岩松思想深邃沉稳、思维睿智敏捷、语言犀利精准,话语逻辑环环相扣、用词造句华丽流畅、语气腔调直指人心,有专家一样的解析,也有学者一样的说明,有老百姓的质疑和追问,也有个人的希望与思索,精辟而不艰涩,深刻而不呆板,让有问题的人受到警醒,也让观众深受启发。在直播节目中,白岩松的综合业务能力得到充分体现,特别是对突发事件的报道,他敏捷的思维辨析能力和优秀的语言组织能力总能让人印象深刻。董倩有着女性天然的温婉和知性,节目中处处体现出她冷静的思索,有条理、有深度,条分缕析、问题精准、推进到位,董倩的采访能力非常出色,对整个节目的串联和脉络把控非常到位。在她与白岩松搭档主持《新闻1+1》的那段时期,正是由于她优秀的采访能力和串联把控能力使节目在开放的话语场中顺利推进。她适时发出疑问,对新闻观点进行有益的补充和扩展,让观众在接受节目内容的同时,又拥有思考的空间。

《新闻1+1》播出后引发的社会关注度和高收视率,使其迅速成为我国最具有代表性的新闻评论节目之一。节目中对于"新闻观察员"角色的尝试,是对记者型主持人功能的深层探索,也为新闻播音员主持人的发展提出了新的方向,即"播报"能力要向"报道"能力转变,既能清楚准确地播报资讯,又能组合信息、提炼要点、采访连线、总结评论,从而具备综合新闻素养与能力,成为真正的新闻人。

三、《一路畅通》

进入新世纪,我国的汽车保有量开始逐渐上升,广播作为伴随媒介迎来了发展的新机遇。2000年1月1日,大型互动直播节目《一路畅通》在北京人民广播电台交通广播播出,节目采用男女对播的方式,以"在路上"的移动人群为主要收听对象,内容以实时交通路况信息为核心,同时点缀资讯和音乐,早上7点半至9点半,晚上5点至7点播出。2002年1月1日,《一路畅通》改版,将直播间搬到了北京市交管局指挥调度中心,开启了节目形态和语言传播方式的一次全新变革。节目在内容上除了随时随地插播路况以外,还加入了新鲜即时的新闻资讯、贴心实用的生活提示、有趣热点的话题交流,使节目的新闻性、服务性、娱乐性都得到了提高。节目风格轻松、幽默,具有极强的现场感。《一路畅通》之所以能获得巨大的成功,与主持人的出色表现密不可分。李莉、杨洋、王佳一、顾峰、罗兵、刘思伽、郭炜、园园都是听众熟悉和喜爱的主持人,他们语言流畅、交流默契又各有特色,路上虽然"拥堵",但他们却可以在节目中为老百姓进行心理"疏堵",他们的语言表达方式成为新世纪广播电视语言传播中非常典型的一种样态。

（一）互动交流，贴心服务

《一路畅通》之所以能够成为京城颇具影响力的广播节目，得益于节目始终坚持"三贴近"的原则，不论是节目内容还是表达方式都具有鲜明的贴近性。与听众的全面互动成为《一路畅通》主持中最大的亮点，互动给主持人提供了巨大的发挥空间，状态更加积极、语言更加灵活，常常有意想不到的"神来之笔"。在《一路畅通》刚开播时，主要内容是播报路况，主持人基本上照稿子平和地"说"，没有任何发挥空间，男女主持人之间没有交流，和听众之间也没有交流。节目改版之后，主持人的语态发生了很大变化，主持人之间、主持人和听众之间有了积极的互动。从短信互动到微博互动再到微信互动，主持人和听众之间真正做到了实时沟通无障碍，主持人的话语可以第一时间得到回馈，听众的疑惑可以在第一时间得到解答，心理疏导功能得到加强。同时，节目内容以实时路况信息为主打，推行"大家帮助大家"的理念，这使每一位在路上的听众都成了路况信息员，他们及时回答主持人在节目中提出的问题，也发来自己道路上的路况，使路况播报更加详尽细致，节目的服务性更强了，也渗透出人人互帮互助的温情。"《一路畅通》为他们及时播报路况，引导路上的司机以更加快捷的方式到达目的地，这对于其受众群体而言无疑具有极强的吸引力。而北京交通广播所采用的交管部门通报＋信息源搜集信息＋听众互动提供路况信息的模式，最大程度地保证了这个节目所提供的信息的准确性和有效性。"① 另外，每期节目都设置了互动话题，听众积极与主持人互动交流，参与度提高，能够真正融入到节目中，可听性、娱乐性更强。

《一路畅通》一直采用直播的方式，不仅需要主持人及时、准确、有效地播报实时路况，更需要主持人良好的应变能力和即兴语言表达能力，呈现正在进行的互动交流。主持人不仅要"说"，还要"看"，观众发来的信息很多，并不是每一条都适合在节目中播出，主持人要很有耐心地在大量的信息中快速准确地筛选出和节目话题有关的内容与观众展开交流互动，"在交流的过程中让对方建立起倾诉的信心和信赖感，接着要学会适度控制和调节节

---

① 魏泓飞：《浅析造就〈一路畅通〉成功的要素》，《东南传播》2008年4月。

目气氛、进行状态把握的能力,最后才是对这些问题的回答或是判断。"①要达到真正地与听众进行良好的交流互动,不仅需要主持人人性化、大众化、口语化的语言交流,还需要主持人发自内心的真诚、关爱、贴心的情感交流。经过90年代的发展,主持人在节目中的话语方式都更加贴近生活、亲切自然,到了新世纪,受众寻找的是一种更加默契的心理交流,情感的因素更能牵动受众的心。"在兴奋情绪的调动上,渲染那种上气不接下气似的激动,往往难以奏效。相比之下,主持人发自内心的快乐却能够起到四两拨千斤的作用——群众的眼睛是雪亮的,群众的耳朵也是灵敏的——尤其在搜索和分辨真诚的时候。"②《一路畅通》的主持人在节目中呈现出了真实的自我,捧出了一颗热情的、真挚的、愿为大家服务的心,节目中主持人常常说到"咱"这个词,这是一个在北方话中表示亲近的词,特别有人情味儿,观众听起来非常亲切,仿佛自己和主持人已经是相亲相爱的一家人了,这种情感层面的交流,让节目内容得到了最有效的传播。"口语交流可以跨越时空,使广播成为一种最具人文关怀的媒介。这种人文关怀就是通过对象间的情感交流实现的。……这种具有独特人文精神的语态交流,通过以小见大,鼓励提倡、间接批评、直抒胸臆等方式表达出来,给人积极向上、理解安慰、开心畅快的感觉。"③

(二)轻松生动,幽默逗趣

《一路畅通》有一个响亮的口号:"心路畅通,一路畅通",目的就是要让大家在路上堵车时"堵车不堵心",因此整体的节目风格是轻松生动、幽默逗趣的,以缓解大家在路上的浮躁情绪。在内容设计上,节目以互动为基础,设计了很多轻松有趣的话题,趣人趣事儿、囧事儿糗事儿、开心事儿烦心事儿,小游戏、想说的话、新潮的东西,包括听收音机时听众正在做的事情等等都是节目的话题。有学者对《一路畅通》的互动话题做过研究,发现其话题大致可以分为4类:第一类是能挖掘生活中的细节,引发人思考的话题,如"妈妈说的话""全家福背后的故事"等;第二类是新闻话题;第三类是新颖话

---

① 范雯:《我是媒体人,我是80后——圆圆访谈录》,《新闻战线》2009年第12期。
② 刘思伽:《我是交通电台主持人》,《书摘》2004年第1期。
③ 杨洋:《广播语言形式的改变与节目形态的互动——从〈一路畅通〉节目谈起》,《中国广播》2012年第4期。

题,这类话题强调一个"新"字;第四类,诸如观察周围乘客在干什么——是发短信、打电话,还是在睡觉,或者是发起一些小"运动",比如对周围的人微笑、给父母发个短信等等此类话题可以归总为"行动参与类"。① 这些话题非常贴近老百姓的生活,也很轻松,能激发听众参与交流的愿望,大家都跃跃欲试,想说一说、聊一聊,节目气氛自然也就轻松热闹起来。

另一方面,主持人对节目气氛的营造和风格的把握也非常重要。《一路畅通》的男女主持人充满热情、朝气蓬勃,声音富有感染力,彼此对话顺畅自然,反应快速敏捷,很多逗趣的"哏"大家都能心领神会,一唱一和、一逗一捧、一张一弛,默契十足。在节目里,有时候一个是明白人、一个是糊涂人,有时候一个是聪明人、一个是老实人,有时候露怯,有时候出糗,两个人在节目里贫贫嘴、逗逗闷子、风趣幽默、生动活泼。他们的语言带着京腔京韵,非常接地气,老百姓听着亲切,而且即兴发挥能力很强,能准确地抓住信息点和趣味点,让交流变得妙趣横生。"《一路畅通》主持人在直播节目中的即兴发挥给受众留下了深刻印象,而这种发挥都是无稿直播。无稿的直播节目中,经常出现即兴的表达。即兴有声语言表达的气息运用趋向于一气贯通,起承转合自然流畅;节奏一般比较连贯、轻快;语速适中稍快;语势因重音表达的需要和氛围渲染的需要而抑扬顿挫,个性鲜明;言语的链条连接比较紧密,较少运用孤立的停顿,叙述的脉络和结构简明清晰,描述的语言重客观、形象,议论的语言相对松散,重态度和倾向。"②主持人的即兴发挥来自于平时的积累和在节目中的不断磨炼,语言的轻松幽默则从根本上来自于自然朴实的心态,即帮助在路上的朋友解决困难,让人们开车行进的路途充满欢声笑语。在这个过程中主持人自己也非常愉悦,这种愉悦又感染着听众,形成良性互动,每一次节目,对双方而言都是一次快乐的享受。

《一路畅通》一播出就受到了京城老百姓们的热烈欢迎,长期稳居北京广播市场收听率及市场占有率前列。节目依靠准确的市场定位,牢牢抓住了有效的受众人群,内容针对性强、实用、有趣,主持人的语言风格具有鲜明的贴近性、轻松的娱乐性、反应的快速性、服务的伴随性,使《一路畅通》成为

---

① 魏泓飞:《浅析造就〈一路畅通〉成功的要素》,《东南传播》2008年4月。
② 杨洋:《广播语言形式的改变与节目形态的互动——从〈一路畅通〉节目谈起》,《中国广播》2012年第4期。

了京城移动人群的路上好伙伴,为广播在媒体激烈的市场竞争中找到自己的生存之道走出了新路,体现出媒体细分化后广播的优势和潜力。目前,全国各大城市都有类似于《一路畅通》的节目,在服务性和娱乐性的基础上融入了鲜明的地方特色,各有风味,深受当地群众的喜爱。

四、《艺术人生》

2000年12月22日,综艺情感类谈话节目《艺术人生》亮相中央电视台,节目时长50分钟,首播之后便一举成功,多年来收视率一直名列前茅。节目每期邀请一位内地或港台的资深艺术家走进演播室和主持人畅谈,回忆难忘的往事、探讨生活与艺术。节目本着"用艺术点亮生命,用情感温暖人心,探讨人生真谛,感悟艺术精神"的宗旨,调动各种艺术手段和戏剧元素,挖掘艺术家身上感人的故事和心路历程,有感动落泪,也有开怀欢笑。2000年之后,综艺娱乐类节目越来越火爆,很多节目过多关注娱乐效果而忽视了艺术品位,出现了低俗轻浮、过度娱乐的现象。"《艺术人生》开播以来有着较高的价值定位,即将'高品位的文化理念引入当今通俗的娱乐圈',做'用文化引导娱乐,用品位提升娱乐'的探索者和开路者。"①正因为有了这样的诉求,《艺术人生》节目视角独特、结构清晰、层次分明、细节抓人,将自身与一些媚俗凌乱的明星娱乐节目区分开来,最大限度地做到了雅俗共赏、老少咸宜。另一方面,主持人是谈话节目的灵魂,《艺术人生》的成功与主持人朱军的优秀表现密不可分,朱军在节目中有效地控制了谈话的节奏,调动起观众的情绪,使节目感情真挚、高潮迭起,体现出温情大气、沉稳深厚的艺术风格。

(一)引导内容、调控情绪

《艺术人生》的谈话内容是围绕艺术家的艺术生涯、生活经历展开的,如果没有很好的结构和条理,任由艺术家们漫谈畅想,节目就会显得松散凌乱。主持人朱军善于拿捏谈话的基调,把握谈话的方向,引导节目内容,及时反馈嘉宾或观众的发言,通过嘉宾的讲述和现场观众的参与将内容组织得井井有条,一个环节结束之后巧妙地转入到下一个环节,环环相扣,话题

---

① 姜贞:《〈艺术人生〉的得与失》,《中国电视》2005年2月15日。

切换不露痕迹、流畅自然,将节目一步步推向高潮。在把握内容的同时,朱军也非常善于调控现场嘉宾和观众的情绪,他的情感非常投入,动情处他会和现场观众一起眼泛泪光,欢喜时他又会和大家一起开怀大笑,但他绝不是沉溺在现场某种情绪里,而是及时地调整好状态,带领大家进入新的内容,展开新的话题,既让嘉宾谈得尽兴,又让观众看得分明。朱军在动人的情感和清醒的理智间准确地拿捏,体现出了他主持的成熟和老练。

谈话的方式受场合的制约,内容、目的、地点、身份、关系、气氛等会影响到谈话的效果。《艺术人生》就传播形式来讲是比较正式的,就播出内容来讲又是比较轻松的,其中有很多随性发挥的部分,太过于严肃古板,会影响交流和节目效果。《艺术人生》呈现的谈话氛围是轻松真实的,朱军和嘉宾、现场观众的交流非常自然。朱军在主持《艺术人生》之前主持过中央电视台的很多文艺栏目,并且已经连续4次主持《春节联欢晚会》,是全国知名的主持人。尽管如此,朱军在节目中仍以一个普通人的身份出现在嘉宾和观众面前,谦和尊重、低调自然,艺术家成为了舞台的主角,他和现场观众一起倾听交流,营造出了温情和谐的谈话场,艺术家们在这种氛围中不知不觉地就吐露了心声。同时,由于多年文艺节目的主持经历,朱军结交了很多艺术界的朋友,很多参加节目的艺术家都是朱军的好朋友,节目中,他充分利用了自己和艺术界众多名人的朋友关系,在朋友般轻松的谈话中展现每一位艺术家来之不易的成功之路,分享对生活、艺术的感悟,叙事抒情穿插,感性理性交织。

(二)温暖善良、平和真诚

尽管《艺术人生》中出现的嘉宾都是知名艺术家,但它并不是一档纯娱乐节目,它是一档用故事讲述和经历分享来抚慰人心、激励人生的情感类节目,主观性很强。朱军在节目中常常用自己的人生体验及感悟和嘉宾交流,共鸣时彼此更加感同身受、畅所欲言,分歧时也能知无不言、言无不尽。谈话节目最能体现主持人的个性,进而表现出栏目的风格,朱军身上散发的善意和真诚,使《艺术人生》这碗心灵鸡汤更加滋润人心。

《艺术人生》中,艺术家们都能敞开心扉、侃侃而谈,这与朱军的激发引导密不可分。朱军很善良,他的访谈从来没有穷追猛打、咄咄逼人,他所有的提问都是心怀善意,当嘉宾尴尬时,或是黯然神伤、难掩悲情时,朱军会沉默片刻让嘉宾平复,温和地转换话题,不刻意追问、不戳别人的伤疤,他自始至终体现出对嘉宾的关切之情,赢得了嘉宾的信任,所以嘉宾愿意在朱军面前敞开心扉,毫无保留地讲述自己的故事。朱军很真诚,他的访谈不会过度煽情、做作刻意,对嘉宾的情绪引导和调节很细腻,很多参加《艺术人生》的嘉宾讲到动情之处都真情流露、潸然泪下,非常有感染力。朱军很平和,节目希望艺术家们的成功故事能够激励正在人生路上摸索的人们,他不是以说教者的面孔出现,而是和观众们一样,是聆听者、受感染者,他当起了观众们的代言人,和艺术家们畅谈一些大家都非常关心的话题,这种平等的姿态调动起了现场观众积极参与的热情。我们总能在节目中看到观众们全神贯注的倾听、泪光闪烁的眼眶、情不自禁的微笑、积极踊跃的呼应,节目现场的气氛融洽温暖,这种良好的现场气氛,让台上嘉宾的讲述有了真诚的回馈,更激发起他们畅谈的愿望。台上台下形成了良性的互动,而这和谐的感觉也带动电视机前的观众一同投入到节目中,感受到节目的温情。朱军说:"对于主持人来讲,最大的技巧莫过于善良和真诚。与人交流如果总想着什么技巧的话,是不能实现真正的沟通的,真情比任何技巧都管用。当你在现场真正地和嘉宾思想沟通的时候,就会自然而然地做出恰如其分的举动。"①

与几乎是同时期出现的《鲁豫有约》《超级访问》《杨澜访谈录》等同样成功的访谈节目相比,《艺术人生》以"重量级嘉宾+知名主持人+现场观众"的模式,牢牢吸引住了观众的眼球,走温情励志路线,内容细腻、情感真挚、表现手法丰富,既有国家大台节目的气派,又不失平易亲和的气质,树立起了自己的品牌形象,获得巨大的成功。主持人朱军在面对嘉宾时准确的心理定位、良好话场的建立、和谐气氛的营造、戏剧效果的配合等都为访谈类节目主持提供了有益启示。

五、《快乐大本营》

1997年7月11日,综艺性娱乐节目《快乐大本营》在湖南卫视播出,节目不仅突出娱乐性、趣味性,还注重知识性和服务性,非常贴近生活、贴近群众,在90年代末期掀起了全国娱乐节目的新浪潮。经过近20年的发展,《快

---

① 耿国彪、孙晓东:《朱军:温暖是一种幸福》,《绿色中国》2011年第5期。

乐大本营》从一档地方娱乐节目，逐渐发展为一个风靡全国、长盛不衰的品牌节目，其寿命之长、收视率之高、吸金能力之强、影响力之大都是在我国电视界少见的。国内外文化娱乐圈的知名艺人几乎都登上过《快乐大本营》的舞台，表演、唱歌、接受访谈、参与游戏，其带动的"明星效应"和倡导的"快乐理念"延续至今，多年来培养起了大量年轻的忠实粉丝，成为青少年成长中的集体回忆。《快乐大本营》先后推出了李湘、何炅、李维嘉、谢娜等主持人，个个青春靓丽、个性十足，都成为了国内综艺娱乐节目的领军人物。同时，节目十分重视对主持人的包装和打造，不断推进主持人的艺人化发展，演戏、唱歌、拍广告、做公益，强化主持人的明星效应，使节目的品牌效应也得到加强，扩大了市场影响力。

（一）青春时尚、轻松快乐、多才多艺

《快乐大本营》以青少年为核心受众群，以"清新、自然、真实、健康"为内容定位，锁定"快乐"主题，营造"欢乐"气氛，让观众通过节目感受到轻松纯粹的愉悦心情。因此节目的主持人从一开播就以青春时尚、活力四射的特色吸引着观众的眼球，尽管不同时期节目内容有调整变化，但主持的整体基调从来没有改变过。开播之初，《快乐大本营》也带有传统文艺晚会的色彩，主持人李湘、何炅只是串联节目，保证流程顺利进行，风格还是偏端庄，即兴发挥少，同时不参与节目和游戏。但是让人眼前一亮的是，李湘和何炅当时都是初出茅庐的新人，青春年少、闯劲十足，两人珠联璧合，主持状态活泼大方、青春、时尚、真实、自然，得到了观众的喜爱，为《快乐大本营》的火爆全国奠定了基础。2000年之后，节目向大众化游戏娱乐的方向演变，参与性越来越强，主持人和节目内容逐渐融合，他们开始参与游戏和表演，表现越来越轻松大胆，并且走出舞台，走向户外，带着观众一起游戏、娱乐，呈现出了自己的特点和个性。2006年节目改版以后，"快乐家族"主持群的出现更好地诠释出节目"全民娱乐"的理念，几位主持人之间既是合作的搭档，更是开心的玩伴儿，热情清新、时尚动感、欢乐搞笑、收放自如，观众也被现场欢乐的情绪感染，节目总是充满欢声笑语，让人无比轻松。

"全能艺人"是《快乐大本营》对娱乐节目主持人提出的新要求。主持人不仅是节目的串联者，还是游戏的组织者、娱乐的参与者、节目的表演者、快乐的制造者，除了"说"之外，演、唱、跳样样都不能少，集体开场秀、走台步、歌舞表演、和嘉宾的情境模仿、现场的即兴发挥……处处都体现了主持人的热情大方、多才多艺。在舞台上主持人们和明星嘉宾打成一片,不分彼此,尤其是有一些节目设定的情节,经过主持人和嘉宾夸张搞笑的表演,显得轻松快乐、气氛热烈。从旁观到融入,从语言到肢体,从说到唱,从看到演,《快乐大本营》的主持人们为新一代的综艺娱乐节目主持做出了全面的表率,也让观众看到了主持人全方位的才华。

(二)思维活跃、机智幽默、个性十足

在《快乐大本营》的发展过程中,主持团队也经过了几次变化。1998年,继李兵、海波之后,何炅开始和李湘搭档主持,1999年,李维嘉作为外景主持人加入,2002年,谢娜出现在《快乐大本营》的舞台上,2006年3月,推出了由何炅、谢娜、李维嘉、吴昕、杜海涛组成的"快乐家族"的主持群模式,并一直延续至今,被称为湖南第一主持"天团"。在这个过程中,不管是男女搭档,还是主持群,每位主持人都开朗活泼、机智活跃、个性十足,观众们会被主持人的风趣幽默所吸引,节目总是能够让人开怀大笑。在青春、快乐、热情的整体风格基础上,李湘甜美活泼、伶牙俐齿,何炅机智灵敏、亲民松弛,谢娜古灵精怪、夸张搞笑,李维嘉善于发现、巧妙点评,杜海涛憨态可掬,吴昕乖巧可爱,每一位主持人都充满魅力。主持人们在节目中肢体动作夸张、神态表情丰富,配合你一言我一语的流畅搭话,使语言节奏跳跃、内容丰富有趣、节目气氛活跃。《快乐大本营》的主持人们都非常真实本色,他们勇于自嘲、善于互黑,何炅的矮、杜海涛的胖、李维嘉的鹰钩鼻、谢娜蹩脚的英文、吴昕的腿粗等等都成为了大家彼此间调侃的内容,爆料彼此的糗事、回忆有趣的经历,某一个人说了一句,其他的人就可以立刻接出下句,妙语连珠、笑料百出,加上多年的合作,主持人在舞台上默契十足、轻松自在,利用彼此间的"不和谐""斗嘴"制造笑点,舞台上充满了"自黑""互黑"的快乐,观众也越发觉得主持人没有架子,亲切可爱。即便是出现了口误或者突发状况,主持人们都能自我解嘲、现场调整、轻松化解,有时还会有意想不到的效果,调动起现场的气氛。《快乐大本营》经历了无数次节目形式和内容翻新,主持人的机智幽默成为了节目吸引受众的重要因素。

《快乐大本营》推出的"快乐家族"的主持群概念,开创了国内先河,再一次成为焦点。5个能说会道的主持人出现在舞台上怎样协调配合是非常不容易的,"快乐家族"中的每一位主持人都有功能化、角色化的定位,分工明确、各有特色、互相衬托。何炅负责把握全局,提出话题、推进流程;李维嘉、谢娜负责补充提醒,插科打诨、旁敲侧击;杜海涛、吴昕负责搭话配合,穿插点缀、活跃气氛。5个人和嘉宾一起表演,和观众热情互动,表演时投入忘情,游戏时开心搞怪,煽情时真诚流露,时而默契十足,时而互相拆台,真实可爱、"笑果十足",每个人都有发挥空间,又不互相抢戏,整个团队显示出了极强的整体实力,取得了一加一大于二的超高人气,散发出别样的魅力。"快乐家族"也成为湖南卫视的一个主持人品牌,出现在各种节目、晚会的现场。之后,湖南卫视又推出以汪涵领衔的"天天兄弟"主持群,同样广受好评。主持群概念的成功引来了各台纷纷效仿,但都无法超越"快乐家族"和"天天兄弟",目前这两个团队已成为全国最具代表性的主持"天团"。

《快乐大本营》的成功为湖南卫视成为中国第一电视娱乐品牌奠定了基础,它不仅是湖南卫视一直保持至今的品牌节目,也是中国电视界综艺娱乐节目的领头羊。很长一段时间,国内的综艺娱乐节目生命周期普遍不长,《快乐大本营》这个"老人"却依旧风采不减当年,体现出了节目组对节目形态、节目品质的不断创新追求和对娱乐热点的敏锐把握,几位主持人更是在新人辈出的综艺娱乐节目舞台上热度不减并且越来越游刃有余。他们勇于挖掘自身潜力、投入的娱乐精神、默契的团队协作都对综艺娱乐节目主持变革产生了深远影响,从此,综艺娱乐节目主持进入了个性时代。

第三节　播音主持创作特征

一、灵活多变、丰富多彩

经过几十年的积累,播音主持语言表达形成了四种基本话语样式,即以齐越为代表的"朗诵式",以夏青为代表的"宣读式",以林田为代表的"讲解式"和以费寄平为代表的"谈话式",每一种样式中,又可以分为气势恢宏、字字珠玑的高雅庄重格调;条分缕析、语语中的的平实正规格调;深入浅出、新鲜活泼的通俗灵动格调；散漫轻盈、微言大义的消闲自在格调。[①] 这是老一代播音前辈们在大量实践积累中摸索总结出来的经验，对于我们的播音主持创作有着重要的启发和指导意义。进入新世纪，随着互联网的迅速发展和网络媒体的日益普及，人们的信息接收方式、交流方式都发生了巨大的改变，节目内容越来越丰富，制作手法越来越多样，传播对象越来越多元，播音员主持人的节目参与程度越来越高，语言表达样态也更加灵活多变、丰富多彩。

今天我们看到的新闻节目节奏明快、重点突出、语流顺畅、新鲜感强，其中既有以《新闻联播》为代表的高雅庄重、稳健大气类型的，也有以《朝闻天下》《新闻直播间》为代表的真切自然、轻松灵动类型的，有以各种民生新闻、社会新闻为代表的绘声绘色、形象生动类型的，还有以突发事件直播、记者现场连线为代表的快速反应、即兴表达类型的。新闻节目的内容不同、形态不同，表达方式也大不一样。在法令、公告、章程、决议、文件、每年两会期间参会人员名单、政府公告等内容的播报中，语言表达清楚准确、字正腔圆、节奏稳健、语句工整、逻辑严谨、语气庄重、简洁明确；在有文本依据，但又穿插连线采访、夹叙夹议的节目中，播音员主持人需要在"播"与"说"之间自如切换，既能清晰流畅地叙述新闻事实，又能细致准确地拿捏新闻要点；在突发事件的直播报道中，对主播的语言要求更高，要求主播做到整合新闻素材、即兴组织语言、随时提问连线、准确起承转合，既考察主播的平时积累以及临场反应，同时也呈现出个人风格。

随着现场报道、访谈类、读报类、故事类、娱乐类、真人秀等节目以及网络自媒体的发展，节目中的话语方式越来越接近生活中谈话的轻松自如，讲究内容、目的、场合、气氛、人物身份、人物关系等，声音自然、亲切生动、语言通俗、交流感强、灵动鲜活，并且充分突出了主持人的个性特征，有抽丝剥茧、逻辑严谨的，有一语中的、妙语连珠的，有轻松明快、自如潇洒的，还有自信夸张、语不惊人死不休的。多样化的语言表达样态适应了丰富多彩的内容，也满足了受众不同层次、不同品位的需求。

在专题片、纪录片、文学欣赏等多种节目中，我们则可以感受到语言的艺术魅力。这种类型的语言具有较强的逻辑性，条理清晰、连贯完整，表达时感情真挚充沛，变化丰富，包含了讲解、说明、叙述、描写等多种特征，解

---

① 张颂：《话语样式简论》，《中国广播》2002年第1期。

释、解惑、解密,娓娓道来,同时对象感强,重视和受众的平等交流,激发受众的兴趣,满足受众的需求。很多优秀的配音员在节目中将自己的语言风格融入其中,使作品更具个性魅力,如周志强录制的《故宫》、李易录制的《再说长江》、李立宏录制的《舌尖上的中国》、肖玉和任志宏录制的《江南》、于芳录制的《颐和园》、董倩录制的《梁思成林徽因》……这些作品都使人身临其境、感同身受,产生深深的共鸣。

在文艺节目、综艺晚会、庆典仪式等节目中我们也感受到了语言的变化。以往晚会主持中的朗诵腔调逐渐淡化,语言处理中的一些高低强弱、快慢相间、虚实结合的变化不再是程式化的处理,也不再刻意追求声音的美感,取而代之的是平等互动与沟通交流的话语、形象化的表达、真实浓郁的情感、贴切自然的氛围、鲜活明快的节奏,充满强烈的艺术感染力。无论是在空间开阔、人数较多的大场景,还是在布置精美、其乐融融的演播室,无论是高雅隆重的正式场合,还是气氛热烈的欢聚一堂,受众都能感受到越来越"接地气"的真实、亲和、自然。

当《春节联欢晚会》的主持人们开始轻松自如地耍酷、逗贫,当《新闻联播》的播音员们开始打破常规进而抒情、卖萌,我们真切地感受到了语言的活力。语无定势,贵在变化,如今的媒体内容包罗万象、形态变化万千,多种话语方式、表达样态交织,语言灵活多变、丰富多样,播音主持唯有与时俱进、紧扣内容、把握受众、随时创新,才能充满魅力。

二、特色鲜明、风格多样

改革开放使中国的经济开始腾飞,也使中国人的视野更开阔,各种各样的束缚都犹如冰雪,在太阳升起之后慢慢消融。进入新世纪,人们开始越来越追求个性、关注自身价值。随着人的自我意识不断觉醒,求同趋同的心理状态发生变化,受众诉求越来越复杂、体验越来越真切、方式越来越个性,推动着媒体变革创新。随着互联网的迅速发展,网络媒体在2000年之后逐渐强大,成为了信息传播的强势渠道,互联网不仅成为了人民群众表达民意的地方,也发挥着主流舆论导向的功能,无论是公知、达人,还是草根、百姓,都可以在互联网上各抒己见、展现自我,互联网平台的包容和推动更激发了人们对个性的追求和对自我的开发。另一方面,广播、电视、网络将大千世界中的新奇事物展现在人们面前,受众除了追求内容上的"新""鲜""奇""异"外,对创新的节目形式也很感兴趣,那些创意新颖、富于变化、独具风格的节目更能吸引受众的眼球。同样,特色鲜明、个性突出的主持人也更具魅力。《开讲啦》的撒贝宁反应敏捷、妙语连珠;新闻频道的张泉灵自然真诚,充满人文关怀;《天天向上》的汪涵亦庄亦谐、机智幽默;《蓝调北京》的春晓音色浑厚、优雅舒展;《1039交通服务热线》的王为热情自然、服务贴心……2010年以后,网络节目越来越受欢迎,其中的主持人更是个性鲜明,《大鹏嘚吧嘚》的大鹏夸张搞笑,尽显表演天赋;自媒体节目《罗辑思维》的罗振宇思维敏捷、知识丰富、善于自嘲;《奇葩说》中的马东、高晓松、蔡康永、金星更是智慧犀利,展现出超强的思辨能力和极富感染力的语言魅力……无论在哪个平台出现的主持人,他们都有自己关注事件的独特角度、与众不同的思想观点、别具一格的阐述方式,从而充满了个性魅力,赢得了无数受众的支持。个性化的主持丰富了媒体语言的传播样态,播音主持创作呈现出个性鲜明、风格多样的特点。越来越多的受众开始因为喜欢某种主持风格或者欣赏某个主持人而选择收听收看他所主持的节目。挖掘自身特点、寻求变化、突出个性,已经成为当今播音员主持人努力的方向。

当然,播音员主持人的语言个性并不是简单的新鲜性和差异化,它包括三个层面:"首先,我国广播电视工作的性质任务,决定了主持人语言目的的郑重性及引导性,因此喉舌意识在主持人语言个性中理所当然起指导作用,同时主持人的语言还应符合广播电视传播的一般语言规律,可谓之'有境界,有底线',绝非率性而为的东西,此为语言个性的基础层面;其次,考虑主持人节目类型及语体的不同风格,并根据传播对象的具体特点,'对什么人说什么话',是为语言个性的职业层面;第三,充分发挥个人积累与个人语言创造的潜力,在语言上表现出新颖独创、富于情趣的个性,使传播更加生动活泼、亲切感人,更加有效,并蕴含审美价值,是为语言个性的美学层面。"[1]在播音事业刚刚起步的时候,我们更多的是追求人民广播的共同风格,随着事业的不断发展,个人的特色越来越鲜明,风格也逐渐形成、稳定,个性特征成为了播音员主持人魅力不可或缺的组成部分。目前,播音员主持人在节目中的自由度越来越大、主导性越来越强,很有利于播音员主持人展现个性特征,但是有些主持人分寸把握不好,出现了滥用话语权,过分自由发挥,过

---

[1] 吴郁:《当代广播电视播音主持》(第二版),复旦大学出版社2014年版,第133页。

分表现自己的问题。有的主持人把节目当成了"自留地",想说什么就说什么,想怎么说就怎么说;有的主持人为了娱乐效果,失去了起码的底线,忽略了听众感受甚至舆论导向;有的播音员主持人刻意追求个性,偏离了起码的职业要求,突破了审美底线,这样做的结果不但不能形成自己的个性和风格,还会被加速淘汰。播音员主持人特色鲜明、个性突出绝不是另类、怪诞,其实每个播音员主持人都有个性,只是有些人表现得鲜明突出,而有些人比较模糊而已,人们当然会记住个性更突出的那一个。同时,播音员主持人的个性,实际上是一种创造性的呈现,并不是单纯形式上的变化,具有先进性和正能量,只有经过时间的打磨并且稳定之后才是真正的具有了个性。播音员主持人的个性要在适合个人的环境和情况下才能真正得以体现,同时还需要结合自身条件,找准正确的定位,不断挖掘个性的深层内涵,不断摸索总结,只有这样才能最终真正形成自己的个性。

第七章 规律

新中国的播音创作经历了初创、探索、繁荣、曲折、成熟的发展过程,在继承传统、开拓创新中,新老播音工作者以辛勤的汗水、智慧的头脑、饱满的才情进行着高效的新闻传播和勇敢的艺术实践。贴近生活、贴近时代,在创作形式上不断丰富,传达正义之声、信仰之声、人民之声,创作出了一个个饱含浓郁时代气息、具有深厚思想意义、充盈无穷艺术意蕴的作品和节目,践行着中国播音事业继承、改革、发展的庄严历史使命。播音创作取得的艺术成就来自于安定团结的政治局面,来自于改革开放和社会主义现代化建设翻天覆地的时代生活,来自于对现实生活以及人生价值的不断认识而引起的思想观念、意识形态的变化,创作者以堂堂之声与时代足音相共鸣。播音事业走过75年,对播音创作进行回顾和总结,是为了将播音事业推向一个更加辉煌的新时代,这是研究播音创作史的意义所在,也是研究的基本前提和出发点。通过对时代背景的回顾描述,通过对经典作品、创作人员的分析评点,通过对创作过程的追寻、探究,我们能够更好地认识播音创作的本质规律,从而在将来创作出更多受众喜闻乐见的优秀作品。

第一节 继承与创新

继承和借鉴是事物发展运动规律的必然要求,任何艺术发展规律也都是这个道理。回首过去,播音主持创作数量增多、质量提高、形态丰富,成绩有目共睹,这样的创作局面,不是无源之水、无本之木,传统的继承和发扬对所取得的成就有着特殊的作用。人民广播是无产阶级新闻事业的组成部分,是继报刊、通讯社之后,中国共产党创办的新型的现代化的宣传工具,从1940年底开始播音到1949年3月前进入北平初期,延安新华广播电台(包括改名后的陕北新华广播电台)的编辑工作都是由新华社的有关部门承担,可以说人民广播完全继承了党报和新华社多年来积累的宝贵经验和优良传统。在此基础上广播工作结合自身的实践特点,逐步形成了人民广播的方针和路线。经过几十年的发展,人民广播电视播音主持创作已经具有了自己的优秀传统、宝贵经验和鲜明风格,它自身的成长和发展一方面符合新闻及传播规律,另一方面运用了艺术规律的相通性,借鉴了其他艺术及有关方面的优秀成果,与其他艺术之间的相互联系、相互作用越来越明显。播音主持艺术既具有艺术规律所规定的继承性和借鉴性,同时又具有语言本身继承性的要求,播音主持艺术创作自身的矛盾运动使其对继承和借鉴需求更为强烈。在人民广播75年的发展历史中,语言风格的演变和形成其实就是对前一阶段语言创作借鉴继承的结果。语言表达方法对其他相关艺术门类的借鉴、电视播音主持对广播播音主持的借鉴继承、后辈对前辈的继承、同行之间的借鉴……今天的广播电视语言创作所呈现出来的整体风格是在经历了各个时期的探索积累之后,不断传承发展而逐渐形成的。

另一方面,任何一种继承都不是一种简单的沿袭或模仿,它既是一种对传统的把握,更重要的是在于适应时代发展、大众审美的进程,不断挣脱过时的羁绊,进行开拓与发展。播音主持艺术的继承借鉴是有其必然性的,是由其自身发展创新的迫切要求所决定的。继承借鉴是发展创新的基础,而正是发展创新,才使继承借鉴变为现实。在发展的过程中,创新是关键,时代变迁、思想进步、技术变革催生着创新,人民广播的诞生、电视的诞生、节目形态的变化、播音语态的转变、创作手段的丰富……每个时期的发展变化都充满了创新。改革开放以来,人们的思想观念、价值取向都在朝着有利于人和社会的方向发展,改革意识、竞争意识等不断凸显,新的生活、新的时代带给播音主持创作者新的创作视角,使播音主持艺术呈现出蓬勃的生命力。

播音主持的继承借鉴与创新发展,是播音主持创作内部要素和外部要素相互作用的结果,是自身的发展规律之一。在继承与创新的关系上,我们历来倡导在继承中发展,在创新中继承。这就要求我们对历史采取严肃、科学、分析的态度,不能切断历史标新立异。播音主持创作的发展要大胆借鉴、善于继承、勇于创新。正确把握继承借鉴与发展创新的关系，对于播音主持事业的发展有着重要意义，年轻一代的播音员主持人一定要向前辈学习，踏踏实实、兢兢业业，在学习继承中大胆创新。

一、坚持党性原则

"党性，即党的观念或意识，而不是几个人的小组意识。当党宣布建立，原来属于各个活动小组的成员便成为党员，如果意识到自己是一个党的党员，个人的行为和言论遵从于党的纲领和党章，那么可以说这个人是有党性的，如果还是习惯于想做什么就做什么的小组活动或个人的活动，在党已经存在的情况下，便可以说这个人不具有党性。而衡量'党性'的标准是'党的纲领、党章（组织经验）和党的策略原则。符合这些的言行是具有党性的，不符合这些的言行是违背党性的。'"[1]党的新闻事业是党的喉舌，自然也是党所领导的人民政府的喉舌，同时也是人民自己的喉舌，在广播电视的发展历程中，无论哪个阶段，坚持党性原则都是第一位的。广播电视坚持党性原则，就是必须坚持社会主义的政治方向，严格遵守宣传纪律，自觉地与中央保持政治上的一致，为各个时期的中心工作服务，成为党和政府得心应手的有力助手。1981年，中共中央《关于当前报刊新闻广播宣传方针的决定》体现了中国新闻政策的重要内容，其中又一次明确指出："报刊、新闻、广播、电视是党的舆论机关。"[2]"从喉舌性质和功能的考察中可以看出，话语权的赋予是党、政府和人民通过主管部门的聘用而实现的"[3]，播音员主持人作为党的宣传机关从业人员，必须具备坚定的党性，坚持无产阶级新闻学的党性原则，以马克思列宁主义、毛泽东思想为指针，坚定不移地宣传贯彻党的路线、方针、政策，自觉地在思想上、政治上和党中央保持一致。播音工作是党、政府和人民的喉舌，必须做到维护国家利益、捍卫文化安全、弘扬民族精神、唱响时代旋律，树立导向意识，充分发挥"喉舌功能"，坚持客观的舆论监督，坚持正确的舆论导向，增强新闻宣传的服务功能。

---

[1] 陈力丹：《马克思主义新闻思想概论》，复旦大学出版社2003年版，第140页，转引自李秀云：《中国现代新闻思想史》，中国社会科学出版社2007年版，第262页。
[2] 《中国共产党新闻工作文件汇编》（中），新华出版社1980年版，第328页。
[3] 张颂：《话语权力简论》，《现代传播》2000年第1期。

值得我们注意的是,在如今广播电视服务功能、娱乐功能不断强化的时代,主持人的话语空间有了很大变化,现场报道、连线采访、即兴点评、互动呼应、临场应变……使得主持人在构思创意层面、内容组织层面、表述样态层面都有了一定的创作空间。但这种话语权实际上如同一柄"双刃剑",用得好,能深化含义、升华主题,使之锦上添花;反之则可能引起反感和质疑,甚至造成负面影响,因此主持人对待节目中的话语权必须"积极而又慎重"。话语权意味着"责任",主持人要清醒地认识到自身的媒体角色,对社会负责,在政治立场、舆论引导、价值导向以及文化取向上要有正确、坚定的把握。① 党性原则始终是一条不可逾越的红线,是所有从业人员在任何历史时期都必须坚持和遵循的重要原则。

二、坚持真实性原则

真实性是无产阶级新闻学的根本原则,新闻的生命在于真实,违反真实性,新闻就会失去生命,失去存在的意义。我国的广播电视事业历来具有讲真事、说真话的优良传统,正是因为坚持报道的真实性,才使广播宣传得到了广大人民群众的信任。但是在1958年"大跃进"中,特别是在"文革"时期,这一优良传统遭到严重破坏,新闻真实性原则被束之高阁,调查研究不深入,责任心不强,思想方法片面,很多报道浮夸、失实,损害了国家宣传机构的信誉和党的威信。十年动乱结束后,思想观念的重大转变为我国广播电视宣传注入了生命力,各项工作开始逐渐恢复。突破"两个凡是",确立"实践是检验真理的唯一标准"以后,宣传工作中极"左"的思想得到纠正,失实夸张的报道得到改观。同时,广播电视工作者开始对"四人帮"的新闻理论进行反思,逐渐恢复党的新闻工作的优良传统,改进作风与文风,讲实情、说实话、讲道理、不打棍子,用客观事实去说服、教育和鼓舞人民。"我们是无产阶级政党,当然要讲真实,要按照事物的本来面目认识和说明事物。所以我们历来主张实事求是,力戒浮夸,认为任何虚夸作风都是同无产阶级政党的性质不相容的。"② 按照新闻的规律和广播电视的特点办事,理论宣传转向

---

① 吴郁:《当代广播电视播音主持》(第二版),复旦大学出版社2014年版,第8~9页。
② 《中国广播电视年鉴1986》,中国广播电视出版社1987年版,第12页。

坚持宣传马列主义、毛泽东思想的科学体系,广播电视事业逐步回归到无产阶级新闻学的真实性原则上。

播音主持创作的真实性就是要在广播电视传播工作中坚持一切从实际出发、实事求是的思想路线,坚持新闻工作职业道德,坚决防止和杜绝弄虚作假、信口开河、任意拔高和凭空杜撰等不良现象,要把坚持真实性提高到坚持党性原则来认识。播音员主持人要做到真实地反映生活,必须以辩证唯物论、历史唯物论为理论基础,联系群众、深入生活、调查研究、实事求是,动真格、说实话、讲道理,成为党和政府联系群众的桥梁,成为人民群众喜闻乐见的知心朋友。另一方面,新闻的真实性不仅要求每一篇具体报道的新闻要素必须真实准确,而且要求从新闻宣传整体的把握上做到真实、客观、全面,善于从总体上、本质上以及事物发展的趋势上去把握事物的真实性,防止搜奇猎异,防止捕风捉影。只有这样才能保证新闻报道的真实准确,树立广播电视的信誉,真正发挥舆论工具的强大作用,获得广大人民群众的信赖。

三、坚持时效性原则

早在延安陕北时期,人民广播对时效性就非常重视,随着广播电视传输技术的进步,时效性的实现有了坚实的基础,从 80 年代开始,我国广播电视事业对于时效性的问题有了更明确的认识。"对于新闻时效性问题要从增强新闻的战斗性、吸引力、竞争力的高度来认识,新闻工作者要尽可能地提供大量人们迫切需要了解的信息,先声夺人。这就要求我们眼观六路耳听八方,洞察天下风云,同时又有争分夺秒的工作作风和精神状态。"[①]广播发挥自身"快"的优势,努力提高新闻时效,中央人民广播电台逐步打破了重要消息需要在《各地人民广播电台联播》节目中第一次播出的老框框,力争做到随时插播,半点、整点新闻实时跟进新闻事件发展动态,"刚刚收到"和"正在进行中"的消息越来越多。电视也增加了新闻直播、现场连线、随时插播等方式来突出时效性。广播电视结合自身特点和优势,前后方密切配合,在节目中充分地体现出快捷、高效,内容短小精悍、信息量加大、节奏鲜明灵

---

① 李瑞环:《坚持正面宣传为主的方针——在新闻工作研讨班上的讲话》,1989 年 11 月 25 日。

动。目前全国大多数媒体都实现了新闻节目的全面直播,对新闻事件,尤其是突发新闻事件做出快速反应,世界各地的新闻资讯、新鲜事物都会在第一时间被报道。在新媒体广泛兴起的今天,注重时效性已经成为广播电视传媒工作者的职业意识和自觉行为。

20世纪80年代,广播电视节目内容的时效性有限,一方面是因为技术手段受限,还达不到实时传送,因此现场直播或者第一时间的即时报道比较少;另一方面,党中央也强调在新闻工作中并不是所有问题都要无条件地追求时效,不能把讲求时效同匆匆忙忙混淆起来,要注意掌握新闻报道的时机,慎重考虑报道的时间、口径和效果,尤其是某些重要新闻、重大事件,该请示汇报的要及时请示汇报,立刻播发好还是暂时不播发好,必须考虑成熟,否则往往会使党的威信遭受损失。"重大新闻的时间性要服从于政治任务。该快则快,该慢则慢,该压则压,有些还要注意内外有别。如果把时间性强调过分,甚至认为一切别的东西都要服从于这一条,连纪律都可以不顾,那就搞颠倒了,就会犯错误。"①"快"是一个相对概念,不能为快而快,不仅要善于抢,有时也要善于压。很长一段时间,我们在某些重大或突发新闻事件报道的时机把握上是非常谨慎的,直到2001年美国"911"恐怖袭击事件,我国媒体集体失语,才使媒体人开始集体思考媒体的职责与本分,开始重新认识"报道时机"与"时效"。今天的媒体,可以更快速而又更稳健地应对突发和重大的新闻事件,第一时间的信息公开可以起到更好的社会效果,也可以提升媒体的权威性和可信度。不论怎样,从媒体的职责和立场来看,我们追求的应当是准确真实前提下的高时效,是符合党和人民群众根本利益的高时效。

四、坚持联系群众

坚持联系群众一直是我国广播电视宣传工作的重要理念,坚持走群众路线,给播音员主持人们提供了永不枯竭的创作源泉。战争年代,延安陕北台的播音员除了完成播音的本职工作以外,还积极投身革命斗争的实际,深

---

① 胡耀邦:《关于党的新闻事业》(1985年2月8日在中央书记处会议上的发言),《中国广播电视年鉴1986》,中国广播电视出版社1987年版,第14页。

入生活,深入实践,艰苦奋斗,保持同人民群众的紧密联系。1945年生产救灾热潮中,他们投身劳动生产;1947年延安保卫战中,他们编成自卫军,开展打靶、投弹等军事训练,还站岗放哨。他们既是一支宣传队,又是一支工作队、生产队、战斗队。此外,播音员们还利用业余时间各尽其能,为老百姓表演文艺节目,为战争中的百姓带去欢乐。在和劳动人民共同生活及向劳动人民学习的过程中,陕北台的播音员和劳动人民建立了深厚的感情。延安台播音员钱家楣等同志在撤离陕北的行军途中,走到哪里,哪里的老乡都如见亲人,倾吐衷肠,有个老大娘把自己仅有的一点小米全为他们熬了粥。在太行,老乡们自觉自愿、百般警惕地掩护着隐蔽在村子里的广播发射台,敌人派飞机侦察、乱扔炸弹,都无法找到和破坏电台。

  人民群众是历史的创造者,他们的力量和智慧是无穷的,广播电视一直非常重视受众的意见和要求,通过各种渠道保持和人民群众的密切联系。在深入生活的过程中,在和广大人民群众的交流中,劳动人民的勤劳、质朴、智慧使播音员主持人们深受感动,而他们的疾苦、痛楚、苦难、需求又深深印在了每一位同志的心里,成为大家创作的原动力。一切为了群众,一切依靠群众,从群众中来,到群众中去,想人民所想、急人民所急、恨人民所恨、爱人民所爱,播音员主持人从广大人民群众身上汲取着源源不断的情感动力,这种积蓄的力量在他们的播音主持中得到了展现和释放。齐越回忆他播音创作生涯时总结说:"当我的心和人民的心息息相通,和时代的脉搏一起跳动时,我的播音才有生命力。"[1]"与人民同呼吸,共爱憎,这就是我播音中激情的主要来源。"[2]延安陕北时期的播音充满了对胜利的渴望和信心,新中国成立以后的播音充满了建设祖国的激情和干劲,改革开放以后的播音主持饱含着对新时代的期望和憧憬,新世纪的播音主持则洋溢着鲜明的个性和灵动的变化,每一个时期的播音主持创作都彰显着时代特色,反映着全国人民的心声。正如习近平在文艺工作座谈会上指出的一样,人民是文艺创作的源头活水,一旦离开人民,文艺就会变成无根的浮萍、无病的呻吟、无魂的躯壳。能不能搞出优秀作品,最根本决定于是否能为人民抒写、为人民抒情、为人民抒怀。播音主持工作者要虚心向人民学习、向生活学习,从人民的伟

---

[1] 齐越:《献给祖国的声音》,中国广播电视出版社1991年版,第86页。
[2] 同上,第182页。

大实践和丰富多彩的生活中汲取营养,不断进行生活和艺术的积累,不断进行美的发现和美的创造。对人民,要爱得真挚、爱得彻底、爱得持久,就要深深懂得人民是历史创造者的道理,深入群众、深入生活,诚心诚意做人民的小学生。艺术可以放飞想象的翅膀,但一定要脚踩坚实的大地。文艺创作方法有一百条、一千条,但最根本、最关键、最牢靠的办法是扎根人民、扎根生活。

五、坚持团结协作

人民广播在艰难中起步,当初从事广播工作的同志,不论是播音员、编辑、技术人员,在工作上、业务上、生活上都互相支持、互相帮助、互相关心,形成了团结奋进、并肩协作的光荣传统,使播音主持工作不论在任何环境、在哪个时代都能顺利进行,并且体现出较高的水平。

播音员主持人之间是团结互助的。1949年8月制定的《北平新华广播电台训练播音员的方法》中规定了"训练播音员必须注意"的几条:"一、新老播音员必须互相帮助,虚心研究。……四、召开技术座谈会,发挥集体智慧,提高播音技术。……"①播音员主持人之间形成了互帮互助、以老带新的优良传统。老播音员主持人毫不吝惜地传授经验,鼓励新同志,帮助他们尽快熟悉工作环境和工作流程。长期以来,中央人民广播电台每周都有业务学习,全国各电台电视台都组织播音员主持人定期交流学习,大家在一起分析、讨论、钻研播音主持创作业务,共同提高、共同进步。2005年6月,中国广播电视协会播音主持委员会成立,该委员会成为全国播音主持行业最高专业学术机构,随即,学术研究、专业评估、人才培养等业务研讨交流活动更加积极有序地开展起来,为全国的播音员主持人们提供了大量交流学习的机会。

播音员主持人与编辑、记者以及其他工作人员之间也非常团结。丁一岚在《回忆四十年前纪念"七一"大会的实况转播》中写道:"在广播战线中,播音员是整个事业的宠儿。广播宣传工作是紧密的集体创作活动:领导干部的筹划指挥,编辑、记者的实地采访编写,技术后勤部门辛勤的支持配合,

---

① 中央人民广播电台研究室、北京广播学院新闻系编:《解放区历史资料选编(1940~1949)》,中国广播电视出版社出版1985年版,第188页。

许多人的劳动汇成一个节目,而节目的最后体现者,把它直接奉献给听众的是播音员,播音员则为广大听众所熟悉。"①播音员和编辑记者,以及其他工作部门同志之间也非常注意团结协作。齐越在他的《编播之间》有这样的表述:"一次广播节目的产生到播出,是编辑、记者、播音员、录音员、机务员等共同劳动的成果。其中,编播之间的关系尤其密切。……编播之间互知甘苦,彼此尊重,相互帮助,密切合作,是人民广播事业的好传统。"②"齐越回忆说,有两件小事至今难忘。1948年电台在平山,编播部门相距几十里。那时播音用的表不太准确。温济泽同志得知后,立即向廖承志和梅益同志汇报,要求设法解决。几天后,温济泽同志就把一只准确的表送到播音组。还有一件事,那时编辑用的稿纸正面反光,反面粗糙,用有光一面写稿,在灯下反光晃眼,妨碍播音。播音员提意见的第二天,温济泽同志就复信播音组说,接受你们的意见,不要用稿纸有光一面写稿一事,已告诉部里各同志。从此,编辑同志都把稿纸翻过来使用。至于编辑对播音的意见,除随时打电话告知外,每天还随稿件送来前一天的收听意见。意见中不仅登记播出差错,还有对字音不准、断句不当的纠正,对文章播法、发声方法等的评述和探讨。"③

不仅是编辑、记者,播音员主持人与摄像、录音、导播、舞美、化妆等各个工种间都需要通力合作,这不仅能营造良好的工作氛围,保证优质的播出效果,还能帮助播音员主持人吸取来自各方面的意见和建议,从不同层面了解自己业务中存在的优点和缺点,进而扬长避短。

六、坚持与时俱进

文化艺术的发展永远离不开时代的影响,任何一个创作者想在社会历史发展过程中有所作为并被人民和历史所承认,必须紧紧跟随时代而动,跟随人民的需要而动。正是因为时代因素的影响,不同历史时期的播音主持创作才呈现出不同的风格特点。另一方面,时代发展、社会生活包罗万象,

---

① 北京广播学院新闻系编选:《中国人民广播回忆录(第三集)》,中国广播电视出版社1990年版,第114页。
② 齐越:《献给祖国的声音》,中国广播电视出版社1991年版,第97页。
③ 姚喜双:《播音学概论》,北京广播学院出版社1998年版,第204页。

各种现象错综复杂,本质与非本质、主流与非主流全部蕴含其中,这就需要我们透过现象看本质,分清矛盾的主要方面和次要方面,把主流与支流区别开来,抓住自己所处时代的本质,识别非本质、非主流的东西,辨方向、识大局,正确地认识事物,把握历史发展的进程和方向。在广播电视宣传工作中,创作者要明确自己的责任,自觉地把自己的前途与命运融入历史进步的潮流中,及时地报道新事物、充分展示由旧事物向新事物转换的历史过程,把握时代脉搏、反映时代风貌、揭示时代本质,从而起到积极的舆论引导、服务大众的作用。

广播电视肩负着国家舆论宣传的重要任务,而丰富多彩的时代千差万别,这就要求我们用同样丰富多彩、富有变化的语言去反映,播音主持只有在内容与形式上走多样化的道路,才能完成这一使命。任何传播平台都是社会需求的缩影,优秀的播音主持创作者其声音形象、语言表达必须具备适应性、可塑性、综合性,并跟随时代的发展变化及时做出调整,适应不同时代的不同需求。新时期、新需要,我们的播音主持创作,必须加大思想的厚度与表现的力度,做到新鲜、活泼、舒展、跳脱,表意则意明、传情则情切。播音主持创作从一个侧面反映着时代的风貌,其中体现出来的时代感,是与整个社会、时代和谐发展相辅相成的,受众从中感受着社会的发展,时代的前进。时代给播音主持艺术打上了深深的烙印,不论是战争年代、建设时期还是改革发展阶段都需要时代感,都需要充满时代气息的作品。习近平在文艺工作座谈会上谈到,每个时代都有每个时代的精神。文艺是铸造灵魂的工程,文艺工作者是灵魂的工程师。我国作家、艺术家应该成为时代风气的先觉者、先行者、先倡者,通过更多有筋骨、有道德、有温度的文艺作品,书写和记录人民的伟大实践、时代的进步要求,彰显信仰之美、崇高之美。播音主持创作离不开时代、离不开人民,要做到紧贴时代、紧贴生活,要学会去粗取精、去伪存真,正确把握时代生活的本质,并根据个人独特的发现、情感的感受、理性的思考和心灵的体验,与时俱进,创作出充满时代气息和个性魅力的作品。

优秀的播音主持创作在很大程度上来说是其所处的时代的产物,但其中依然有很多值得借鉴、必须借鉴的内容。我们必须坚持在继承中发展,在创新中继承。另一方面,广播电视播音主持创作的发展还要面向世界,既大胆地采取"拿来主义",又善于继承民族的优秀文化传统,把"拿来"的化作民族的,并在这个"化"的过程中,不断创新,在创新中推动广播电视语言传播的发展。未来的传媒工作,处于各种思想文化相互激荡的历史新时期,需要我们头脑更加清醒,更加善于把汲取外来文化的精华与继承民族优秀文化紧密地结合起来,坚持洋为中用、开拓创新,做到中西合璧、融会贯通。我们的播音主持创作既有披荆斩棘、独树一帜的过去,更有凸显特色、百花齐放的未来,在向前辈们学习,像他们那样踏踏实实、兢兢业业的同时,还要在学习和继承中大胆创新,使自己的创作风格更加鲜明,进而赢得广大受众的喜爱。

第二节 内容与形式

内容和形式是事物本质联系的两个重要方面,世界上任何事物都是内容和形式的对立统一,没有无形式的内容,也没有无内容的形式。内容是构成广播电视传播多种要素的总和,是传播存在的基础;形式是构成广播电视传播多种要素的结构,是传播存在的方式。随着广播电视传播内容重点的转移,外延不断扩展,传播内容涉及面越来越广,挖掘越来越深,宣传报道触及了社会生活的上上下下、方方面面。内容的扩展和丰富,给新时期的播音主持创作注入了巨大的活力,语言表达与内容紧密联系,内容的丰富使话语样式不断发展创新。

播音主持创作发展的75年中,取得了令人瞩目的成就,一批新闻性、艺术性俱佳的作品相继问世,不管是哪个时代的优秀作品都是内容和形式的完美统一。这其中既有编辑、记者的智慧,也有播音员主持人的心血,他们以自身的经验与感受对优秀的稿件、节目进行独到的体悟,还原信息、传播知识、创造美感。对大的传播系统而言,播音主持是对稿件,包括显性稿件即文字成稿和隐形稿件即思维腹稿的再创造;对语言表达系统结构本身而言,播音主持是创作主体发挥主观能动性,调动专业技巧和认知感受,把握受众心理需求的创造。播音主持艺术的创作方式取决于创作内容,这就要求播音员主持人做到内在和外在统一,即思想感情和语言技巧和谐统一。另一方面,播音主持创作也受到了节目内容和形态的影响,正是因为节目内容越来越丰富多彩,形态越来越灵活多变,才使得播音主持艺术创作样态越来越丰富,为播音员主持人个性化发展提供了足够空间。播音主持创作以新闻性为主调,融合艺术性、言语性,是创作者通过媒介,将声、形、意、感融为一体传于受众的综合语言艺术,内容与形式密不可分、和谐统一,内容决定了表达的形式,丰富灵动的形式则是为了更好地服务于内容。

一、宣传与传播——理念之变

75年的播音事业发展中,广播电视始终坚持着延安初创时期所创立的新闻传播思想,把"喉舌"功能放在第一位,准确地宣传党的基本理论、基本路线和基本方针以及各项政策,反映人民群众的伟大业绩和精神风貌,推动改革开放和社会主义现代化建设。尽管在不同的历史时期发挥了巨大的作用,但是在这个过程中,播音主持创作本身受政治因素影响比较大,逐渐成为了计划经济的一部分,政治功能过于突出,而社会功能、服务功能相应地被忽略。随着时代环境的变化、市场经济的发展,社会关系、受众需求、思想理念都发生了很大变化,播音主持创作也紧跟时代脚步,其不仅仅是党的宣传工作的重要组成部分,还是更具社会性、大众性、服务性、娱乐性的创造性活动。李长春同志在《用"三个代表"重要思想统领宣传思想工作》中指出:"属于党的喉舌性质的单位,实行事业性质,企业化管理……不属于党的喉舌性质的公益性事业单位,要努力加强管理,增强活力,提高服务水平。鼓励应完全面向市场的经营性行业和单位走向市场,走产业化、企业化的道路,在市场竞争中发展壮大并实施'走出去'战略,努力跻身于国际市场。"①复旦大学李良荣在《关于中国新闻媒体的双轨制——再论中国新闻媒体的双重性》一文中也指出:"中国的新闻媒体都具有双重性,双重属性是就新闻媒体的整体而言……属于党的喉舌的新闻媒体具有更多的上层建筑属性即更多的事业性质,而不属于党的喉舌的新闻媒体具有更多的信息产业属性即企业性质。"②

这种对媒体本质的思考给播音主持创作理念带来了深刻的变化,即在政策宣传的基础上,还要更多地进行社会信息的大量传播与解读。播音主

---

① 《广州日报》,2003年5月3日。
② 李良荣:《李良荣自选集 新闻改革的探索》,复旦大学出版社2004年版,第20页。

持创作在理念上丰富了传播的外延,在视角上拓宽了传受的角度,这是对"喉舌"理论和播音本质内涵的丰富。广播电视播音主持艺术创作经历了80年代之前的"宣传品"时期,和90年代的"作品"时期,最终迎来了以市场为导向、以受众诉求为标准、个性风格突出的"产品"时期,创作手法上也因为本质内容的不同而出现类型化区别,这些变化是在创作理念不断改变的基础上产生的形式上的扩展。播音员主持人作为公众人物必须具有公信力进而产生正面的影响力,要做到这一点,在创作中则需要宣传说教味儿轻一点儿,离人民群众更近一点儿,从而发挥出播音主持的社会功能。可以看出,新时期的播音主持创作开始以宣传为起点,越来越讲求传播策略和艺术表现手法。

从以宣传为主,到树立传播意识,我国的广播电视事业发生的变化是巨大的、根本的,但是不管传播方式、传播形态、传播理念如何变化,无论是政策宣传、舆论引导,还是传播信息、服务大众,都必须坚持党性原则,坚持正确的舆论导向,这是广播电视始终不渝遵循的基本宗旨和定位。"我们的一切宣传都必须紧紧围绕党和政府的中心工作展开,围绕满足人民群众信息文化需求和权益进行。决不能为了部门和局部利益,偏离了这个大局,更不能为了经济效益放弃我们的社会责任,去片面追求收听率、收视率。"[①]播音员主持人身居广播电视传播前沿,要始终站在无产阶级党性和党的政策的立场上,对党和人民高度负责,以新闻工作者特有的敏感,遵守新闻工作专业的理念:真实、全面、客观、公正,把握国内外形势的发展变化和人民群众的思想实际,不仅宣传、解读党的方针政策,引导人民群众把思想和行动统一到中央的精神和部署上,发挥好政治引导功能,还能从人民群众实际需求出发,加大信息传播速度、深度、广度,发挥社会认知功能,并且能丰富和细化服务娱乐内容,发挥沟通审美功能。

二、武器与桥梁——功能之变

播音创作的诞生并不是植根于艺术土壤,而是基于政治宣传的考虑,这

[①] 胡占凡:《正确的舆论导向是广播电视安身立命之本》,http://www.media.people.com.cn/GB/40606/8485756.html。

是播音事业诞生于战争年代的根本原因。在民族存亡的时刻,需要凝聚人心,一致对外,在国家分裂的关头,需要统一思想,争取解放。新闻学者王新常提倡:"在抗战期间,新闻事业者应站在比陆海空将士更前的一线,去做保卫民族的先锋。"①1941年6月20日,中央宣传部《关于党的宣传鼓动工作提纲》提出:"必须善于使用一切宣传鼓动工具,熟知他们的一切的性能"。毛泽东《在延安文艺座谈会上的讲话》中指出:"在我们为中国人民解放的斗争中,有各种的战线,就中也可以说有文武两个战线,这就是文化战线和军事战线。我们要战胜敌人,首先要依靠手里拿枪的军队。但是仅仅有这种军队是不够的,我们还要有文化的军队,这是团结自己、战胜敌人必不可少的一支军队。"毛泽东曾经说过:"我要用文房四宝打败国民党反动派",对于信奉"枪杆子里出政权"的毛泽东来说,他的笔杆子也非常有杀伤力,他的文章阐述着正义的革命理论,激发着人民的昂扬斗志,"不战而屈人之兵",实现了很多枪杆子达不到的目的。播音创作是这些革命宣传文字的有声版,利用无线电传播的优势扩大影响力,为星火之势燎原助推加力,充分体现着"文化战线"的积极作用。播音员就是革命战士,播音创作就是战斗武器,播音员在没有硝烟的战场上战斗,进行人心的较量、内力的比拼,其所形成的强大精神威慑力和心理引导性是在战场上所不能实现的。播音员奋战在民族解放和人民解放的隐形战场,成为战争的重要组成部分。

新中国成立以后,人民翻身当家做主,我国迎来全面建设时期,播音员的角色定位也逐渐发生变化,从战斗武器转变为"鼓风机""助推器",由革命战士成为了国家的代言人、人民的代言人。新中国成立后,广播电视成为国家发布新闻、传达政令、进行社会教育和文化娱乐的平台,在这个过程中,播音员成为了人民的喉舌、党的宣传员,代表着庄严的国家形象,成为"有丰富政治情感和艺术修养的宣传鼓动家",在社会生活中充分发挥政治宣传鼓动的力量,满足政治需求和建设需要。邓小平指出:"社会主义文艺的任务是:真实地反映丰富的社会生活,反映人们在各种社会关系中的本质,表现时代前进的要求和历史发展的趋势,并且努力用社会主义思想教育人民,给他们

---

① 王新常:《抗战与新闻事业》,长沙商务印书馆1938年版,第4页,转引自李秀云:《中国现代新闻思想史》,中国社会科学出版社2007年版,第28页。

以积极进取、奋发图强的精神。"[①]为政治造势、为社会服务、为人民鼓劲,统一政治理念、坚定观念信仰、引导社会舆论、给予精神动力,在社会建设的大潮中,播音员同样是建设者,是民众精神世界的构筑者。

"文革"以后,传媒领域逐步开始重新认识新闻的相关理论,正本清源,学习马克思主义新闻理论,逐步克服了过去形成的教条主义、本本主义、实用主义和形式主义。在广泛深入地探讨之后,新闻界认定陆定一在1943年提出的"新闻是新近发生的事实的报道"这一概念,统一了对新闻定义的认识。在此过程中,新闻与信息关系的问题受到关注,人们对新闻是一种信息有了越来越多的认同,信息观念对新闻工作的影响也越来越大,新闻媒介逐渐认识到其最主要的功能是向受众提供新闻信息,增加信息量成为媒介改革的方向之一。在市场经济条件下,广播电视事业具有意识形态色彩,属于上层建筑,但同时又为社会提供各种信息和娱乐服务,这就要求传播媒介在实现良好社会效益的同时搞好产业经营,提高经济效益。在坚持宣传功能的同时,大家开始重视媒介的其他功能,广播电视播发消息、通报情况、展开评论、引导舆论、传播知识、提供服务、娱乐休闲、推广商品等一系列功能在改革创新中得到强化,广播电视事业的多元化功能得到了体现。

另一方面,从80年代开始,传播学尤其是大众传播学的研究,在中国新闻理论界受到越来越多的关注,西方的新闻价值观、自由主义的新闻思想开始深刻影响转型期的新闻事业。新闻机构开始被称为"新闻媒介""传播媒介""大众传播媒介","信息源""反馈""把关人""受众""传播渠道""传播效果""意见领袖""双向传播"等相关的概念术语也开始被频繁提及和引用。西方新闻传播观念给新闻学界带来了巨大的冲击,也带来了全新的思维模式和研究方法,对新闻改革、播音主持创作有巨大的借鉴意义。传播观念从根本上指导着传播实践活动,对新闻本质、传播功能的认识,使广播电视传播工作者,尤其是播音员主持人们开始思考自己在广播电视节目中应该怎样定位、承担怎样的任务、如何更好地进行创作,他们的眼界越来越开阔、思维越来越活跃,在语言传播活动中有了更多的创新和发展。

随着社会实用需求越来越突出,媒介传播不仅是上情下达的手段,更要肩负起下情上达、下情互达的任务;不仅是党和政府的"喉舌",更是人民大

[①] 邓小平:《邓小平文选》(第二卷),人民出版社2002年版,第210页。

众的"耳目",广播电视成为党和政府联系人民群众的"桥梁"和"纽带"。播音员主持人处于传播前沿,则成为桥梁、纽带的形象化符号,构筑起传输与反馈的双向交流渠道,当起了人民群众的"服务员"。上情下达,把握政策内涵、坚定政策导向;下情上达,反映群众呼声、满足群众需求;下情互达,充分倾听厘清、真诚沟通交流。服务意识在播音主持创作中不断树立,社会功能得到充分体现。

从"革命战士"到"国家宣传员"到"人民服务员",广播电视有声语言传播者身份角色的变化,反映出播音主持创作在坚持政治功能的同时,正在不断体现社会功能和服务功能。播音主持创作以要坚持党性、人民性为前提,准确、鲜明、生动地传达出稿件的精神实质,发挥广播电视教育和鼓舞广大人民群众的作用,在宣传的过程中引导,在引导的过程中服务,弘扬民族文化、树立道德标准、创造美学价值。

三、文本与人本——技法之变

传播是信息通过某种媒介完成传与受的过程,播音主持是传播活动中关键的一环,是具有创造性的传播信息的活动,在这个过程中,必然存在创作理念指引下的方法论问题。播音主持创作包括3个要素,即创作主体、创作依据以及受众,播音主持在创作发展历程中,对三者的关照并不是对等的。初创时期,播音创作对文本高度重视,讲究"不要播错一个字",播出时目的鲜明,情绪高昂,追求最广泛的政治宣传效果。这样的创作方法符合当时特殊的历史背景,也符合社会文化发展进程和人民整体素质水平。思想观念解放、社会需求多元化之后,创作理念调整、创作功能变化,也使播音在创作方法上产生变化,在重视文本的基础上,播音工作对创作者、对受众都给予了很大的关照,体现出以人为本的精神实质。

从创作主体的角度说,播音员主持人自身的创作环境变得更加宽松起来。播不播错已经不是判断播音创作水平的唯一标准,"人非圣贤,孰能无过",创作者不用再因背负过于沉重的精神压力而在播音时小心翼翼、如履薄冰,从而影响对内容本身的创作。这种"减压"对创作者是心理和生理上的双重释放,使他们轻装前进,更充分地发挥主体的创造性。同时,随着主持人节目形态的出现,谈话节目、直播节目等日益增多,采访、互动、交流越来越频繁，创作者可以根据播出实际情况对节目内容做出适当调整，体现个人驾驭和掌控能力，有了更大的自主权和话语权。对播音主持创作者"减压""放权"是人性化的体现，使创作回归到以人为本的道路上，遵循新闻和艺术创作规律，体现出了对创作者最大程度的信任与尊重，充满人文关怀。

受众是播音创作的重要组成部分，作为传播的直接对象，受众在很大程度上影响着播音主持创作活动。播音创作初期，播音工作更多的注意力集中在稿件文本和创作者本身上，集中在突出宣传目的上，对受众的把握则比较笼统。当时人民广播的主要受众集中在农村、山区、部队，相对来讲，这部分人文化水平有限，他们有着单纯的思想和坚定的信仰，比较能接受直接、实在的方式。播音员作为政府的宣传员，在创作上呈现自上至下、"一对众""宣告"的语言形态，声音洪亮、语调高昂。对于政治性、政策性较强的内容，这种方式比较适合，但所有内容都带"宣告"的味道，时间长了则容易造成"高高在上""说教意味较浓"的感觉，很多人把这称为居高临下的"新华腔"。改革开放以后，西方传播学理论开始深刻影响我国的广播电视传播，其中大量的关于受众的理论对播音主持创作产生了巨大影响。创作者开始更多地关注受众，不仅在物质方面，也涉及受众心理、精神、文化需求层面，对受众的把握更深入、更具体。改革开放、经济发展，受众文化水平全面提高，自我意识觉醒，他们越来越关注自身，不仅仅满足于"被告知"，而且对信息的背景、内涵以及传播方式等都有新的需求，人们有了求新求快、求真求实、求知求教、求奇求异以及其他个性需求，在接受上更倾向于朴实、自然、轻松的方式，追求自我表达，追求意境美。播音主持创作者深切感受和认识到了这种变化，在传播内容上更加丰富完善，在传播方式上创新变革，逐渐呈现出了面对面、"一对一""讲述"的语言形态，声音高低婉转、虚实结合，重细腻的内心情感表达，重信息本身的传播，包括播报、采访、评述等多种语言样态，既接地气又不失美感，始终坚持"三贴近"原则，满足人民群众的知情权、参与权、表达权、监督权。

创作方法是艺术地认识和表现社会生活的方式，新的时期、新的机遇，随着思想解放运动的逐步深入，人的个体价值和主体意识得到不断的确立，人的原动力、创造力进一步显现，翻天覆地的大变革为人的自由、全面发展提供了难得的历史机遇。"由技而进乎道"，播音主持创作以技巧层面为基础，逐渐上升到哲学、美学层面，具有了美学观照的情怀，这其中对"人"的认识和尊重得到了最大的展现,进而充满技巧的魅力、情感的魅力、人格的魅力。

第三节　风格与素养

一、人民播音创作风格

"风格属于美的范畴,播音风格,是指播音员在播音创作中所体现出来的创作个性和艺术特色。它以运动的状态贯穿播音创作的全过程,又以相对稳定的状态凝结在播音作品上。播音是一种创作,所以播音风格又是播音员同原文字作品风格有机统一的结果。播音是一门实践性很强的艺术创作活动,所以播音风格是播音员在长期艰苦的播音创作实践中积累形成的。"[①]播音风格总是充分地体现着社会生活和时代精神,有着深深的时代烙印。纵观播音事业发展的75年,播音主持有声语言创作记录着社会的变迁、时代的脚步,为国家凝心聚力,为发展鼓劲加油,在不同的历史时期都起到了积极的、不可磨灭的作用。在服务时代的过程中,无数播音主持创作者努力实践、勇于探索,使播音主持创作不断继承创新、发展变化,逐渐形成了自己的特点,并透过无数成功的、经典的作品呈现出来。人民播音主持创作风格极具中国特色,爱憎分明、典雅庄重、质朴大气、亲切自然、灵动鲜活,它在时代的风云、民族的土壤中孕育生长,贯穿着朴素真挚、悲悯天下的情怀,体现着平等信任、和谐进步的理念,显示出稳健大度、黄钟大吕般的中国气派。

播音主持艺术风格的实质是创作多种形态的表现,体现的核心和焦点是播音员主持人的风格。广播电视播音主持创作主体是有声语言传播的实现者,其在整个有声语言传播活动中有着举足轻重的作用,传播内容、重点、目的、意义都是通过创作主体的语言表达实践活动体现出来的。独特的感受力、独特的表达方式以及整体的驾驭能力是播音员主持人形成自我风格的基础,每一个出色的播音员主持人都是一个能够真实交流且具有独特"人

---

① 姚喜双:《播音学概论》,北京广播学院出版社1998年版,第125页。

格魅力"的人。改革开放之前,由于时代的特殊性,播音创作更多地追求共性和基础的东西,1955年之后才开始在播出时报出播音员的名字,而且均不是以播音员的本名而是以播音名出现,播音员"隐身"在节目之中,更多地以媒介人格状态示人,展现人民广播的共性特征。改革开放之后,我国进入了一个大变革、大发展的历史时期。这种变革和发展,不仅体现在社会结构、政治结构、经济结构、文化结构等各个层面,更体现在人们的意识形态、思想价值观念和思维方式层面,"我"的概念越来越突出,自然人格状态更多地在节目中凸显,个人风格越来越明显。风格有附着性、可感性、独特性、一贯性、多样性和可变性的特点,独特性是风格的生命,反映在声音、相貌、理解、感受、构思、表述各个方面,能不能在创作中体现出独特性是能否形成播音风格的关键。播音主持创作者风格的核心就是他们进行创作时所表现出来的个人独特性,或者叫创作个性,它是不同的创作者身上所特有的不同的气质、品格、精神和性格特征在播音主持创作中的自然流露,突出地表现为创作主体的艺术独创性。独创性不是主观随意性,它是创作者在创作上达到主客体水乳交融完美契合的艺术境界,揭示着创作者最深层的内心生活,与其成长经历、性格品性、知识修养、情感体验、审美追求息息相关。

当然,形成和确立一种播音创作风格,并不等于为播音主持制造了一种固定不变的模式,虽然风格一旦形成并成熟之后,不会轻易改变,会有一个相对稳定的状态和过程,但随着创作内容、形态、时间、空间、对象的变化,以及创作者的个体差异等,风格又会有多样性和可变性,不仅不同的人播读不同的稿件风格不同,同一篇稿件不同的人播读、同一个人播读不同稿件都会不一样,甚至同一个人播读同一篇稿件,都会有差别,这里面有播出时间、播出心境的不同,还有对原作理解的不同、生活经历阅历的不同以及语言功力的不同。此外,播音员主持人的语言个性通过话题选择、观点立意、角度设立、材料组织、话语方式、表达特点等方面表现出来,其对节目的参与程度不同、氛围把控不同、知识积累不同、思维方式不同、语言能力不同都会呈现出不同的个性特征。播音员主持人个人风格的确立,除了依据自身特点,还必须受到栏目定位、目标受众的影响,不同的栏目风格、不同的受众接受心理必定会造就不同的主持风格。当今的播音主持创作,提倡创作风格多样化,提倡大胆创新、各有千秋,这是播音时代性的另一种表现,也使播音主持创作充满无穷的魅力。这里如何处理播音创作的共性和个性问题、范式和风格问题，成为创作者们新的思考内容。

播音创作75年的发展过程中，体现了共性的规律，树立了经典的范式，同时也形成了个性的特征，构建出了个人风格，这两者并不矛盾，且正是播音多样化繁荣发展的表现。创作风格形成是创作者以自己独特的视角、独特的方式，对生活进行审美把握的结果，在情感表达、形象塑造、语言运用等方面充分体现了个人更高的独创性，具有独特的创作风格，是成熟的播音主持创作者的标志，而正是这些成熟的创作者独特的风格共同构成了播音主持创作的整体风貌，也正是在这样的创作者群体中才体现出个体的创作风格，没有成熟的个体风格就无法形成整体风格，没有整体风格个体风格也无法呈现。过分强调共性，会造成模式化、概念化、一般化；不适当地突出个性，则可能偏离正确的方向，出现"异质化""异形化"。在当前的播音主持创作中，由于对共性和个性的关系把握不当，造成了一些问题，反映在创作道路认识上表现为自我化倾向、滞后化倾向；反映在传播内容把握上表现为随意化倾向、浅薄化倾向；反映在表达方式上表现为对语言功力的忽视和弱化倾向、机械化倾向；反映在风格形成上表现为求异求速倾向、盲目趋从倾向。播音员主持人的风格是通过其声音、形象等特征，在表现稿件、节目风格的同时体现出来的，创作者的能力就在于使稿件、节目的风格和自己的风格有机地统一起来。把握共性、凸显个性，实现共性和个性的和谐交融，是播音主持创作的审美理想。创作个性不是单纯形态上的标新立异，而是先进性和创造性的统一体现，优秀的播音主持创作体现了共性和个性的统一，既富有时代特色又蕴含个人审美体验。

二、播音员主持人素养

创作风格的形成受时代、民族、阶级、地域和电台、节目和稿件等客观原因的影响，更与创作者自身的素质修养、性格特征、生活经历、审美追求、业务条件密不可分。播音员主持人的素养有与生俱来的部分，包括嗓音条件、形象气质、语言悟性、性格特质等等，也包括后天习得的部分，如政策法规、文化知识、职业技能、实践经历等等，不管是与生俱来的部分还是后天习得的部分，播音员主持人都需要长时间地努力学习和积累，才能在自己原有的基础上提升和加强。

播音主持专业特点决定了播音员主持人的素养既是综合的又是具体的,主要包括政治素养、文化素养、职业素养3大部分。政治素养包括坚定的政治立场、正确的政策观念、正派的政治作风等,当然也包括良好的道德品质和职业精神;文化素养主要包括一定的教育实践经历、合理的知识结构、良好的学习习惯以及丰富的生活阅历;职业素养由思维能力、语言能力、身心素质等构成,在此基础之上,又因为所涉及的领域不同而需要不同的素养,比如新闻节目播音员主持人需要良好的新闻素养,综艺节目主持人需要具备一定的文艺素养。另外,网络时代需要播音员主持人改变传统思维,迅速与之接轨,熟悉网络操作、了解网络思维、运用网络手段等也成了播音员主持人必备的职业技能之一。

播音员主持人素养既是静态的又是动态的。就播音员主持人评价体系来讲,对素养的要求有相对稳定和有规律性的地方,有入门层面、普遍层面上的素质要求,比如对于语言能力、职业素养的要求,也有更高层面、个性审美方面的素质要求,比如文化素养、人格魅力等等。从综合来看,播音员主持人的素养要求并不是一成不变的,而是动态变化的,就播音员主持人个人来讲,虽然有一些先天的条件,比如音色、相貌、语感、悟性等不太容易轻易改变,但通过个人的努力和实践的磨炼也会发生变化,尤其是职业技能和文化素养的提升与播音员主持人主观能动性的发挥密不可分。同时,在实践中媒体的培养、团队的合作都会给播音员主持人的能力、素养带来提升。另一方面,时代在发展、技术在变革,播音员主持人的能力与素养也在与时俱进。90年代中后期,由于大量记者型主持人的出现和成功,"采编播合一"似乎成为判断播音员主持人能力高低的一个标志,但实际上,这种模式仅仅在电台日常节目中可能实现,在电台重大节目以及电视台节目制作中都是不可能实现的。同时,由于各种条件和因素的限制,主持人通晓采访、编辑、播音,甚至包括制作、播出业务也是非常困难的,大家是各有所能又各有所不能。现在看来,"采编播合一"并不是播音员主持人必须具备的业务能力,在个人能力、经验、贮备、精力允许的情况下,"采编播合一"当然可以,但事实上,在实际工作中可操作性并不强。播音员主持人可以参与采访、编辑,为播音主持提供感性积累,但广播电视最终是一个团队合作的工作,并不需要一个人全部"包干",如果处理不好极有可能"样样稀松",从而影响节目的整体质量。播音员主持人最重要的还是做好自己的本职工作,不断锤炼语言功力、增加知识内涵、提升思维能力,在业务上向"一专多能"的目标迈进。可以看出,无论是播报型还是记者型,是专业型还是全能型,播音员主持人的素养都在新时期、新要求中不断扩展、丰富。另一方面,近年来,越来越多的播音员主持人走向基层,投入到社会公益活动中,自觉地与人民群众同呼吸、共命运、心连心,利用自己的公众影响力及品牌效应,通过大众传播平台宣扬真善美,帮助需要帮助的人,体现出了浓浓的爱心以及强烈的社会责任和担当,他们在感染社会大众的同时也从不同的侧面丰富着自身的情怀,提升着个人的素养。

人民播音创作风格实际上是播音员主持人创作风格的集中体现,每一位播音员主持人都要在创作实践中不断提升自己的全方位素养,探索、发掘、培养自身的风格特色。这个过程需要经过长期艰苦的创作实践磨炼,增强政策观念,提高政治水平;扩大知识结构,提高文化素质;加强专业修养,提高业务能力,在基本功、表现力、理解力等方面不断提升。在人民播音事业75年的发展历程中,播音主持创作一直没有停止追求、探索的脚步,播音员主持人们运用风格化、多样化的表现手法实现着自己的传媒理想及审美追求,"错彩镂金""出水芙蓉"也好,"雄浑刚健""工笔写意"也罢;"清新朴素""天趣自然"也好,"浓郁蕴藉""酣畅淋漓"也罢;"条分缕析""出口成章"也好,"率真甘甜、智慧风趣"也罢,风格是成熟的播音主持创作者的象征,多样性是成熟的播音主持创作者群体的象征,也是中国播音主持创作发展、繁荣的重要表现。创作者们从民族文化的肥沃土壤中汲取营养,凭借自己对历史、对现实、对生命、对生活、对人生的独特感悟,使他们的作品渗透着独立的思考,他们选取符合自己特点又熟悉的方式,展现异彩纷呈的"人格魅力",创作出具有时代意义和人文内涵的作品,实现着中国播音主持创作的创新突破。

结　语

　　新中国播音创作从金戈铁马、硝烟弥漫的战场走来,在热火朝天、群情高涨的建设时期发展,经历"文革"十年的停滞与压抑,在改革开放的新时期重获新生并快速发展,进而在新世纪百花齐放、大放异彩。播音创作史本身就是播音事业不断吸纳、融汇和变革自身的历史。在对历史的梳理过程中,通过对播音创作的时代背景、创作特征、传播效果、经典作品的研究,我们可以清楚地看到,播音创作具有鲜明的政治性,坚持党性原则,发挥舆论引导作用;播音创作具有突出的时代性,彰显时代气质,与时俱进;播音创作具有明确的新闻性,遵循新闻原理,完成信息传播;播音创作具有广泛的社会性,深入生活、服务大众;播音创作具有积极的创造性,是文字语言到有声语言的精妙转换,是内部语言到外部语言的真诚外化;播音创作具有艺术性,情声气结合,带给人美的享受。

　　为了更好地发展播音事业,播音创作必须准确地传达党的方针、路线、政策;播音创作必须植根于中华民族优秀文化传统;播音创作必须适合国情、贴近民情;播音创作必须巧妙地引导人民群众健康的审美心理和情趣;播音创作应是大众传播、具体节目与创作者风格的和谐统一;播音创作应是创作者高尚的人格魅力、丰厚的文化底蕴、多彩的人生阅历的综合体现。传媒属性、时代本质、意识形态、政策导向、受众需求是影响播音创作的主要因素,在丰富多彩的时代生活中,未来的播音创作必将是更加多元化的。这需要我们辩证处理"变"与"不变"的关系,既继承传统又锐意创新,使播音创作体现出更大的社会价值和审美价值。

　　"时代塑造人,作品成就人",一个优秀的新中国的播音主持工作者,不仅要有高度的思想政治觉悟,加强政治理论和时事政治学习,还要全心全意地热爱祖国和人民,热爱生活,蓄积并激发饱满的生活热情,只有这样才能更好地承担起代表国家、服务人民的重任。新时期的播音创作要在坚持党性和正确舆论导向的基础上,保持和整个媒介传播价值观的统一,实现使人类社会进步、使人性健康发展、达到真善美高度和谐统一的理想,要建立在"真"——规律性,体现客观存在,以及"善"——目的性,体现伦理道德的基础之上,超脱功利和实用层面达到"美"——审美性,即审美层面的整体和谐。播音创作有其自身的规律,讲究文明与道德、质量与品位、艺术性与典范性的有机结合。播音员主持人对播音创作的认识应该从创作道路、传播内容、思维方式、表达样态、风格形成等几个重要方面入手,营造语言音、意、情、形的美感,树立音声美、意蕴美、分寸美、韵律美的典范,彰显语言智慧敏锐、变化精妙、充满个性的特质,发挥语言言事省人、言理服人、言情感人的作用,最终形成典雅、庄重、大方、质朴、亲切的具有时代精神、民族气质、中国气派的新中国播音创作风格,实现形式和内容的统一,内在和外在的统一,达到曲虽高但和不寡的美学境界。

　　播音创作史研究的基本目的是在复原历史事实的基础上,揭示前辈播音创作变化发展的规律。播音创作史不仅仅指播音创作发展的事实本身,更是指我们对于这些历史事实的有选择、有意识的记录和认知。从研究层面和运用层面来讲,我们经过多年的努力,对播音创作史已经有了比较细致全面的挖掘及比较适当的运用把握,但要将播音创作史提高到哲学的高度,也就是真正从本质上、总体上解读历史的进程、认识历史的规律,则需要研究者具备包括文学、史学、哲学等在内的广博的知识结构和卓越的判断能力,理论纵深工作还需要长期深入展开。此外,播音创作史只是播音发展历史中的一部分,还有大量可以挖掘的内容和研究的维度,如人物史、管理史、理论史、教育史等,这些内容都等待更多优秀的学者和一线实践者来研究、整理、丰富、完善。

参考文献

一、著作类:

1. 张颂:《播音创作基础》,北京广播学院出版社 1992 年版。
2. 张颂:《播音语言通论》,北京广播学院出版社 1994 年版。
3. 张颂:《朗读学》,北京广播学院出版社 2000 年版。
4. 张颂:《朗读美学》,北京广播学院出版社 2002 年版。
5. 张颂:《语言传播文论》,北京广播学院出版社 2002 年版。
6. 张颂主编:《中国播音学》,北京广播学院出版社 2003 年版。
7. 张颂:《情声和谐启蒙录——张颂自选集》,北京广播学院出版社 2004 年版。
8. 张颂:《播音主持艺术论》,中国传媒大学出版社 2009 年版。
9. 姚喜双:《播音风格探》,中国文联出版公司 1992 年版。
10. 姚喜双:《播音学概论》,北京广播学院出版社 1998 年版。
11. 姚喜双、郎小平:《方明谈播音》,中国广播电视出版社 2000 年版。
12. 姚喜双、苏海珍:《话筒前的人生》,中国广播电视出版社 2000 年版。
13. 姚喜双:《中国解放区新闻播音语言规范》,语文出版社 2007 年版。
14. 姚喜双:《播音主持概论》,高等教育出版社 2015 年版。
15. 赵玉明:《中国解放区广播史》,中国广播电视出版社 1992 年版。
16. 赵玉明:《中国广播电视史文集》,中国广播电视出版社 1993 年版。
17. 赵玉明、王福顺主编:《中外广播电视百科全书》,中国广播电视出版社 1995 年版。
18. 赵玉明、王福顺主编:《广播电视辞典》,北京广播学院出版社 1999 年版。
19. 赵玉明:《中国现代广播简史(1923~1949)》,中国广播电视出版社 1987 年版。
20. 赵玉明:《中国广播电视通史》,北京广播学院出版社 2004 年版。
21. 赵玉明主编:《风范长存 左荧纪念文集》,中国传媒大学出版社 2005 年版。
22. 赵玉明主编:《现代中国广播史料选编》,汕头大学出版社 2007 年版。

23. 北京广播学院新闻系编选:《中国人民广播回忆录》,中国广播电视出版社1983年版。

24. 方汉奇、陈业劭、张之华编著:《中国新闻事业简史》,中国人民大学出版社1983年版。

25. 白寿彝:《史学概论》,宁夏人民出版社1983年版。

26. 威尔伯·施拉姆、威廉·波特:《传播学概论》,新华出版社1984年版。

27. 中央人民广播电台台史编写组:《中央人民广播电台台史资料汇编》,内部参考1985年版。

28. 中央人民广播电台研究室、北京广播学院新闻系编:《解放区广播历史资料选编(1940～1949)》,中国广播电视出版社1985年版。

29. 中央人民广播电台简史编写组:《中央人民广播电台简史》,中国广播电视出版社1987年版。

30. 左漠野主编:《当代中国的广播电视》(上、下),中国社会科学出版社1987年版。

31. 《当代中国的广播电视》编辑部选编:《中国广播电视大事记》,北京广播学院出版社1987年版。

32. 北京广播学院新闻系编选:《中国人民广播回忆录(第三集)》,中国广播电视出版社1990年版。

33. 齐越:《献给祖国的声音》,中国广播电视出版社1991年版。

34. 郭镇之:《中国电视史》,中国人民大学出版社1991年版。

35. 于广华主编:《中央电视台简史》,人民出版社1993年版。

36. 于广华主编:《中央电视台大事记1955.2—1993.3》,人民出版社1993年版。

37. 刘淮:《齐越和他的播音生涯》,中国国际广播出版社1994年版。

38. 钟艺兵、黄望男:《中国电视艺术发展史》,浙江人民出版社1994年版。

39. 赵忠祥:《岁月随想》,上海人民出版社1995年版。

40. 梁启超:《中国历史研究法》,东方出版社1996年版。

41. 齐越奖励基金办公室编:《永不消逝的声音》"缅怀齐越教授专辑"(一),北京广播学院出版社1997年版。

42. 黄旦:《新闻传播学》,杭州大学出版社1997年版。

43. 黑格尔:《美学(一至四卷)》,商务印书馆1997年版。

44. 李彬:《传播学引论》,新华出版社1998年版。

45. 龙耘、朱学东主编:《走向21世纪的中国电视——台长、专家访谈录》,北京广播学院出版社1998年版。

46. 杨伟光等主编:《新闻联播20年》,生活·读书·新知三联书店1999年版。

47. 杨沙林:《用生命播音的人——忆齐越》,中国广播电视出版社1999年版。

48. 中央电视台研究室、主持人节目研究委员会编:《中国荧屏第一人——沈力》,中国广播电视出版社1999年版。

49. 吕大渝:《走近往事——以为共和国第一代女电视播音员的自述》,中国文联出版社1999年版。

50. 吴郁:《主持人的语言艺术》,北京广播学院出版社1999年版。

51. 应天常:《节目主持艺术论》,北京广播电视出版社1999年版。

52. 张法:《美学导论》,中国人民大学出版社1999年版。

53. M.E.斯皮罗:《文化与人性》,徐俊译,社会科学文献出版社1999年版。

54. 杨波主编:《中央人民广播电台简史》,北京广播学院出版社2000年版。

55. 杨兆麟、赵玉明:《人民大众的号角——延安(陕北)广播史话》,中国广播电视出版社2000年版。

56. 郭镇之:《电视传播史》,北京师范大学出版社2000年版。

57. 中国广播电视学会史学研究会,北京广播学院新闻传播学院新闻系编选:《延安(陕北)新华广播电台回忆录新编》,中国广播电视出版社2000年版。

58. 童兵:《理论新闻传播学导论》,中国人民大学出版社2000年版。

59. 王岳川、胡经之:《文艺美学方法论》,北京大学出版社2001年版。

60. 方汉奇、陈昌凤主编:《中国当代新闻事业 正在发生的历史》,福建人民出版社2002年版。

61. 施旭升:《艺术创作动力论》,中国广播电视出版社2002年版。

62. 方实、杨兆麟主编:《永远的怀念 温济泽纪念文集》,中国国际广播出版社2002年版。

63. 孙玉胜:《十年》,生活·读书·新知三联书店,2003年版。

64. 葛剑雄、周筱赟:《历史学是什么》,北京大学出版社2002年版。

65. 钱穆:《中国历史研究法》,生活·读书·新知三联书店,2003年版。

66. 让-雅克·卢梭:《论语言的起源》,上海人民出版社2003年版。

67. 徐光春主编:《中华人民共和国广播电视简史(1949～2000)》,中国广播电视出版社2003年版。

68. 徐光春:《新世纪广播影视散论》,安徽教育出版社2003年版。

69. 方汉奇主编,方汉奇、丁淦林、黄瑚、薛飞:《中国新闻传播史》,中国人民大学出版社2003年版。

70. 张振华主编:《中国广播电视概要》,北京广播学院出版社2003年版。

71. 翁佳:《对面——著名播音员主持人访谈录》,中国经济出版社2003年版。

72. 俞虹:《节目主持人通论》,中国广播影视出版社2004年版。

73. 胡正荣、曹璐、雷跃捷:《广播的创新与发展》,北京广播学院出版社2004年版。

74. 冯友兰:《中国哲学简史》,新世界出版社2004年版。

75. 郑保卫主编:《中国共产党新闻思想史》,福建人民出版社2004年版。
76. 付程主编:《播音主持教学法十二讲》,中国传媒大学出版社2005年版。
77. 朱学东、吕岩梅主编:《中国百名电视主持人访谈录(上、下)》,中国广播电视出版社2005年版。
78. 哈艳秋:《中国新闻传播史研究》,中国广播电视出版社2005年版。
79. 贝奈戴托·克罗齐:《历史学的理论和实际》,道格拉斯·安斯利英译,商务印书馆2005年版。
80. 古斯塔夫·勒庞:《乌合之众——大众心理研究》,中央编译出版社2005年版。
81. 海德格尔:《在通向语言的途中》,商务印书馆2005年版。
82. 戴元光:《传媒、传播、传播学——新闻传播学的价值重构》,上海交通大学出版社2005年版。
83. 李彬:《媒介话语 新闻与传播论稿》,新华出版社2005年版。
84. 翁佳:《名牌电视访谈节目研究报告》,中国经济出版社2006年版。
85. 陈志平主编:《中国革命史》,中国政法大学出版社2006年版。
86. 范玉吉:《审美趣味的变迁》,北京大学出版社2006年版。
87. 徐培汀:《中国新闻传播学说史》,重庆出版社2006年版。
88. 于根元:《播音主持语言研究十篇》,中国经济出版社2006年版。
89. 丹尼斯·麦奎尔:《受众分析》,中国人民大学出版社2006年版。
90. 严耕望:《怎样学习历史——严耕望的治史三书》,辽宁教育出版社2006年版。
91. 韩彪:《现场直播 新闻改革的标尺》,当代中国出版社2007年版。
92. 李秀云:《中国现代新闻思想史》,中国社会科学出版社2007年版。
93. 刘笑盈:《中外新闻传播史》,中国传媒大学出版社2007年版。
94. 刘成付:《中国广电传媒体制创新》,南方日报出版社2007年版。
95. 刘习良主编:《中国电视史》,中国广播电视出版社2007年版。
96. 李明海、郝朴宁主编:《中外电视史纲要》,西南师范大学出版社2007年版。
97. 乔云霞主编:《中国广播电视史》,中国广播电视出版社2007年版。
98. 中国广播电视协会播音主持委员会编:《陈醇播音文集》,中国广播电视出版社2007.
99. 李彬:《中国新闻社会史》,上海交通大学出版社2007年版。
100. 格雷姆·伯顿:《媒体与社会 批判的视角》,清华大学出版社2007年版。
101. 吕思勉:《中国通史》,新世界出版社2008年版。
102. 陈尔泰:《中国广播史考》,中国广播电视出版社2008年版。
103. 杨正泉:《新闻背后的故事 我的亲历实录》,新世界出版社2008年版。
104. 周迅:《大海的一朵浪花——孟启予的广播电视生涯》,中国广播电视出版社2008年版。

105. 周迅:《记者的战斗生涯——杨兆麟的不平凡经历》,中国广播电视出版社 2008 年版。

106. 《新周刊》杂志社编著:《一本杂志和一个时代的体温〈新周刊〉十年精选》,漓江出版社 2008 年版。

107. 段鹏:《传播效果研究——起源、发展与应用》,中国传媒大学出版社 2008 年版。

108. 白岩松:《幸福了吗?》,长江文艺出版社 2010 年版。

109. 朱天:《观念、体制、话语——1990 年代中国电视新闻改革研究的三个视域》,中国书籍出版社 2012 年版。

110. 尹韵公主编:《新媒体蓝皮书 中国新媒体发展报告(2012)》,社会科学文献出版社 2012 年版。

111. 吕思勉:《中国近代史》,中国画报出版社 2013 年版。

112. 吴郁:《当代广播电视播音主持》(第二版),复旦大学出版社 2014 年版。

113. 刘卓:《方明的播音创作》,中国广播影视出版社 2015 年版。

二、期刊类:

1. 《中国广播电视年鉴》,国家广播电影电视总局,ISBN:9787810047074
2. 《中国广播影视》,国家广播电视总局,ISSN:1002－4085 CN11－1506/G2
3. 《电视研究》,中央电视台,ISSN:1007－3930 CN:11－3068/G2
4. 《中国广播电视学刊》,中国广播电视学会,ISSN:1002－8552 CN:11－1746/G2
5. 《新闻战线》,人民日报社,ISSN:0257－5930 CN:11－1337/G2
6. 《新闻界》,四川日报报业集团,ISSN:1007－2438 CN:51－1046/G2
7. 《社会学研究》,中国社会科学院社会学研究所,ISSN:1002－5936
8. 《媒介研究》,北京大学,ISBN:7301077696 CN:11－1100/C
9. 《现代传播》,中国传媒大学,ISSN:1007－8770 CN:11－5363/G2
10. 《播音主持艺术》,中国传媒大学,ISBN:9787811274066

附录一 主要人物简介

广播：

孟启予（1919—）

原名陈元，福建长乐人，1936年参加革命，1945年10月起担任延安新华广播电台播音员，后任播音组组长。1955年至1957年赴苏联，任莫斯科广播电台华语广播部编辑。1957年参与筹建我国第一个电视台——北京电视台并任筹备处副主任，后长期在电视台工作，先后任副主任、台长。孟启予是我国第一代播音员，播出过大量中央文件、文告、战报等，她的声音高亢清脆，音调义正词严，像战鼓般鼓舞着全军士气。作为播音事业初创时期的业务负责人，她对工作精益求精、一丝不苟，经常组织大家进行业务学习，不断总结播音实践经验，为播音理论建设打下了坚实基础。

丁一岚（1921—1998）

原名刘孝思，原籍福建福州，生于河北塘沽（现天津市塘沽区）。1936年参加中华民族解放先锋队，次年奔赴延安。1945年抗战胜利后，在张家口（晋察冀）新华广播电台担任播音员，1948年9月调往陕北新华广播电台工作，任播音组副组长。新中国成立以后，先后在北京人民广播电台、中央人民广播电台、中央广播事业局担任领导工作。1960年起从事对外广播工作，1982年任国际广播电台台长。丁一岚的播音朴实庄重、真诚大气，1949年10月1日，丁一岚和齐越在天安门城楼上向全世界现场直播了开国大典的盛况，成为广播史上的经典。

钱家楣(1927—)

北京人,1942年在延安参加革命,1946年6月开始担任延安新华广播电台播音员。1947年3月随延安台撤到瓦窑堡,在炮火中坚持播音,1949年春进入北平后,在北平(北京)新华广播电台、中央人民广播电台先后任播音员、编辑、少年儿童广播部政治组组长。1955年开始,先后在科学普及出版社、地震出版社、全国政协文史资料研究委员会、中国中央文献研究室担任领导及从事研究工作。钱家楣的播音音色纯正、感情充沛、鼓舞人心,曾经得到过毛泽东的称赞,是战争年代优秀播音员的代表人物之一。

齐越(1922—1993)

原名齐斌濡,生于黑龙江满洲里,河北高阳人,毕业于西北大学外文系,1946年参加革命,先后在晋冀鲁豫《人民日报》和新华总分社担任编辑,1947年8月,齐越任陕北新华广播电台播音员,从此开始播音生涯。历任中央人民广播电台播音员、播音组组长、播音艺术指导、播音部副主任。1975年调往北京广播学院任教,1978年成为我国第一位播音学教授,1991年享受政府特殊津贴。齐越的播音爱憎分明、激情奔放,充满抑扬之美,他的代表作有《敦促杜聿明等投降书》《中国人民解放军布告》《百万雄师横渡长江》《开国大典》《谁是最可爱的人》《县委书记的好榜样——焦裕禄》《在彭总身边》《巍巍昆仑》等。

夏青(1927—2004)

原名耿绍光,黑龙江呼兰人,1948年考入东北大学中文系,1950年5月从新闻总署主办的北京新闻学校第一期毕业后,分配到中央人民广播电台任播音员,1986年首批被评聘为播音系列最高职称播音指导,1991年享受政府特殊津贴。在四十多年的播音生涯中,夏青成功地播出了大量党和政府的重要文件、公报、文告、声明,党和国家领导人的重要讲话稿以及中央人民广播电台的重要新闻政论、社论、新闻报道、优秀的古典文学作品等。他的播音语音纯正、庄重质朴,尽显含蓄之美,逻辑严谨、端庄大气,充满顿挫之妙,代表作品有《中华人民共和国宪法》《九评苏共中央公开信》《告全党全军全国各族人民书》(毛泽东逝世讣告)、《十一届三中全会公报》等。

林田(1929—)

原名翁斯英,祖籍福建省福州市,生于天津。1949年9月响应号召,参加中国人民解放军西南服务团,随第二野战军进军西南。同年12月重庆解放,调入重庆(西南)广播电台做播音工作。1954年调往中央人民广播电台任播音员,历任播音组长、播音部副主任、主任等职。1987年离休后,担任北京广播学院播音专业兼职教授。林田的播音淳朴甜美不失庄重,精致细腻不失气韵,深刻细腻,娓娓道来,有咀嚼之味。代表作品有《九评》《中华人民共和国和美利坚合众国关于建立外交关系的联合公报》、广播剧《三伏马天武》、配乐散文《第一片雪花》、专题节目《四川收租院》等。

费寄平(1929—1990)

原名费淑瑛,满族,出生于北京,1948年参加革命青年联盟。1949年2月任北平新华广播电台播音员,1952年被派往苏联莫斯科广播电台华语部,担负对华广播的播音工作,1954年任组长。1956年被全苏莫斯科广播电台艺术委员会评为特级播音员,不久回国担任中央人民广播电台播音组对外组副组长。1957年再度去苏联莫斯科广播电台华语部做播音工作。1959年回到中央人民广播电台播音部从事播音工作。费寄平嗓音宽厚朗润,具有很高识别度,表达自然跳脱、轻松自如,情感厚重平和、含蓄深沉,代表作品有《电影录音剪辑》《阅读与欣赏》等。

葛兰(1933—)

本名王静容,北京人。1949年7月参加革命,1951年7月开始在中央人民广播电台播音组任播音员、后任播音组长。葛兰以新闻、评论性节目见长,播音声音清新明快,语言干净利落,气质朴素大方,感情真挚得体,创造了自己独特的播音风格,深受广大听众喜爱。从1953年起不断为中小学语文课本朗诵课文,发行全国。退休以后,致力于播音事业发展和播音人才培养,参与开创了中华女子学院播音与主持艺术专业。

陈醇(1933—)

北京人,1951年毕业于华北人民革命大学,后分配至徐州人民广播电台从事播音工作。1953年调往华东、上海人民广播电台任播音员,1958年10

月1日,上海电视台开播,担任首档新闻报道播音员,1959年,录制国庆十周年重点报道,录音特写《好啊,外滩》。1960年,因播出长篇小说《烈火金刚》而成名,之后播出的长篇小说《创业史》《雷锋的故事》《欧阳海之歌》《难忘的战斗》《万山红遍》《乔厂长上任记》等都极具代表性。陈醇播音业务能力全面,在新闻、小说、散文、诗歌、专题片解说等方面均有建树,形成了深沉稳健、舒展自如的个人风格。1992年起享受政府特殊津贴。

关山(1934—)

本名丁威,祖籍湖北孝感,1954年毕业于天津财经学校,1955年考入天津业余广播剧团,先后任演员、导演、副团长。1956年调天津人民广播电台任播音员,后任播音组长、播音部主任、播音指导。30多年来,关山除了承担新闻性、知识性节目的播音工作外,还先后播出了大量诗歌、散文、小说等文学节目,尤其以演播长篇小说著称。从1959年播出第一部小说《青春之歌》开始,关山播出了近百部长篇小说,他的播音音质清脆、铿锵悦耳、激情四射、变化丰富,代表作有《暴风骤雨》《金光大道》《桐柏英雄》《四世同堂》《生活变奏曲》《平凡的世界》等。

林如(1935年—)

天津人,1952年9月起任中央人民广播电台播音员,曾任播音部组长、副主任、播音指导,1954年前往莫斯科广播电台担任播音员,1958年回国。林如播出过大量新闻性节目及文艺性节目,她的播音深情细腻、质朴含蓄,充满秀逸清雅之美,尤其在中年之后,播音创作更是日益成熟。1985年以后,曾为许多电视专题片、系列片担任解说,如10集系列片《长征——生命的歌》、12集系列片《让历史告诉未来》、8集系列片《共和国之恋》、13集系列片《绿色长城》等,专题片《竹》《墨舞》《西藏的诱惑》等。还曾为日本电视连续剧《阿信》《生命》录旁白。

铁城(1939—)

原名王铁城,河北阜城人。1960年参加北京广播学院播音员训练班,1961年2月分配到中央人民广播电台担任播音员。曾任中央人民广播电台播音部副主任、主任。1992年享受政府特殊津贴。1983年主持《边疆万里行》,受到国家民委和广播电视部嘉奖,被授予先进个人称号。1998年起任第九届全国政协委员。铁城的播音声音高亢、充满激情、气势硬朗、表达精准,曾播出经典通讯作品《中国工人阶级的先锋战士——铁人王进喜》。铁城长期从事播音员主持人管理工作,重视对年轻播音员主持人的培养,在播音理论及实践方面都有很大成就。

徐曼(1940—)

原名徐乃文,山东掖县人。1960年参加北京广播学院播音员训练班,1961年进入中央人民广播电台任播音员,后担任中央人民广播电台播音指导,1992年享受政府特殊津贴。徐曼播出的《人民的好医生——李月华》细腻质朴,充满人文关怀,成为通讯播音的经典之作。1981年徐曼任《空中之友》节目主持人,开创了国内广播节目采用主持人形式的先河,标志着主持人节目的出现,她的播音亲切自然、甜美清新,在台湾听众中有广泛的影响,同时也为大陆听众所喜爱,曾多次获奖。

方明(1941—)

本名崔明德,北京人。1956年10月进入中央广播事业局技术人员训练班学习无线电发射专业,1958年4月调至中央控制室录音科任录音员,1960年4月调至中央人民广播电台任播音员。历任中央人民广播电台播音部副组长、副主任、主任播音员。1992年起享受政府特殊津贴。除参加日常新闻、专题、文艺播音及教学工作外,方明还经常参加党和国家重要会议及国庆游行、阅兵的实况转播工作,并且在诗文诵读方面颇有造诣。他的播音集中体现了齐越的情感、夏青的逻辑,既激情四溢、气势磅礴,又规范清晰、细腻流畅,充满圆熟醇和之美,代表作品有《重唱创业歌》《民族正气歌》《在大海中永生——邓小平同志骨灰撒放记》等。

雅坤(1942—)

原名佟雅坤,辽宁沈阳人。1960年参加北京广播学院播音员训练班,1961年进入中央人民广播电台从事播音工作,曾担任新闻、专题、音乐、戏剧、文学等各类节目的播音。1987年,担任中央人民广播电台综合文艺节目《今晚八点半》主持人。雅坤的播音情感细腻、沉稳大气、韵味十足,集知识性、艺术性于一体,给人以美的享受,多次担任大型节目及重要节目播音主持工作。代表作品有《永不消逝的歌声——纪念音乐家王洛宾》《东方神话——从哑女到神童》《祖国不会忘记》《边关军魂》《太阳之歌》《上下五千年》等。

虹云(1944年—)

原名冯云,出生于北京,1960年参加北京广播学院播音员训练班,1961年进入中央人民广播电台播音部担任播音员。1965年毕业于中央广播电视大学(后改为北京广播电视大学)中文系。1961年至1994年,先后在中央人民广播电台播音部和综合节目部担任播音员和主持人。1992年受聘为播音指导,并享受政府特殊津贴。1994年,调入中央电视台海外中心专题部。虹云不仅是一名优秀的播音员,更成功转型为中国第一批主持人,她声音甜美、情感细腻,时而深情款款,时而激情四溢,舞台朗诵更是极富艺术感染力,代表作品有中央人民广播台《午间半小时》,中央电视台《话说长江》《话说运河》等。

于芳(1953年—)

本名吴忠伟,出生于江苏徐州。1968年参加工作,在黑龙江生产建设兵团四师担任广播员。1971年选调进中央人民广播电台担任播音员。1991年11月被聘为主任播音员,1998年获国务院政府特殊津贴。播出过新闻、评论、通讯、诗歌、散文、小说等多种类型的作品,曾担任澳门回归、国庆50周年等重大活动播音工作。于芳的播音功底扎实、深沉大气、亦刚亦柔、纵横挥洒,给人以严正、敦厚之感,充满爽利方正之美,是当代广播新闻播音的代表人物。代表作品有中央人民广播电台中国之声《新闻和报纸摘要》《全国新闻联播》。

电视:

沈力(1933—)

原名沈立环,江苏吴江人,1949年参加中国人民解放军南下工作团,在文工团任演员,后调至解放军总政歌舞团。1957年转业,考入中央人民广播电台播音组。1958年,组建北京电视台(中央电视台前身)时,沈力成为第一位电视播音员,被称作"中国荧屏第一人"。1982年,担任中央电视台《为您服务》节目固定主持人,成为中国电视史上第一位真正意义上的电视主持人,同时兼任节目组负责人。1993年起享受政府特殊津贴。同年10月,离休后的沈力再次被请回中央电视台,成为《夕阳红》节目主持人,再创收视佳绩。沈力的主持端庄大方、朴实真切、优雅温婉,让人倍感亲切,她是第一位电视播音员又是第一位电视主持人,在中国电视发展史上是具有标志性的代表人物。

宋世雄(1939—)

河北人,1960年起任中央人民广播电台体育记者,1984年调往中央电视台担任体育评论员,1993年起享受政府特殊津贴。1981年、1982年、1984年、1985年、1986年报道了中国女排荣获"五连冠"的盛况,并连续七次参加奥运会的转播报道工作。宋世雄体育知识渊博,转播技艺精湛,40多年来,担任过上千次广播电视体育比赛实况广播的解说评论工作,除转播亚运会、奥运会、全运会等综合性运动会外,还转播了足球、乒乓球、排球、篮球、羽毛球、田径、游泳、体操等单项国家级、世界级赛事,涉及20多种体育项目。他的解说,口齿伶俐、思维敏捷、语言生动、节奏跳脱、富有激情,让人身临其境。

赵忠祥(1942—)

生于河北省邢台市宁晋县,1959年进入北京电视台(中央电视台前身)工作,先后担任过新闻、专题、综艺、大型晚会等各类节目的播音与主持工作。赵忠祥是《新闻联播》的第一位男播音员,多次跟随党和国家领导人出国随同报道,先后采访几十位国内外政要,1979年随邓小平访美期间采访过美国总统卡特,成为第一位进入白宫采访美国总统的中国记者。1981年,赵忠祥担任《动物世界》解说,从1984年起先后主持过12次《春节联欢晚会》,曾多次担任大型晚会及重大活动主持人。1994年,主持《人与自然》节目。赵忠祥业务能力全面,主持庄重大气、风度翩翩,解说细腻深沉、感性灵动,是中国电视播音主持界极富个性的代表人物之一。

邢质斌(1947—)

出生于河北,1964年毕业于北京师范大学附属中学,"文革"中曾经下放到宁晋县插队,担任县公社大队广播站广播员,辗转到北京郊区大兴县工作后被选中推荐到中国记者协会新闻学院进修。1974年进入北京电视台(中央电视台前身)工作,后担任《新闻联播》播音员,多次随国家领导人出访,并参加国庆等重大活动报道工作。2009年6月16日,最后一次和王宁主持《新闻联播》,2009年7月正式退休。邢质斌的音色高亢明亮、掷地有声,有"小钢炮"之称,新闻播音准确流畅、从容不迫、朴实大方,具有非常高的水平。

敬一丹(1955—)

黑龙江省哈尔滨人,1976年进入北京广播学院学习,1979年担任黑龙江人民广播电台播音员,1983年考取北京广播学院研究生,毕业后留校任教,1988年进入中央电视台任记者、节目主持人。曾经担任《一丹话题》《经济半小时》《焦点访谈》《东方时空》《新闻调查》《感动中国——年度人物评选》等节目主持人,主持香港回归、澳门回归、迎接新世纪、建党80周年等一批大型直播节目。2015年4月退休。敬一丹的主持淳朴自然、知性温婉、真诚中肯,感性与理性交织,充满亲切感与信任感。

倪萍(1959—)

山东人,1979年考取山东艺术学院,1982年,毕业分配到山东话剧院工作。1990年,调入中央电视台担任《综艺大观》主持人,大获成功。从1991年开始,主持13次《春节联欢晚会》。2004年辞去主持人职务,转向影视作品拍摄,凭借《美丽的大脚》一片拿下中国电影金鸡奖最佳女主角奖。2009年复出主持,2014年,主持中央电视台公益寻亲节目《等着我》。倪萍的主持细腻敏感,善于把握人的内心情感,真挚淳朴、自然流畅,和老百姓息息相通,又不失端庄大气,是我国综艺晚会节目主持的代表人物之一。

罗京(1961—2009)

生于北京,1979年考入北京广播学院播音系,1983年毕业后进入中央电视台工作,担任《新闻联播》播音员。2008年7月被确诊为淋巴癌,8月31

日,最后一次在《新闻联播》中播音后暂停工作入院接受治疗,2009年6月5日早晨因病情恶化去世。罗京嗓音清爽悦耳,形象庄重儒雅,业务功底扎实,在25年《新闻联播》的播音工作中体现出了极高的新闻播音水平,内容准确、清晰到位、稳健大气,被观众和专业人士公认为"国脸"。

李瑞英(1961—)

生于北京,祖籍河南省濮阳市南乐县,1979年进入北京广播学院播音系学习,1986年进入中央电视台工作,担任《新闻联播》播音员,后担任中央电视台新闻中心播音部主任。2014年5月,李瑞英与张宏民一起告别《新闻联播》,退居幕后,在中央电视台播音员主持人业务指导委员会从事培训工作。李瑞英曾多次参与国庆阅兵、大型活动以及《春节联欢晚会》等各种节目的报道工作,她的播音清晰圆润、规范流畅、端庄大方。

李修平(1963—)

生于甘肃兰州,1987年毕业于北京广播学院,毕业后回到甘肃电视台工作,1989年进入中央电视台,开始担任《新闻联播》播音员。2015年3月,告别《新闻联播》,转战幕后。李修平的播音平稳大气、朴实亲民,恬静淡定又不失庄重典雅,充满柔中带刚之美。

崔永元(1963—)

出生于天津,1981年考入北京广播学院新闻系。1985年毕业后进入中央人民广播电台任记者,1993年进入中央电视台《东方时空》工作,1996年4月开始担任《东方时空》周日版特别节目《实话实说》主持人,以真切朴实的平民化风格和《实话实说》节目一起开创了我国谈话节目的新局面。2003年7月开始主持《小崔说事》,两会特别节目《小崔会客》贴近生活、立意深远,具有很强的可看性;2009年,制作《电影传奇》,在节目中既讲故事又演故事;2012年,主持《谢天谢地,你来啦》;2013年离开中央电视台,任教于中国传媒大学,并成立口述历史研究中心及口述历史博物馆;2015年主持东方卫视《东方眼》。崔永元的主持轻松活泼、亦庄亦谐、睿智幽默、妙语连珠,为电视荧屏注入了极大的活力,是谈话类节目主持的领军人物,颇具社会影响力。

附录一 主要人物简介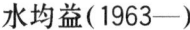

水均益(1963—)

生于甘肃兰州,1984年毕业于兰州大学,加入新华社国际新闻编辑部,任编辑、记者。1993年进入中央电视台工作,先后担任《东方时空》《焦点访谈》《国际观察》《高端访问》《环球视线》节目主持人、记者、编导、制片人,对国际问题有专业的、独到的见解。水均益多次赴战地采访报道,海湾战争、波黑战争、伊拉克战争、阿富汗战争都有他报道的身影。此外,他先后专访过上百位国内国际政要及知名人士,国际知识丰富、新闻功底扎实、表达成熟稳健,具有敏锐的洞察力和判断力,是国际风云人物专访的专家。

朱军(1964—)

祖籍河南省孟津县,后随父母迁至甘肃省兰州市,1981年参军,1985年进入甘肃省曲艺团,1988年加入兰州军区战斗歌舞团。1991年,进入甘肃省电视台,担任大型文艺演出活动主持。1993年,进入中央电视台,先后主持《东西南北中》《艺术人生》《音乐人生》等节目,以及大型文艺晚会、庆典仪式等。从1997年开始至今,连续19次主持中央电视台《春节联欢晚会》。朱军的主持稳健大气,平和真诚,朴实自然,充满艺术感染力。

鞠萍(1966—)

出生于北京,1984年毕业于北京幼儿师范学校,同年11月,鞠萍进入中央电视台青少部担任节目主持人。从1985年6月1日开始主持幼儿栏目《七巧板》,1995年6月主持儿童电视节目《大风车》,并担任栏目制片人、责任主编。曾多次主持各类型儿童及青少年文艺晚会、大型活动等。鞠萍外形甜美、自然亲切,和蔼温柔又不失大方活泼,被大家亲切地称为"鞠萍姐姐",陪伴了几代人的成长,受到小观众和家长们的欢迎。

周涛(1968—)

生于安徽省淮南市,1990年毕业分配到北京市公安局工作,1993年进入北京电视台,担任《北京新闻》《午间新闻》《晚间新闻》播音员,同时主持其他几个栏目及一些晚会。1995年进入中央电视台,担任《综艺大观》节目主持人,受到全国观众的喜爱。从1996年开始,连续16次担任《春节联欢晚会》主持人,并在很多大型活动、文艺晚会、重要庆典当中担任主持人。2009

年1月,担任中央电视台文艺中心副主任。周涛音色甜美、美丽端庄,主持自然大方、活力清新,具有广泛的社会影响力和公众亲和力。

李咏(1968—)

本名李勇,出生于新疆乌鲁木齐,1987年考入北京广播学院播音系。1991年毕业进入中央电视台工作。曾经干过记者、编导、配音等工作,1998年,主持益智游戏节目《幸运52》,迅速走红。2003年,主持平民选秀节目《非常6+1》,2004年,主持《梦想中国》。2008年,主持脱口秀节目《咏乐汇》。2013年3月,离开中央电视台进入中国传媒大学任教。李咏是中央电视台极富个性的一位主持人,从身材、相貌、发型、着装到动作、表情、语言都有很高的识别度,他的幽默、风趣、活力、激情深受观众喜爱。

白岩松(1968—)

出生于内蒙古自治区呼伦贝尔市,1985年就读于北京广播学院新闻系,1989年分配到中央人民广播电台《中国广播报》工作,1993年进入中央电视台新闻评论部工作,先后主持《东方时空》《焦点访谈》《新闻调查》《新闻会客厅》等节目,2002年开始,和敬一丹搭档主持《感动中国——年度人物评选》,2003年主持《新闻周刊》,2008年主持《新闻1+1》,此外,还多次参与包括香港回归、澳门回归、国庆、奥运会、世界杯等大型活动、重要新闻及突发事件的报道工作。白岩松具有敏锐深刻的洞察力、极富个性的语言表达能力和强烈的社会责任感,主持及评论深刻睿智、沉稳深邃,以独特的视角和犀利的语言深入人心。

康辉(1972—)

出生于河北省石家庄市,1993年毕业于北京广播学院播音系,同年进入中央电视台新闻中心担任播音员。在二十多年的新闻工作生涯中,曾经担任《晚间新闻报道》《新闻早八点》《现在播报》《东方时空》《世界周刊》《新闻直播间》等节目主持人,并参与过两会、奥运、国庆等大量重要的直播报道,2007年底开始担任《新闻联播》播音员,2014年7月接替李瑞英,主管中央电视台播音部工作,2015年,主持《春节联欢晚会》。康辉的播音成熟稳重又不失活力与朝气,基本功扎实、业务能力全面,是新生代新闻主播的代表人物。

张泉灵(1973—)

生于上海,1996年毕业于北京大学西方语言文学系德语专业,1997年,通过公开招聘考入中央电视台国际部,并任《中国报道》记者、编导、主持人,同年进入中央电视台海外中心专题部,担任主持人、编导。从2000年开始,张泉灵先后担任《东方时空》《人物周刊》《焦点访谈》《新闻会客厅》等栏目主持人,并多次参与重大活动、大型直播及突发事件直播报道,给人留下了深刻的印象。张泉灵的主持平易亲和、智慧灵动,对新闻事件有独到的理解和准确的把控,现场报道逻辑清晰、言简意赅,善于捕捉细节,信息量大又井井有条,是不可多得的智慧型新闻主播。2015年9月,张泉灵从中央电视台辞职,投身创投界。

董卿(1973—)

出生于上海,1994年进入浙江电视台工作,开始主持生涯。1996年进入东方电视台工作,1998年主持《相约星期六》,逐渐受到观众关注,1999年进入上海卫视任节目主持人。2002年进入中央电视台西部频道,先后主持《魅力12》《欢乐中国行》《我要上春晚》等多档栏目及青年歌手大奖赛等活动,从2005年开始连续十年主持《春节联欢晚会》。董卿的主持大方亲和、温婉舒展,气质典雅又不失活泼机敏,是继倪萍、周涛之后中央电视台又一位出色的综艺节目主持人。

撒贝宁(1976—)

出生于湖北武汉,1994年就读于北京大学法学院,1999年主持中央电视台法制节目《今日说法》崭露头角,2001年荣获中央电视台"荣事达"杯主持人大赛金奖。2011年主持《我们有1套》,展现出综艺节目主持方面的天赋,2012年主持《开讲啦》《梦想合唱团》第二季,同年首次登上《春节联欢晚会》舞台,2013年担任《出彩中国人》主持人。撒贝宁从严谨睿智的法制节目主持人成功转型为幽默风趣、机智敏锐的综艺节目主持人,体现出了很强的应变能力和综合实力,是不可多得的主持人才。

欧阳夏丹(1976—)

生于广西,1999年毕业于北京广播学院播音系,同年进入上海电视台新闻综合频道工作，主持《上海早晨》《新闻夜线》等节目；2003年8月进入中央电视台经济频道工作，主持早间节目《第一时间》，受到全国关注；2008年，主持奥运特别节目《全景奥运》；2009年7月，加盟中央电视台新闻频道，主持《共同关注》《新闻直播间》等节目；2010年，主持《春节联欢晚会》；2011年9月25日，担任《新闻联播》播音员。曾参与亚运会闭幕、国庆、神舟九号发射等大量大型直播报道。欧阳夏丹为人谦逊质朴、亲和自然，她的主持稳健大方、清新流畅、收放自如，体现了扎实的业务功底和全面的业务能力，是新生代新闻主播中的佼佼者。

附录二　相关法规文件

1.《陕北台播音组关于训练和培养播音员的意见》

陕北台播音组关于训练和培养播音员的意见

（一九四八年十月七日）

一、关于训练和培养播音员

应全盘有计划有步骤有组织地训练一批播音员以备接受敌台和建立新台时任用。

播音员应具备之条件：

a. 要有一定的政治水平

b. 能操流利的国语

c. 相当于初中以上的文化程度及文艺修养

尽可能招收一定人数的男女播音员，集中训练，成立训练班，除政治政策等科目外，播音技术座谈，练习，收听，还需了解一般浅显的无线电常识及机器使用及简单原理。

在训练班一定步骤的训练经考试后，分发各台见习后作正式播音员。

如同意或可能成立训练班的话，当有详细计划及设备等。

我们认为陕北台应该有较固定的、水平较好的基本播音员，经常换人，而且将新播音员半训练式地提到工作上来是不合适的，是影响工作的，陕北台是一个工作机关，不是训练机关。

招收播音员时应注意配备一定数量的男播音员，各台至少应有两个男播音员。

二、对于播音员的培养

如规定播音员方向须兼编辑或播音记者,就应给以有计划有步骤的培养,而不是仅仅提出这样一个方向,否则就不要这样规定。

定期传达宣传方针宣传策略、有关业务的各种报告给播音组。

编辑部与播音组在编写及播音效果上应密切联系,编辑部必须收听播音效果,以利工作之改进,应列为制度。

2.《北平新华广播电台训练播音员的方法》

北平新华广播电台训练播音员的方法
(一九四九年八月)

本台训练新播音员的方法是带徒弟、集体讨论、在工作中学习,并借总结经验逐步加以提高。

(一)选择播音员的标准:

一、历史清白政治可靠者

二、能操流利之普通话,音色清晰者

三、具有高中的文化程度

四、有一定的政治水平

(各台可根据具体情况规定自己的标准,如地方台可用地方方言播音,不一定用普通话。)

(二)具备上述条件并经一定机关介绍及考试合格者方得为见习播音员,考试项目分口试与稿件选读两种。

(三)见习期之长短视其成绩而定。

(四)见习内容及步骤:

一、收听本台及其他台的播音。

二、无线电常识及有关播音及收听所需的机器之使用法及其简单原理。

三、一般播音应注意事项(如怎样准备稿件,如何掌握抑、扬、顿、挫、快、慢、轻、重,如何表达语气情感)以及播音手续,播音员应遵守的制度等。

四、根据本人条件及工作需要分别练习一个节目,如有记录新闻的,可从记录新闻着手。

(五)可指定专人或由现任该节目的播音员帮助练习并收听本台或其他台同一节目的播音,每一稿件在话筒上试播,经负责人认为满意后再换另一稿件,到这一节目的各种稿件都能播得合乎标准时,即可开始工作。在该节目完全胜任熟练时,除担任该节目之外,同时练习另一节目,至另一节目练习成功后,即可换播该节目,直至全部节目均能胜任为止。

(六)训练播音员必须注意:

一、新老播音员必须互相帮助,虚心研究。

二、练习时必须认真、坚持,应作为工作成绩考核项目之一。

三、以工作中的生动实例举出好坏典型加以说明。

四、召开技术座谈会,发挥集体智慧,提高播音技术。

五、向其他台学习,研究其他台的播音技术,交换经验及意见。

(原载《广播资料》第2期,一九四九年八月十五日)

3.《播音员主持人持证上岗规定》(国家广播电影电视总局令第10号)

播音员主持人持证上岗规定

国家广播电影电视总局令 第10号

二〇〇一年十二月三十一日发布

第一章 总 则

第一条 为坚持正确的舆论导向,进一步提高广播电视节目质量,规范对播音员、主持人的岗位管理,制定本规定。

第二条 本规定适用于经批准成立的县级(含县级)以上的广播、电视播出机构专职普通话播音、主持人员(以下简称播音员、主持人)。

第三条 担任各级广播、电视播出机构的播音员、主持人应该持有《播音员主持人上岗证书》。《播音员主持人上岗证书》由国家广播电影电视总局统一印制。

第四条 国家广播电影电视总局主管全国播音员、主持人持证上岗工作,指导全国播音员、主持人资格考试工作,对播音员、主持人实施监督检查及评估,负责制定全国播音员、主持人资格考试大纲,组织统一命题、统一考试。

第五条 中国广播电影电视集团负责中央三台播音员、主持人的资格审查、颁证和考核换证。各省级广播电视行政部门负责本行政区域内广播、电视播出机构播音员、主持人的资格审查、颁证和考核换证。

第二章 资格的取得

第六条 基本条件:

(一)遵纪守法,有良好的职业道德。

(二)熟悉国家有关广播电视宣传及管理的政策、法规、规定,并能用以指导业务实践。

(三)熟悉并掌握新闻专业基本理论,具有较强的新闻采编业务能力。

(四)嗓音良好,具备较好的语言表达能力。

(五)具有良好的公众形象,电视播音员、主持人还须具备较强的形体语言表达能力。

(六)普通话水平达到国家《普通话水平测试实施办法》规定的标准。

(七)具有大专(含大专)以上的学历。

第七条 资格取得程序:

(一)申请人提出书面申请并提交以下书面材料:

1.本人业务工作报告。

2.用人单位对申请人政治考查、知识能力考核评价的推荐意见。

3.学历证书。

4.普通话等级证书及其他有关证明。

(二)省级以上广播电视行政部门根据本规定对申请人进行资格审查。

(三)资格审查合格者参加全国播音员、主持人资格考试。

(四)省级以上广播电视行政部门对申请人进行政治考察和知识能力考核。

合格者,由省级以上广播电视行政部门颁发《播音员主持人上岗证书》。

第八条 播音员、主持人资格考试由经省级以上广播电视行政部门授权的机构具体组织实施,每年定期举行一次。

第三章 资格管理

第九条 省级以上广播电视行政部门应加强对播音员、主持人的选拔和培养,定期开展业务培训。取得《播音员主持人上岗证书》的,应按要求参加岗位培训。

第十条 《播音员主持人上岗证书》有效期限为三年。期满前三个月可向发证机关申请办理核发换证手续。

第十一条 申请换证时应提交以下材料:

(一)三年来播音、主持业务工作报告(不少于3000字)。

(二)业务主管单位对申请人三年业务工作的考评鉴定。

(三)岗位培训合格证书。

(四)其他有关材料。

第十二条 逾期未办理核发换证手续的,不得继续从事广播电视节目播音、主持工作。

第十三条 有下列情节之一的,由发证机关给予批评、警告等处分:

(一)有违反国家有关法律、法规的行为,情节轻微的。

(二)播音、主持有较大失误,造成不良社会影响的。

(三)有其他违规违纪行为的。

第十四条 有下列情节之一的,由发证机关撤销其资格,收回《播音员主持人上岗证书》:

(一)受到发证机关两次以上批评或警告的。

(二)播音、主持有重大失误,造成严重影响的。

(三)触犯国家法律,被追究刑事责任的。

第十五条 证书遗失者应在三十日内向发证机关申请办理补证手续。

第四章 附 则

第十六条 少数民族语言、外国语言播音员、主持人,出声、出镜的编辑、记者,参照本规定执行。

第十七条 各级广播电视行政部门人事、监察机构应加强对播音员、主持人考核颁证工作的检查、监督,严格按规定办事,防止不正之风。

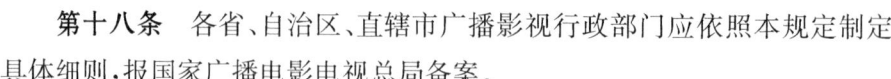

第十八条 各省、自治区、直辖市广播影视行政部门应依照本规定制定具体细则,报国家广播电影电视总局备案。

第十九条 本规定自2002年2月1日起实施。

4.《广播电视编辑记者、播音员主持人资格管理暂行规定》(国家广播电影电视总局令 第26号)

国家广播电影电视总局令

第 26 号

《广播电视编辑记者、播音员主持人资格管理暂行规定》经2004年6月15日局务会议通过,现予发布,自2004年8月1日起施行。

局 长 徐光春

二〇〇四年六月十八日

广播电视编辑记者、播音员主持人资格管理暂行规定

第一章 总 则

第一条 为规范广播电视编辑记者、播音员主持人执业资格管理,提高从业人员素质,加强广播电视队伍建设,制定本规定。

第二条 本规定适用于广播电视编辑记者、播音员主持人资格考试、执业注册、证书发放与管理等活动。

第三条 国家对广播电视编辑记者、播音员主持人实行资格认定制度。

在依法设立的广播电视节目制作、广播电视播出机构(以下简称制作、播出机构)连续从事广播电视采访编辑、播音主持工作满1年的人员,应当依照本规定通过考试和注册取得执业资格并持有执业证书。

第四条 国家广播电影电视总局(以下简称广电总局)负责全国广播电视编辑记者、播音员主持人资格认定的管理和监督。

省级广播电视行政部门负责实施本行政区域内广播电视编辑记者、播音员主持人资格考试、执业注册、证书发放与监督管理。

第二章　资格考试

第五条　广播电视编辑记者资格考试与播音员主持人资格考试(以下简称资格考试)分别举行,实行全国统一大纲、统一命题、统一组织、统一标准的制度。

资格考试原则上每年上半年举行1次。报名、考试的时间由广电总局确定,在受理报名前3个月向社会公告。

第六条　广电总局负责确定考试科目、组织编写考试大纲、建立考试试题库、组织命题等工作;负责组织资格考试、确定考试合格标准,监督、检查、指导省级广播电视行政部门实施本行政区域内的考务工作。

第七条　资格考试试卷从资格考试试题库中随机抽取生成。

第八条　符合下列条件的人员,可以报名参加资格考试:

(一)遵守宪法、法律、广播电视相关法规、规章;

(二)坚持四项基本原则,拥护中国共产党的基本理论、基本路线和方针政策;

(三)具有完全民事行为能力;

(四)具有大学专科及以上学历(含应届毕业生)。

第九条　有下列情形之一的,不能报名参加考试,已经办理报名手续的,报名无效:

(一)因故意犯罪受过刑事处罚的;

(二)受过党纪政纪开除处分的。

第十条　报名参加考试的人员,到报名点办理报名手续。经审查合格后,领取准考证。凭准考证、身份证,在指定的时间、地点参加考试。

第十一条　广电总局自考试结束之日起60个工作日内公布考试成绩和合格标准。参加考试的人员可以通过广电总局政府网站或指定的其他方式查询考试成绩。

第十二条　考试合格的,由省级广播电视行政部门颁发《广播电视编辑记者资格考试合格证》或《广播电视播音员主持人资格考试合格证》。

第十三条　考试中有违反考场纪律、扰乱考场秩序等行为的,视情节轻重,给予取消相关科目成绩、本次考试成绩、下一年度考试资格的处理。

第十四条　任何行政机关或行业组织不得组织强制性的资格考试考前培训,不得指定教材或者其他助考材料。

第三章　执业注册

第十五条　从事广播电视采访编辑、播音主持工作,应当取得相关执业资格。

未取得相关执业资格的人员,应当在持有相关执业证书的人员指导下从事实习等辅助性工作。

第十六条　具备下列条件的人员,可以申请相关执业资格注册:

(一)已取得《广播电视编辑记者资格考试合格证》或《广播电视播音员主持人资格考试合格证》;

(二)在制作、播出机构相应岗位实习满1年;

(三)身体状况能胜任所申请执业的工作岗位要求;

(四)无本规定第九条所列情形;

(五)以普通话为基本用语的播音员主持人,取得与岗位要求一致的普通话水平测试等级证书。

第十七条　执业资格注册,按以下程序办理:

(一)由申请人所在的制作、播出机构统一向省级广播电视行政部门(以下称注册机关)提交以下材料:

1.申请人填写的《注册申请表》、相关资格考试合格证和学历证书复印件;

2.申请人所在的制作、播出机构同意聘用申请人从事广播电视编辑记者或播音主持工作的书面意见。

(二)符合条件的,由注册机关在法定期限内办理注册手续,发放《中华人民共和国广播电视编辑记者证》或《中华人民共和国播音员主持人证》。

第十八条　《中华人民共和国广播电视编辑记者证》和《中华人民共和国播音员主持人证》由广电总局统一印制,由注册机关统一注册,有效期为2年。注册机关应将注册情况在1个月内报广电总局备案。

《中华人民共和国广播电视编辑记者证》和《中华人民共和国播音员主持人证》是广播电视编辑记者、播音员主持人的执业凭证,在全国范围内有效。

第十九条　注册有效期届满需要延续的,申请人应当在有效期届满30

日前提出延续申请,填写《延续注册申请表》,由所在的制作、播出机构向注册机关办理延续注册手续。

第二十条 注册有效期内,持证人变更工作单位并继续从事广播电视采访编辑、播音主持工作的,应当在变更工作单位后1个月内填写《变更注册申请表》,并提交执业证书,由变更后所在的制作、播出机构向所在地注册机关办理变更注册手续。

因工作变更或退休不再执业的,由原所在的制作、播出机构收回执业证书,并交原注册机关统一销毁。

第二十一条 广电总局和注册机关应当向社会公布注册人员名单等信息。

第二十二条 持证人应妥善保管执业证书,不得出借、出租、转让、涂改和损毁。

第二十三条 有下列情形之一的,注册机关不予办理注册手续;制作、播出机构应将责任人调离广播电视采访编辑或播音主持岗位:

(一)出现本规定第九条所列情形的;

(二)因本人过错造成重大宣传事故的;

(三)违反职业纪律、违背职业道德,造成恶劣影响的;

(四)品行不端、声誉较差的。

出现本条第(一)、(二)、(三)项情形的,申请人在3年内不得再次提出注册申请。

第二十四条 以欺骗、贿赂等不正当手段取得的执业证书无效,注册机关应予以撤销。申请人在3年内不得再次提出注册申请。

第二十五条 当事人对注册机关的有关决定持有异议的,可以自接到决定之日起60日内向广电总局申请复议。

第四章 权利与义务

第二十六条 广播电视编辑记者、播音员主持人在执业活动中享有以下权利:

(一)以所在的制作、播出机构的名义从事广播电视节目采访编辑或播音主持工作,制作、播出机构应当提供完成工作所必需的物质条件;

(二)人身安全、人格尊严依法不受侵犯;

(三)参加继续教育和业务培训;

(四)指导实习人员从事采访编辑、播音主持工作;

(五)依法享有的其他权利。

第二十七条 广播电视编辑记者、播音员主持人在执业活动中应当履行以下义务:

(一)遵守法律、法规、规章;

(二)尊重公民、法人和其他组织的合法权益;

(三)坚持正确的舆论导向;

(四)恪守职业道德,坚持客观、真实、公正的原则;

(五)严守工作纪律,服从所在机构的管理,认真履行岗位职责;

(六)努力钻研业务,更新知识,不断提高政策理论水平和专业素养;

(七)树立良好的公众形象和健康向上的精神风貌;

(八)依法应当履行的其他义务。

第五章 附 则

第二十八条 本规定实施前,在广播电视播出机构工作并取得编辑记者、播音员主持人从业资格的人员,符合广电总局规定条件的,经本人申请,可以通过审核取得本规定要求的执业资格,获得执业证书。具体办法由广电总局另行规定。

第二十九条 聘请境外人员从事广播电视采访编辑、播音主持工作的,依照国家有关规定执行。

第三十条 本规定自2004年8月1日起施行,广电总局《播音员主持人持证上岗规定》(广电总局令第10号)同时废止。

5.《中国广播电视播音员主持人职业道德准则》(国家广播电影电视总局2004年11月23日)

中国广播电视播音员主持人职业道德准则

广播电视是当今最具影响力的大众传媒之一,是党、政府和人民的喉舌。为加强广播电视队伍建设,倡导良好的职业精神和职业道德,规范广播电视播音员主持人的职业行为,特制定本准则。

一、责　任

第一条　广播电视播音员主持人所从事的事业,担负着传播先进文化、弘扬民族精神、维护国家利益、促进经济社会发展、推动人类文明的崇高使命和社会责任。

第二条　热爱祖国和人民,珍视国家和人民赋予的权利,全心全意为人民服务,为社会主义服务,为党和国家工作的大局服务。

第三条　忠诚党的新闻事业,坚持党性原则,坚定执行党的路线、方针、政策。

第四条　自觉遵守宪法和法律、法规。

第五条　保守国家秘密。

第六条　真实报道新闻,正确引导舆论,努力传播知识,热情提供服务,不断满足广大人民群众的精神和文化需要。

二、品　格

第七条　广播电视播音员主持人应恪守敬业奉献、诚实公正、团结协作、遵纪守法的职业道德,谦虚谨慎,追求德艺双馨。

第八条　坚持播出内容与播出形式的高品质、高品位,不迎合低级趣味,拒绝有害于民族文化、社会公德的庸俗报道。

第九条　努力营造有利于未成年人健康成长的文化环境。不动员未成年人参与可能损害他们性格和感情的节目;对有可能被未成年人模仿而导致不良后果的播出内容和播出形式要加以防范。

第十条　采访意外事件,应顾及受害人及亲属的感受,在提问和录音、录像时应避免对其心理造成伤害。

第十一条　尊重公民和法人的名誉权、荣誉权,尊重个人隐私权、肖像权。不揭人隐私,避免损害他人名誉的报道。

第十二条　尊重和保护未成年人、妇女、老人和残疾人的合法权益。报道违法犯罪的未成年人和性侵犯的受害者时,录音、图像应经过特殊处理,使之不可辨认;不公布其真实姓名,不描述犯罪过程。

第十三条　同行之间互相尊重,互相学习,互相支持,开展正当的业务竞争。

三、形　象

第十四条　广播电视播音员主持人直接代表广播电台、电视台的形象，言谈举止有着广泛的社会影响和示范效应，应自觉树立良好形象，维护媒体公信力。

第十五条　树立良好的声屏形象，尊重大众审美情趣和欣赏习惯。服饰、发型、化妆、声音、举止等要与节目（栏目）定位相协调，大方、得体，避免媚俗。

第十六条　形象设计要符合中华民族的文化传统，不盲目模仿境外和外国人的形象，不用外国人的名字作艺名。

第十七条　少儿节目主持人的服饰、发型、化妆、声音、举止要充分考虑到对未成年人的影响，展示积极健康向上的形象和精神风貌。

第十八条　严格约束日常行为。在工作和生活中要保持良好仪表和文明举止；自尊自爱，不参加任何有损于媒体形象、自身形象的组织和活动；要有公众人物的自觉意识，接受社会、公众和媒体较常人更为严格的监督。

第十九条　确立正确的公众人物观念。尊重观众、听众，热情礼貌地对待观众、听众；不以个人知名度和社会影响寻求利益、谋求优惠、照顾和方便；在涉及个人的纠纷中，不以强调个人工作身份和个人知名度影响、干扰和破坏法律、法规的实施。

第二十条　努力提高政治素养、文化内涵、语言能力、心理素质，保持外在形象和内在素质的和谐统一。

四、语　言

第二十一条　广播电视播音员主持人要积极推广、普及普通话，规范使用通用语言文字，维护祖国语言和文字的纯洁，发挥示范作用。

第二十二条　除特殊需要，一律使用普通话。不模仿有地域特点的发音和表达方式，不使用对规范语言有损害的口音、语调、粗俗语言、俚语、行话，不在普通话中夹杂不必要的外文。

第二十三条　用词造句要遵守现代汉语的语法规则，语序合理，修辞恰当，层次清楚。避免滥用方言词语、文言词语、简称略语或生造词语。

第二十四条　表达要通俗易懂、准确生动、富有内涵、朴素大方。避免艰涩、易生歧义的语言和煽情、夸张的表达。

第二十五条　不追求低俗的主持风格和极端个人化的主持方式。

第二十六条　与受众和嘉宾平等交流、沟通，做到相互尊重、理解、通达、友善，赢得公众信赖。

五、廉　洁

第二十七条　广播电视播音员主持人应该清正廉洁，自觉抵制拜金主义、享乐主义、个人主义的侵蚀，反对任何形式的"有偿新闻"。

第二十八条　不利用工作、身份之便，直接或间接地为本人、亲属及其他人谋取私利。

第二十九条　不以任何名义索要、接受和借用采访对象的任何钱物，采访活动中不提出与工作无关的个人要求。

第三十条　严格区分新闻报道与广告。不以新闻报道形式为企业或产品做变相广告或形象宣传。

第三十一条　不从事广告和其他经营活动。不将自己的名字、声音、形象用于任何带有商业目的的文章、图片及音像制品中。

第三十二条　不私自从事未经本单位批准的节目主持、录音、录像、配音工作及以个人赢利为目的的社会活动。

第三十三条　自觉遵守有关廉政的规章制度和财经纪律，自觉接受人民群众的监督。

六、附　则

第三十四条　全国各广播电视制作、播出机构的播音员主持人遵守本准则。

第三十五条　违犯本准则的播音员主持人，将在行业内通报批评；触犯党纪政纪的，给予党纪政纪处分；触犯法律的，移送司法机关处理。

6.《广播电视编辑记者、播音员主持人资格考试办法(试行)》(国家广播电影电视总局 2005 年 8 月 3 日)

广播电视编辑记者、播音员主持人资格考试办法

(试行)

第一章　总　则

第一条　为规范全国广播电视编辑记者、播音员主持人资格考试(以下简称资格考试),根据《国务院对确需保留的行政审批项目设定行政许可的决定》(国务院令第 412 号)和国家广播电影电视总局(以下简称广电总局)《广播电视编辑记者、播音员主持人资格管理暂行规定》(广电总局令第 26 号)等规定,制定本办法。

第二条　凡从事广播电视编辑记者、播音员主持人工作的人员必须依法取得广播电视编辑记者、播音员主持人执业资格。通过资格考试取得《广播电视编辑记者资格考试合格证》或《广播电视播音员主持人资格考试合格证》,是申请执业资格的必备条件。

第三条　资格考试由广电总局组织实施,实行全国统一大纲、统一命题、统一组织、统一标准的制度,原则上每年上半年举行一次。

第四条　资格考试遵循合法规范、公平公正、方便应考的原则。

第二章　组织机构

第五条　广电总局设立资格考试委员会,下设办公室(设在人事教育司),负责全国资格考试工作。省级广播电视行政部门设立相应资格考试办公室(设在人事教育部门),负责本行政区域资格考试考务管理工作。

第六条　广电总局资格考试委员会履行以下职责:

(一)确定资格考试科目,发布考试大纲和公告;

(二)组建资格考试专家委员会并指导其工作;

(三)监督、指导省级广播电视行政部门资格考试办公室工作;

(四)审定年度资格考试试卷,组织阅卷;

(五)公布资格考试成绩;

(六)确定资格考试合格标准;

（七）其他有关工作。

第七条 资格考试专家委员会履行以下职责：

（一）编写考试大纲；

（二）为资格考试题库提供试题；

（三）拟制年度资格考试试卷及其标准答案；

（四）其他有关工作。

第八条 省级广播电视行政部门资格考试办公室履行以下职责：

（一）制定本行政区域资格考试考务管理工作方案；

（二）组织报名，审核考生报名资格，发放准考证；

（三）负责本行政区域资格考试的考点、考场设置等工作；

（四）发放资格考试成绩单和合格证书，接受考生查询；

（五）其他有关工作。

第三章 报名及考试

第九条 凡遵守宪法、法律、广播电视相关法规、规章，坚持四项基本原则，拥护中国共产党的基本理论、基本路线和方针政策，具有完全民事行为能力，具有大学专科及以上学历（含应届毕业生）的人员，均可报名参加资格考试。

因故意犯罪受过刑事处罚，受过党纪、政纪开除处分的人员，不能报名参加考试。已经办理报名手续的，报名无效。

第十条 参加资格考试的人员现场报名时，应提交符合本办法第九条规定条件的身份、学历等证件的原件和复印件，填写报名表、交纳考试费。

参加资格考试的人员应对其提供的证件和材料的真实性、准确性、完整性、合法性负责。

第十一条 资格考试依据国家和省级有关部门规定收取考试费。

第十二条 参加资格考试的人员可以不受地域限制，就近办理报名手续。

第十三条 经审查合格的人员，由省级广播电视行政部门资格考试办公室发给准考证。

第十四条 应考人员凭准考证和有效身份证件，按规定时间，到指定考场参加考试。

第十五条 资格考试由公共科目和专业科目组成。

第十六条　资格考试采取闭卷笔试、计算机考试或口试等方式进行。

第十七条　各科考试成绩合格的,可获得《广播电视编辑记者资格考试合格证》或《广播电视播音员主持人资格考试合格证》。

第十八条　单科考试合格的成绩,可保留至下一考试年度。

第四章　试　卷

第十九条　资格考试命题应遵循专业化、标准化、规范化的原则。

第二十条　资格考试试卷从资格考试试题库中随机抽取生成。

第二十一条　资格考试试卷与试卷答案、评分标准同时确定。

第二十二条　资格考试应严格遵守国家有关保密规定,试卷应在符合国家保密标准的定点单位印制,按照国家保密规定运送、保管。

第二十三条　资格考试试卷、试题、答案及评分标准在启用前均属国家秘密。

第二十四条　参加命题的人员应履行保密义务,签署保密承诺书,不得从事妨碍其履行保密义务的活动。

第五章　考　务

第二十五条　资格考试的考试时间、考试科目、考试方式在受理报名前三个月向社会公告。

第二十六条　资格考试成绩和合格标准在考试结束之日起六十个工作日内公布,应考人员可以通过广电总局网站或指定的其他方式查询。

第二十七条　应考人员对资格考试成绩有异议的,应当在成绩公布之日起十五个工作日内向当地省级广播电视行政部门资格考试办公室提出,省级广播电视行政部门资格考试办公室自受理之日起十五个工作日内予以答复。

第二十八条　因特殊原因取消或延期举行资格考试,应向社会公告。

第六章　纪　律

第二十九条　应考人员应遵守资格考试规定和考场规则,有违反考试规定和考场规则的,视情节轻重,给予取消相关科目成绩、取消本次考试成绩、取消下一年度考试资格等处理。

第三十条　应考人员违反考场规则的,由监考人员当场记录其姓名、准考证号、情节,并告知当事人;监考人员应将违反考场规则的情况及时上报所在地省级广播电视行政部门资格考试办公室。

第三十一条 对违反考试规定和考场规则的应考人员给予取消相关考试科目成绩处理的,由省级广播电视行政部门资格考试办公室依据相关规定做出处理决定。

第三十二条 对违反考试规定和考场规则的应考人员给予取消本次考试成绩、取消下一年度考试资格处理的,由省级广播电视行政部门资格考试办公室提出处理意见,报广电总局资格考试委员会办公室做出处理决定。

第三十三条 应考人员对处理结果有异议的,可在知道或应当知道处理结果之日起十五日内,以书面形式向考场所在地省级广播电视行政部门资格考试办公室提出,省级广播电视行政部门资格考试办公室应自受理之日起十五个工作日内予以答复。

第三十四条 任何行政机关或行业组织不得组织强制性的资格考试考前培训,不得指定教材或者其他助考材料。

第三十五条 在组织实施资格考试中出现严重违纪违规行为,造成恶劣影响的,视情节轻重对直接主管人员和直接责任人员依法给予处分;构成犯罪的,依法追究刑事责任。

第七章 附 则

第三十六条 因工作需要,经广电总局同意,可以使用少数民族语言文字进行考试。

第三十七条 本办法自 2005 年 9 月 3 日起施行。

7.《中国广播电视播音员主持人自律公约》(中国广播电视协会制定,2005 年 9 月 10 日国家广播电影电视总局批转)

中国广播电视播音员主持人自律公约

广播电视播音员主持人是广播电视的形象代表,在传播先进文化,弘扬民族精神,维护国家利益,促进社会进步方面担负着不可推卸的责任。

为了更好地贯彻执行国家广播电影电视总局制定的《中国广播电视播音员主持人职业道德准则》，提高职业素养，规范职业行为，制定本自律公约。

一

第一条 自觉遵守《中国广播电视播音员主持人职业道德准则》。

第二条 加强政治理论学习，不断提高政治素养和政策水平，认真落实"以科学的理论武装人，以正确的舆论引导人，以高尚的精神塑造人，以优秀的作品鼓舞人"的要求。

第三条 热爱祖国，热爱人民，全心全意为人民服务，为社会主义服务，为党和国家工作大局服务。

第四条 认真贯彻执行党的路线、方针、政策。自觉遵守宪法和法律、法规，严守国家机密。

第五条 发扬敬业奉献、诚实公正、团结协作的精神，努力做有责任、有道德、有专长的德艺双馨的播音员主持人。

二

第六条 努力钻研业务，更新知识，不断提高业务理论水平和专业素质，努力追求艺术创作的高品位，自觉抵制危害民族精神，损害社会公德的庸俗思想和文化糟粕。

第七条 自觉抵制低级趣味，拒绝可能被青少年模仿造成身心伤害的内容和形式，营造有利于未成年人健康成长的文化环境。

第八条 尊重公民的名誉权、隐私权，尊重和保护未成年人、妇女、老人、残疾人的合法权益。

第九条 以推广普及普通话、规范使用通用语言文字、维护祖国语言和文字的纯洁性为己任，自觉发挥示范作用。

第十条 除特殊需要外，一律使用普通话，不模仿地域音及其表达方式，不使用对规范语言有损害的口音、语调、粗俗语言、俚语、行话，不在普通话中夹杂不必要的外语，不模仿港台话及其表达方式。

第十一条 不断加强语文修养，用词造句要遵守现代汉语的语法规则，语序合理，修辞恰当，不滥用方言词语、文言词语、简称略语或生造词语。

第十二条 力求语言、语调、语音的表达形式与表达内容的一致性。表达要通俗易懂、准确生动、富有内涵、朴素大方,避免艰涩、易生歧义的语言和刻意煽情夸张的表达方式。

第十三条 树立健康向上的声屏形象,尊重大众审美情趣和欣赏习惯。服饰、发型、化妆、声音、举止要与节目(栏目)定位相协调,大方得体,拒绝媚俗。

第十四条 言谈举止要得体,活泼而不轻浮,亲和而不失礼仪,感情真挚而不煽情挑逗。反对忸怩作态、矫揉造作,拒绝粗俗。

三

第十五条 自觉维护广播电视媒体的公信力和播音员主持人的公众形象。自觉约束日常行为,自尊自爱,洁身自好。

第十六条 自觉抵制拜金主义、享乐主义、个人主义的侵蚀,坚决抵制任何形式的有偿新闻。

第十七条 不利用工作、身份之便,直接或间接地为本人、亲属及他人谋取私利。不接受和借用采访对象的钱物。

第十八条 不从事广告和其他经营活动,不从事未经本单位批准的节目主持、录音、录像、配音及以个人赢利为目的的社会活动。

四

第十九条 各级、各地广播电视制作、播出机构的播音员主持人均应遵守本自律公约。

第二十条 遵守本自律公约方能取得《中国广播电视播音主持作品奖暨"金话筒奖"》参评资格。

第二十一条 违犯本自律公约的,将由中国广播电视协会予以通报,并终止其《中国广播电视播音主持作品奖暨"金话筒奖"》入选资格;情节严重者,协会将建议行政主管部门取消其播音主持岗位资格。

第二十二条 本公约解释权属于中国广播电视协会。自颁布之日起执行。

中国广播电视协会
2005 年 8 月 10 日

后 记

当代传媒事业异彩纷呈、瞬息万变。在我们关注前沿、热点,探寻趋势、走向的时候,有没有想过需要停下来,回头看一看、想一想?其实,历史就在那里,默默地等待着我们回眸。

2015年,人民广播事业诞生75周年,这一年也是我学习播音主持专业、从事播音主持教学的第20个年头。20年来,我身处其中,亲历着播音事业的发展变化,感受着名家大师们的才情学识。尽管如此,以我的经历和能力来撰写历史,压力可想而知。但我深知,我们这一代人有责任、有义务将那些为事业发展作出贡献的名家大师,那些精彩难忘的经典作品和前辈们留下的宝贵经验告诉更多的人,由此,责任、动力、信心又随之而来。

在硕士学习阶段,我就开始着手播音史学方面的研究,在博士学习阶段更加明确了这个研究方向和研究内容,并以此为题完成了我的博士论文。工作之后,我不断收集整理相关资料,继续进行播音史学研究并教授相关课程。本书是在我的博士论文基础之上,加上近几年的研究成果,修改、补充完成的。

书稿的写作和修订过程好比打了一场"学术牙祭",让我全面地、完整地、系统地对自己多年学习和从事的专业重新梳理、审视和思考,深深地感受到了她无穷的魅力。从某种程度上说,播音创作史是一部用声音记录的生动的社会发展史,饱含了时代的变迁和文化的传承,有声语言将每个时代的不同风貌一一展现在眼前,使人身临其境。历史研究必须严谨细致,尽管一路诚惶诚恐,生怕有半点儿差错,但我知道难免会有疏漏不当之处,真诚地希望大家提出宝贵的意见,我将不断完善。

书稿的完成并不容易,其间愁苦有之、欢欣有之、困惑有之、顿悟有之,

后 记

落笔的一刻,我心中充满了平静的喜悦和浓浓的感恩。感谢老一辈广播电视播音工作者们,是他们白手起家、艰苦奋斗、刻苦钻研、真情奉献,才使人民播音事业从无到有,并一步步发展壮大,为今天的我们打下了坚实的事业基础;感谢为传播史、广播电视史、播音史研究作出贡献的专家学者们,他们深入翔实、严谨细致的学术成果,让人受益匪浅;感谢姚喜双老师,是他带领我进入播音史学研究领域,并且在书稿写作过程中给予了大量的指导,每当我有困惑时,老师总是认真耐心地讲解,学识、人品都让人深深敬佩;感谢我的博士生导师张颂老师,能跟随老师学习是我一生中非常幸运的事情,他的提点教诲终生铭记;感谢吴郁老师,她不仅跟我分享她的经历和感受、推荐参考书目,还逐字逐句地帮我审阅书稿,提出修改意见,令我万分感动;感谢杨涛老师,从他那里我听到了大量珍贵的历史录音,他还毫无保留地和我分享他对播音历史研究的心得和经验,打开了我的研究思路;感谢一直以来帮助我的师长:方明老师、于芳老师、鲁景超老师、胡智锋老师、毕征老师、陈雅丽老师、卢静老师、陈晓鸥老师……感谢学界和业界各位专家给予我的宝贵指导,感谢所有支持我、关心我的同事、朋友,虽不能一一道来,也请你们接受我诚挚的谢意!

伟大的时代造就了我们伟大的事业,前辈大师们奠定了我们发展的基础。我们不仅是历史的记录者,更是历史的书写者。在前行的道路上,我们心怀敬畏、永远感恩!在前行的道路上,我们信心百倍、开拓创新!新的历史正在我们手中诞生,我们将不负众望。

喻梅
2015 年 12 月

编者的话

2014年是我的母校60周年校庆的重要日子,在那一年,由我所在的文科科研处牵头组织评审并选定了一批青年学者的学术专著加以支持出版。之后的一年多时间里,我们反复与作者和出版社沟通、提供修改意见,工作忙碌、琐碎而辛苦,甚至具体到选定封面设计这样的细微之处。想来,当我们看到这一系列专著整齐地摆放在案头时,会感到超乎寻常的价值吧。

"先寻桃源作太古,欲栽大木柱长天。"这是民国时期杨昌济教授所撰联语,一直使我受教颇深。自留校任教15年来,如果说在科研领域还小有所成,能够增益母校于万一的话,那要非常感念母校的栽培和前后两任科研处长车晴教授和胡智锋教授的提携。两位先生一为名门忠烈之后,行事如光风霁月,威望素著;一为闻一多先生再传弟子、学富五车的长江学者,后学晚辈受益者众。在他们先后主持下的科研处,为我们这一批当年的青年人的成长提供了宽广而坚实的平台。"榜样的力量是无穷的",在杰出前任的重大压力之下,我也希望通过领导的支持和自己与同事们的共同努力,为学校的青年学者提供一片"柱天大木"得以成长的平台。今天,这已经成为我们工作的重要愿景。

优秀青年学者们要走的路还很长,我校文科科研工作要走的路同样很长。"撑一支长篙,向青草更青处漫溯",我们愿意做这支长篙,使青年教师们得以助力,通往宽阔丰美的彼岸。

段鹏
于中国传媒大学梧桐书屋东侧办公室内
2015年12月9日

图书在版编目(CIP)数据

新中国播音创作简史/喻梅著. -- 北京:中国传媒大学出版社,2016.11(2024.8重印)
(中国传媒大学青年学者文丛·第一辑)
ISBN 978-7-5657-1689-8

Ⅰ.①新…　Ⅱ.①喻…　Ⅲ.①播音—新闻事业史—中国—现代
Ⅳ.①G229.297

中国版本图书馆 CIP 数据核字(2016)第 077083 号

新中国播音创作简史
XINZHONGGUO BOYIN CHUANGZUO JIANSHI

著　　　者	喻　梅
策划编辑	蒋　倩
责任编辑	蒋　倩
责任印制	李志鹏
装帧设计	丁　晨　郭　琳

出版发行　中国传媒大学出版社

社　　址	北京市朝阳区定福庄东街1号	邮　　编	100024
电　　话	86—10—65450528　65450532	传　　真	65779405
网　　址	http://cucp.cuc.edu.cn		
经　　销	全国新华书店		
印　　刷	唐山玺诚印务有限公司		
开　　本	710mm×1000mm　1/16		
印　　张	19.5		
字　　数	329千字		
版　　次	2016年11月第1版		
印　　次	2024年8月第3次印刷		
书　　号	ISBN 978-7-5657-1689-8/G·1689	定　价	68.00元

本社法律顾问:北京嘉润律师事务所　郭建平